明嘉靖聚樂堂本周易集解

第三册

唐 李鼎祚撰

中國國家圖書館藏明嘉靖三十六年朱睦㮮聚樂堂刻本

山東人民出版社·濟南

周易集解卷第八

資州李鼎祚

序卦曰傷於外必反於家故受之以家人

韓康伯曰傷於外必反諸内也

☲☴ 離下巽上 家人利女貞

虞翻曰遯初之四也女謂離巽二四得正故利女貞也○馬融曰家人以女爲奥主長女中女各得其正故特曰利女貞矣

彖曰家人女正位乎内男正位乎外

王弼曰謂二五也家人之義以内爲本者也故先説女矣

男女正天地之大義也

虞翻曰遯乾爲天三動坤爲地男得天正於五女得地正於二故天地之大義也

家人有嚴君焉父母之謂也

荀爽曰離巽之中有乾坤故曰父母之謂也

王肅曰凡男女所以能各得其正者由家人有嚴君也家人有嚴君故父子夫婦各得其正家家咸正而天下之治大定矣　案二五相應爲卦之主五陽在外二陰在内父母之謂也

父父子子兄兄弟弟

虞翻曰遯乾爲父艮爲子三五位正故父父子子三動時震爲兄艮爲弟初位正故兄兄

弟弟

夫夫婦婦

虞翻曰三動時震爲夫巽四爲婦初四位正故夫夫婦婦也

而家道正正家而天下定矣

荀爽曰父謂五子謂四兄謂三弟謂初夫謂五婦謂二也各得其正故天下定矣○陸績曰聖人教先從家始家正則天下化之脩已

以安百姓者也

象曰風自火出家人

馬融曰木生火火以木爲家故曰家人火生於木得風而盛猶夫婦之道相須而成

君子以言有物而行有恒

荀爽曰風火相與必附於物物大火大物小火小君子之言必因其位位大言大位小言小不在其位不謀其政故言有物也大暑爍

金火不增其烈大寒凝冰火不損其熱故曰行有恒矣

初九閑有家悔亡象曰閑有家志未變也

荀爽曰初在潛位未干國政閑習家事而已未得治官故悔居家理治可移於官守之以正故悔亡而未變從國之事故曰志未變也

六二无攸遂在中饋貞吉

荀爽曰六二處和得正得正有應有應有實

陰道之至美者也坤道順從故无所得遂供
餚中饋酒食是議故曰中饋居中守正永貞
其志則吉故曰貞吉也
象曰六二之吉順以巽也
九家易曰謂二居貞巽順於五則吉矣
九三家人嗃嗃悔厲吉婦子嘻嘻終吝
王弼曰以陽居陽剛嚴者也處下體之極爲
一家之長行與其慢也寧過乎恭家與其瀆

也寧過乎嚴是以家雖嗃嗃悔厲猶得吉也
婦子嘻嘻失家節也○侯果曰嗃嗃嚴也嘻
嘻笑也

象曰家人嗃嗃未失也婦子嘻嘻失家節也
九家易曰别體異家陰陽相據喜樂過節也
别體異家謂三五也陰陽相據三五各相據
陰故言婦子也

六四富家大吉象曰富家大吉順在位也

虞翻曰三變體艮艮爲篤實坤爲大業得位應初順五乘三比據三陽故曰富家大吉順在位也謂順於五矣

九五王假有家勿恤吉

陸績曰假大也五得尊位據四應二以天下爲家故曰王大有家天下正之故无所憂則吉

象曰王假有家交相愛也

虞翻曰乾爲愛也二稱家三動成震五得交
二初得交四故交相愛震爲交之也

上九有孚威如終吉

虞翻曰謂三已變與上易位成坎坎爲孚故
有孚乾爲威如自上之坤故威如易則得位
故終吉也

象曰威如之吉反身之謂也

虞翻曰謂三動坤爲身上之三成旣濟定故

反身之謂此家道正正家而天下定矣

序卦曰家道窮必乖故受之以睽睽者乖也

崔憬曰婦子嘻嘻過在失節失節則窮窮則乖故曰家道窮必乖

☲☱ 兌下離上 睽小事吉

虞翻曰大壯上之三在繫蓋取无妄二之五也小謂五陰稱小得中應剛故吉○鄭玄曰睽乖也火欲上澤欲下猶人同居而志異也

故謂之睽二五相應君陰臣陽君而應臣故

小事吉

彖曰睽火動而上澤動而下

虞翻曰離火炎上澤水潤下也

二女同居其志不同行

虞翻曰二女離兊也坎爲志離上兊下无妄

震爲行巽爲同艮爲居二五易位震巽象壞

故二女同居其志不同行也

說而麗乎明柔進而上行得中而應乎剛

虞翻曰說兌麗離也明謂乾當言大明以麗於晉柔謂五无妄爲巽進從二之五故上行剛謂應乾五伏陽非應二也與鼎五同義也

是以小事吉

荀爽曰小事者臣事也百官異體四民殊業故睽而不同剛者君也柔得其中而進於君故言小事吉也

天地睽而其事同也

王肅曰：高卑雖異，同育萬物。○虞翻曰：五動乾爲天，四動坤爲地，故天地睽。坤爲事也，五動體同人，事故同矣。

男女睽而其志通也

侯果曰：出處雖殊，情通志合。○虞翻曰：四動艮爲男，兑爲女，故男女睽。坎爲志，爲通，故其志通也。

萬物睽而其事類也

崔憬曰萬物雖睽於形色而生性事類言亦同也○虞翻曰四動萬物出乎震區以別矣故萬物睽坤爲事爲類故其事類也

睽之時用大矣哉

九家易曰乖離之卦於義不大而天地事同共生萬物故曰用矣○盧氏曰不言義而言用者明用睽之義至大矣

象曰上火下澤睽

荀爽曰火性炎上澤性潤下故曰睽也

君子以同而異

荀爽曰大歸雖同小事當異百官殊職四民異業文武並用威德相反共歸於治故曰君子以同而異也

初九悔亡喪馬勿逐自復見惡人无咎象曰見惡人以避咎也

虞翻曰无應悔也四動得位故悔亡應在於坎坎爲馬四而失位之正入坤坤爲喪坎象不見故喪馬震爲逐艮爲止故勿逐坤爲自一至五體復象故自復四動震馬來故勿逐自復也離爲見惡人謂四動入坤初四復正故見惡人以避咎矣

九二遇主于巷无咎

虞翻曰二動體震震爲主爲大塗艮爲徑路

大道而有徑路故稱巷變而得正故无咎而未失道也

象曰遇主于巷未失道也

虞翻曰動得正故未失道○崔憬曰處睽之時與五有應男女雖隔其志終通而三比焉近不相得遇者不期而會主者三爲下卦者主巷者出門近遇之象言二遇三明非背五未爲失道也

九三見輿曳其牛掣

虞翻曰離爲見坎爲車爲曳故見輿曳四動坤爲牛爲類牛角一低一仰故稱掣離上而坎下故其牛掣也

其人天且劓无初有終

虞翻曰其人謂四惡人也黥額爲天割鼻爲劓无妄乾爲天震二之乾五以陰墨其天乾五之震二毁艮割其鼻也兑爲刑人故其人

天且劓失位動得正成乾故无初有終象曰
遇剛是其義也
象曰見輿曳位不當也无初有終遇剛也
虞翻曰動正成乾故遇剛
九四睽孤遇元夫交孚厲无咎
虞翻曰孤顧也在兩陰閒睽五顧三故曰睽
孤震爲元夫謂二已變動而應震故遇元夫
也震爲交坎爲孚動而得正故交孚厲无咎

矣

象曰交孚无咎志行也

虞翻曰坎動成震故志行也

六五悔亡厥宗噬膚往何咎

虞翻曰往得位悔亡也動而之乾乾爲宗二體噬嗑故曰噬四變時艮爲膚故曰厥宗噬膚也變得正成乾乾爲慶故往无咎而有慶矣

象曰厥宗噬膚往有慶也

王弼曰非位悔也有應故悔亡厥宗謂二也噬膚者齧柔也三雖比二二之所噬非妨己應者也以斯而往何咎之有往必見合故有慶也　案二兌爲口五爻陰柔噬膚之象也

上九睽孤見豕負塗載鬼一車

虞翻曰睽三顧五故也睽孤也離爲見坎爲豕爲雨四變時坤爲土土得雨爲泥塗四動

艮爲背豕背有泥故見豕負塗矣坤爲鬼坎爲車變在坎上故載鬼一車也

先張之弧後說之壺

虞翻曰謂五已變乾爲先應在三坎爲弧離爲大腹張弓之象也故先張之弧四動震爲後說猶置也兌爲口離爲大腹坤爲器大腹有口坎酒在中壺之象也之應歷險以與兌故後說之壺矣

匪寇婚媾往遇雨則吉

虞翻曰匪非坎爲寇之三歷坎故匪寇陰陽相應故婚媾三在坎下故遇雨與上易位坎象不見各得其正故則吉也

象曰遇雨之吉羣疑亡也

虞翻曰物三稱羣坎爲疑三變坎敗故羣疑亡矣

序卦曰乖必有難故受之以蹇蹇者難也

崔憬曰二女同居其志乖而難生故曰乖必有難也

䷦艮下坎上蹇利西南

虞翻曰觀上反三也坤西南卦五在坤中坎爲月月生西南故利西南往得中謂西南得朋也

不利東北

虞翻曰謂三也艮東北之卦月消於艮喪乙

滅癸故不利東北其道窮也則東北喪朋矣

利見大人

虞翻曰離爲見大人謂五二得位應五故利見大人往有功也

貞吉

虞翻曰謂五當位正邦故貞吉也

彖曰蹇難也險在前也見險而能止知矣哉

虞翻曰離見坎險艮爲止觀乾爲智故知矣

哉

蹇利西南往得中也

荀爽曰西南謂坤乾動往居坤五故得中也

不利東北其道窮也

荀爽曰東北艮也艮在坎下見險而止故其道窮也

利見大人往有功也

虞翻曰大人謂五二往應五五多功故往有

功也

當位貞吉以正邦也

荀爽曰謂五當尊位正居是羣陰順從故能

正邦國

蹇之時用大矣哉

虞翻曰謂坎月生西南而終東北震象出庚

兑象見丁乾象盈甲巽象退辛艮象消丙坤

象窮乙喪滅於癸終則復始以生萬物故用

大矣

象曰山上有水蹇

崔憬曰山上至險加之以水蹇之象也

君子以反身脩德

虞翻曰君子謂觀乾坤爲身觀上反三故反身陽在三進德脩業故以反身脩德孔子曰德之不脩是吾憂也

初六往蹇來譽

虞翻曰譽謂二二多譽也失位應陰往歷坎險故往蹇變而得位以陽承二故來而譽矣

象曰往蹇來譽宜待也

虞翻曰艮爲大謂變之正以待四也

六二王臣蹇蹇匪躬之故

虞翻曰觀乾爲王坤爲臣爲躬坎爲蹇也之應涉坤二五俱坎故王臣蹇蹇觀上之三折坤之體臣道得正故匪躬之故象曰終无尤

也

象曰王臣蹇蹇終无尤也

侯果曰處艮之二上應於五五在坎中險而又險志在匡弼匪惜其躳故曰王臣蹇蹇匪躳之故輔君以此終无尤也

九三往蹇來反

虞翻曰應正歷險故往蹇反身據二故來反也

象曰往蹇來反内喜之也

虞翻曰内喜謂二陰也

六四往蹇來連

虞翻曰連輦蹇難也在兩坎間進則无應故往蹇退初介三故來連也

象曰往蹇來連當位實也

荀爽曰蹇難之世不安其所欲往之三不得承陽故曰往蹇也來還承五則與至尊相連

故曰來連也處正承陽故曰當位實也

九五大蹇朋來

虞翻曰當位正邦故大蹇睽兑爲朋故朋來也

象曰大蹇朋來以中節也

干寶曰在險之中而當王位故曰大蹇此蓋以託文王爲紂所囚也承上據四應二衆陰竝至此蓋以託四臣能以權智相救也故曰

以中節也

上六往蹇來碩吉利見大人

虞翻曰陰在險上變失位故往蹇碩謂三艮爲碩退來之三故來碩得位有應故吉也離爲見大人謂五故利見大人矣

象曰往蹇來碩志在内也利見大人以從貴也

侯果曰處蹇之極體猶在坎水无所之故曰往蹇來而復位下應於三三德碩大故曰來

頤三爲内主五爲大人若志在内心竭於五則利見大人也　案三互體離離爲明目五爲大人利見大人之象也

序卦曰物不可以終難故受之以解解者緩也

崔憬曰蹇終則來頤吉利見大人故言物不可以終難故受之以解

䷧ 坎下震上 解利西南

虞翻曰臨初之四坤西南卦初之四得坤衆

故利西南往得衆也

无所往其來復吉

虞翻曰謂四本從初之四失位於外而无所應宜來反初故无所往復得正位故其來復吉也二往之五四來之初成屯體復象故稱來復吉矣

有攸往夙吉

虞翻曰謂二也夙早也離爲日爲甲日出甲

上故旱也九二失正旱往之五則吉故有攸
往夙吉往有功也
象曰解險以動動而免乎險解
虞翻曰險坎動震解二月雷以動之雨以潤
之物咸孚甲萬物生震震出險上故免乎險
也
解利西南往得衆也
荀爽曰乾動之坤而得衆西南衆之象也

无所往

荀爽曰陰處尊位陽无所往也

其來復吉乃得中也

荀爽曰來復居二處中成險故曰復吉也

有攸往夙吉往有功也

荀爽曰五位无君二陽又卑往居之者則吉

據五解難故有功也

天地解而雷雨作

荀爽曰謂乾坤交通動而成解卦坎下震上故雷雨作也

雷雨作而百果草木皆甲坼

荀爽曰解者震世也仲春之月草木萌牙雷以動之雨以潤之日以烜之故甲坼也

解之時大矣哉

王弼曰无所而不釋也難解之時非治難時也故不言用也體盡於解之名无有幽隱故

不曰義也

象曰雷雨作解君子以赦過宥罪

虞翻曰君子謂三伏陽出成大過坎爲罪入則大過象壞故以赦過二四失位皆在坎獄中三出體乾兩坎不見震喜兑悦罪人皆出故以宥罪謂三入則赦過出則宥罪公用射隼以解悖是其義也

初六无咎

虞翻曰與四易位體震得正故无咎也

象曰剛柔之際義无咎也

虞翻曰體屯初震剛柔始交故无咎也

九二田獲三狐得黄矢貞吉

虞翻曰二稱田田獵也變之正艮爲狐坎爲弓離爲黄矢矢貫狐體二之五歷三爻故田獲三狐黄矢之正得中故貞吉

象曰九二貞吉得中道也

虞翻曰動得正故得中道

六三負且乘

虞翻曰負倍也二變時艮爲背謂三以四艮倍五也五來寇三時坤爲車三在坤上故負且乘小人而乘君子之器故象曰亦可醜也

致寇至貞吝

虞翻曰五之三滅坎坎爲寇盜上位慢五下暴於二慢藏誨盜故致寇至貞吝象曰自我

致戎又誰咎也

象曰負且乘亦可醜也自我致戎又誰咎也

虞翻曰臨坤爲醜也坤爲自我以離兵伐三故轉寇爲戎艮手招盜故誰咎也

九四解而拇朋至斯孚

虞翻曰二動時艮爲指四變之坤爲母故解而拇臨兑爲朋坎爲孚四陽從初故朋至斯孚矣

象曰解而拇未當位也

王弼曰失位不正而比於三故三得附之爲其拇也三爲之拇則失初之應故解其拇然後朋至斯孚而信矣　案九四體震震爲足三在足下拇之象

六五君子維有解吉有孚于小人

虞翻曰君子謂二之五得正成坎坎爲心故君子維有解吉小人謂五陰爲小人君子升

位則小人退在二故有孚于小人坎爲小人也

象曰君子有解小人退也

虞翻曰二陽上之五五陰小人退之二也

上六公用射隼于高墉之上獲之无不利

虞翻曰上應在三公謂三伏陽也離爲隼三失位變體大過死象故公用射隼于高墉之上獲之无不利也　案二變時體艮艮爲山

爲宫闕三在山半高墉之象也

象曰公用射隼以解悖也

虞翻曰坎爲悖三出成乾而坎象壞故解悖也○九家易曰隼鷙鳥也今捕食雀者其性疾害喻暴君也陰盜陽位萬事悖亂今射去之故曰以解悖也

序卦曰緩必有所失故受之以損

崔憬曰宥罪緩死失之於僥倖有損於政刑

故言緩必有所失故受之以損者也

☶☱ 兑下艮上 損

鄭玄曰艮爲山兑爲澤互體坤坤爲地山在地上澤在地下澤以自損增山之高也猶諸侯損其國之富以貢獻於天子故謂之損矣

有孚元吉无咎可貞利有攸往

虞翻曰泰初之上損下益上以據二陰故可孚元吉无咎艮男居上兑女在下男女位正

故可貞利有攸往矣

曷之用二簋可用享

崔憬曰曷何也言其道上行將何所用可用二簋而享也以喻損下益上惟在乎心何必竭於不足而補有餘者也

彖曰損損下益上其道上行

蜀才曰此本泰卦案坤之上九下處乾三乾之九三上升坤六損下益上者也陽德上行

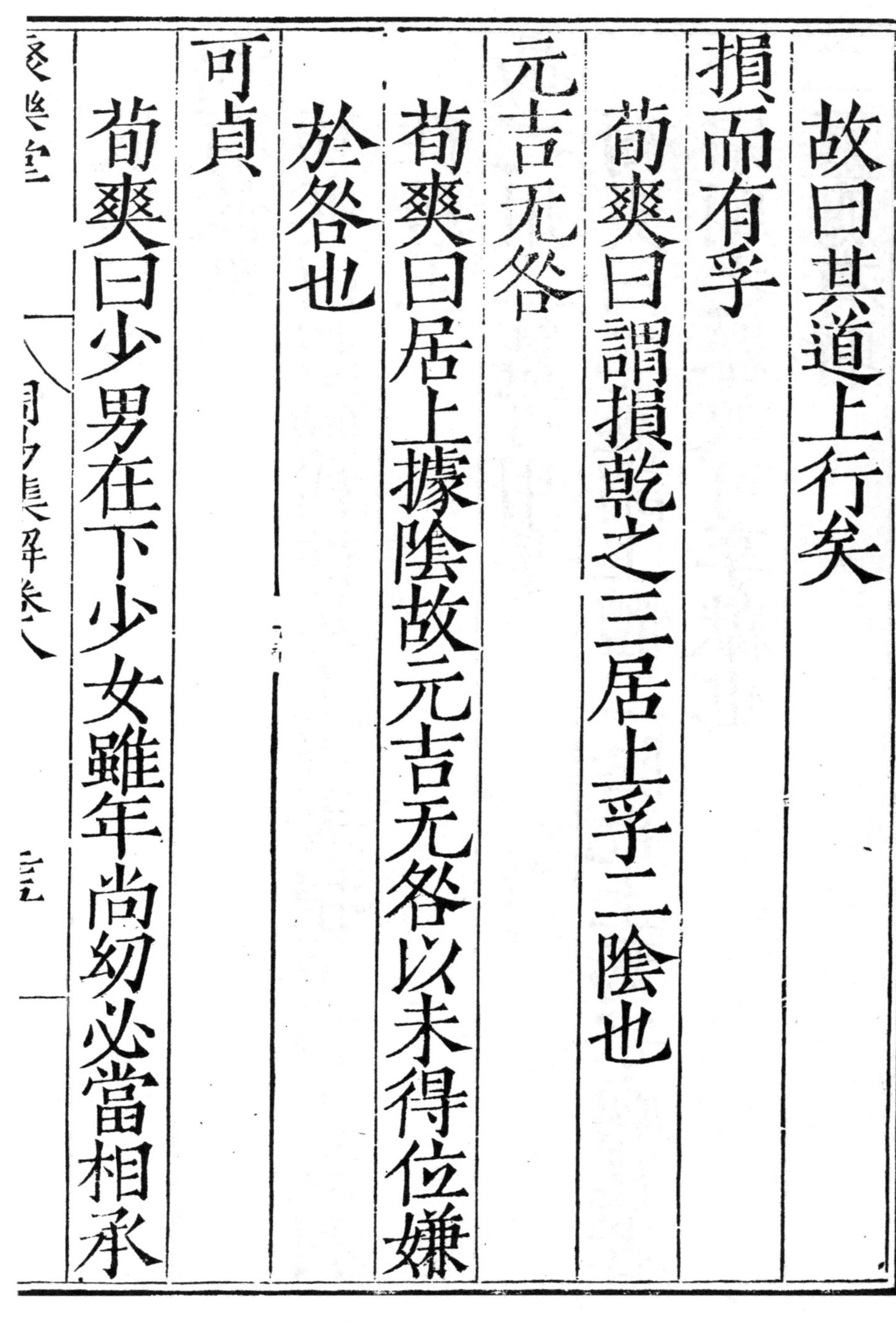

故曰其道上行矣

損而有孚

荀爽曰謂損乾之三居上孚二陰也

元吉无咎

荀爽曰居上據陰故元吉无咎以未得位嫌

於咎也

可貞

荀爽曰少男在下少女雖年尚幼必當相承

故曰可貞

利有攸往

荀爽曰謂陽利往居上損者損下益上故利

往居上

曷之用二簋可用享

荀爽曰二簋謂上體二陰也上爲宗廟簋者

宗廟之器故可享獻也

二簋應有時

虞翻曰時謂春秋也損二之五震二月益正月春也損七月兑八月秋也謂春秋祭祀以時思之艮爲時震爲應故應有時也

損剛益柔有時

虞翻曰謂冬夏也二五已易成益坤爲柔謂損益上之三成既濟坎冬離夏故損剛益柔有時

損益盈虚與時偕行

虞翻曰乾爲盈坤爲虛損剛益柔故損益盈虛謂泰初之上損二之五益上之時變通趨時故與時偕行

象曰山下有澤損君子以懲忿窒欲

虞翻曰君子泰乾乾陽剛武爲忿坤陰吝嗇爲欲損乾之初成兌說故懲忿初上據坤艮爲山故窒欲也

初九祀事遄往无咎酌損之

虞翻曰：祀，祭祀。坤爲事，謂二也。遄，速。酌，取也。二失正，初利二速往合志於五，得正无咎，巳得之應，故遄往无咎，酌損之。故象曰上合志也。祀舊作巳也。

象曰：祀事遄往，尚合志也。

虞翻曰：終成既濟，謂二上合志於五也。

九二：利貞，征凶，弗損益之。

虞翻曰：失位當之正，故利貞。征，行也。震爲征

失正毀折故不征之五則凶二之五成益小
損大益故弗損益之矣
象曰九二利貞中以爲志也
虞翻曰動體離中故爲志也
六三三人行則損一人
虞翻曰泰乾三爻爲三人震爲行故三人行
損初之上故則損一人
一人行則得其友

虞翻曰一人謂泰初之上損剛益柔故一人行兊爲友初之上據坤應兊故則得其友言致一也

象曰一人行三則疑也

虞翻曰坎爲疑上益三成坎故三則疑○荀爽曰一陽在上則教令行三陽在下則民衆疑也

六四損其疾使遄有喜无咎

虞翻曰四謂二也四得位遠應初二疾上五已得承之謂二之五三上復欲爲疾也陽在五稱喜故損其疾使遄有喜二上體觀得正承五故无咎矣

象曰損其疾亦可喜也

蜀才曰四當承上而有初應必上之所疑矣初四之疾也宜損去其初使上遄喜○虞翻曰二上之五體大觀象故可喜也

六五或益之十朋之龜弗克違元吉

虞翻曰謂二五已變成益故或益之坤爲正兌爲朋三上失位三動離爲龜十謂神靈攝寶文筮山澤水火之龜也故十朋之龜三上易位成既濟故弗克違元吉矣

象曰六五元吉自上祐也

侯果曰内柔外剛龜之象也又體兌艮互有坤震兌爲澤龜艮爲山龜坤爲地龜震爲木

龜坤數又十故曰十朋朋類也六五處尊損已奉上人謀允叶龜墨不違故能延上九之祐而來十朋之益所以大吉也○崔憬曰或之者疑之也故用元龜價直二十大貝龜之最神貴者以決之不能違其益之義故獲元吉雙貝曰朋也

上九弗損益之无咎貞吉

虞翻曰損上益三也上失正之三得位故弗

損益之无咎貞吉動成既濟故大得志

利有攸往得臣无家

虞翻曰謂三往之上故利有攸往二五已動成益坤爲臣三變據坤成家人故曰得臣動而應三成既濟則家人壞故曰无家○王肅曰處損之極損極則益故曰不損益之非位咎也爲下所益故无咎據五應三三陰上附外内相應上下交接正之吉也故利有攸往

矣剛陽居上羣下共臣故曰得臣矣得臣則萬方一軌故无家也

象曰弗損益之大得志也

虞翻曰謂二五已變上下益三成既濟定離坎體正故大得志

序卦曰損而不已必益故受之以益

崔憬曰損終則弗損益之故言損而不已必益也

䷩震下巽上益利有攸往

虞翻曰否上之初也損上益下其道大光二利往坎應五故利有攸往中正有慶也

利涉大川

虞翻曰謂三失正動成坎體涣坎爲大川故利涉大川涣舟檝象木道乃行也○鄭玄曰陰陽之義陽稱爲君陰稱爲臣今震一陽二陰臣多於君矣而四體巽之不應初是天子

損其所有以下諸侯也人君之道以益下爲德故謂之益也震爲雷巽爲風雷動風行二者相成猶人君出教令臣奉行之故利有攸往利涉大川矣

彖曰益損上益下民説无疆

蜀才曰此本否卦乾上之初坤爲无疆震爲喜笑以貴下賤大得民故説无疆矣

自上下下其道大光

虞翻曰乾爲大明以乾照坤故其道大光或

以上之三離爲大光矣

利有攸往中正有慶

虞翻曰中正謂五而二應之乾爲慶也

利涉大川木道乃行

虞翻曰謂三動成渙渙舟檝象巽木得水故

木道乃行也

益動而巽日進无疆

虞翻曰震三動爲離離爲日巽爲進坤爲疆日與巽俱進故曰進无疆也

天施地生其益无方

虞翻曰乾下之坤震爲出生萬物出震故天施地生陽在初坤爲无方日進无疆故其益无方也

凡益之道與時偕行

虞翻曰上來益三四時象正艮爲時震爲行

與損同義故與時偕行也

象曰雷風益君子以見善則遷有過則改

虞翻曰君子謂乾也上之三離爲見乾爲善坤爲過坤三進之乾四故見善則遷乾上之坤初改坤之過體復象復以自知故有過則改也

初九利用爲大作元吉无咎

虞翻曰大作謂耕播耒耨之利蓋取諸此也

坤爲用乾爲大震爲作故利用爲大作體復初得正朋來无咎故元吉无咎震三月卦日中星鳥敬授民時故以耕播也

象曰元吉无咎下不厚事也

侯果曰大作謂耕植也處益之始居震之初震爲稼穡又爲大作益之大者莫大耕植故初九之利利爲大作若能不厚勞於下民不奪時於農畯則大吉无咎矣

六二或益之十朋之龜弗克違永貞吉

虞翻曰謂上從外來益也故或益之二得正遠應利三之正已得承之坤數十損兌爲朋謂三變離爲龜故十朋之龜坤爲永上之三得正故永貞吉

王用享于帝吉

虞翻曰震稱帝王謂五否乾爲王體觀象艮爲宗廟三乾折坤牛體噬嗑食故王用享于

帝得位故吉○干寶曰聖王先成其民而後致力於神故王用享于帝在巽之宫處震之象是則倉精之帝同始祖矣

象曰或益之自外來也

虞翻曰乾上稱外來益三也

六三益之用凶事无咎

虞翻曰坤爲事三多凶上來益三得正故益用凶事无咎

有孚中行告公用圭

虞翻曰公謂三伏陽也三動體坎故有孚震爲中行爲告位在中故告中行三公位乾爲圭乾之二故告公用圭圭桓圭也○九家易曰天子以尺二寸玄圭事天以九寸事地也上公執桓圭九寸諸侯執信圭七寸諸伯執躬圭七寸諸子執穀璧五寸諸男執蒲璧五寸五等諸侯各執之以朝見天子也

象曰益用凶事固有之矣

虞翻曰三上失正當變是固有之〇干寶曰固有如桓文之徒罪近篡弒功實濟世六三失位而體奸邪處震之動懷巽之權是矯命之士爭奪之臣桓文之爻也故曰益之用凶事在益之家而居坤中能保社稷愛撫人民故曰无咎既乃中行近仁故曰有孚中行然後俯列盟會仰致錫命故曰告公用圭

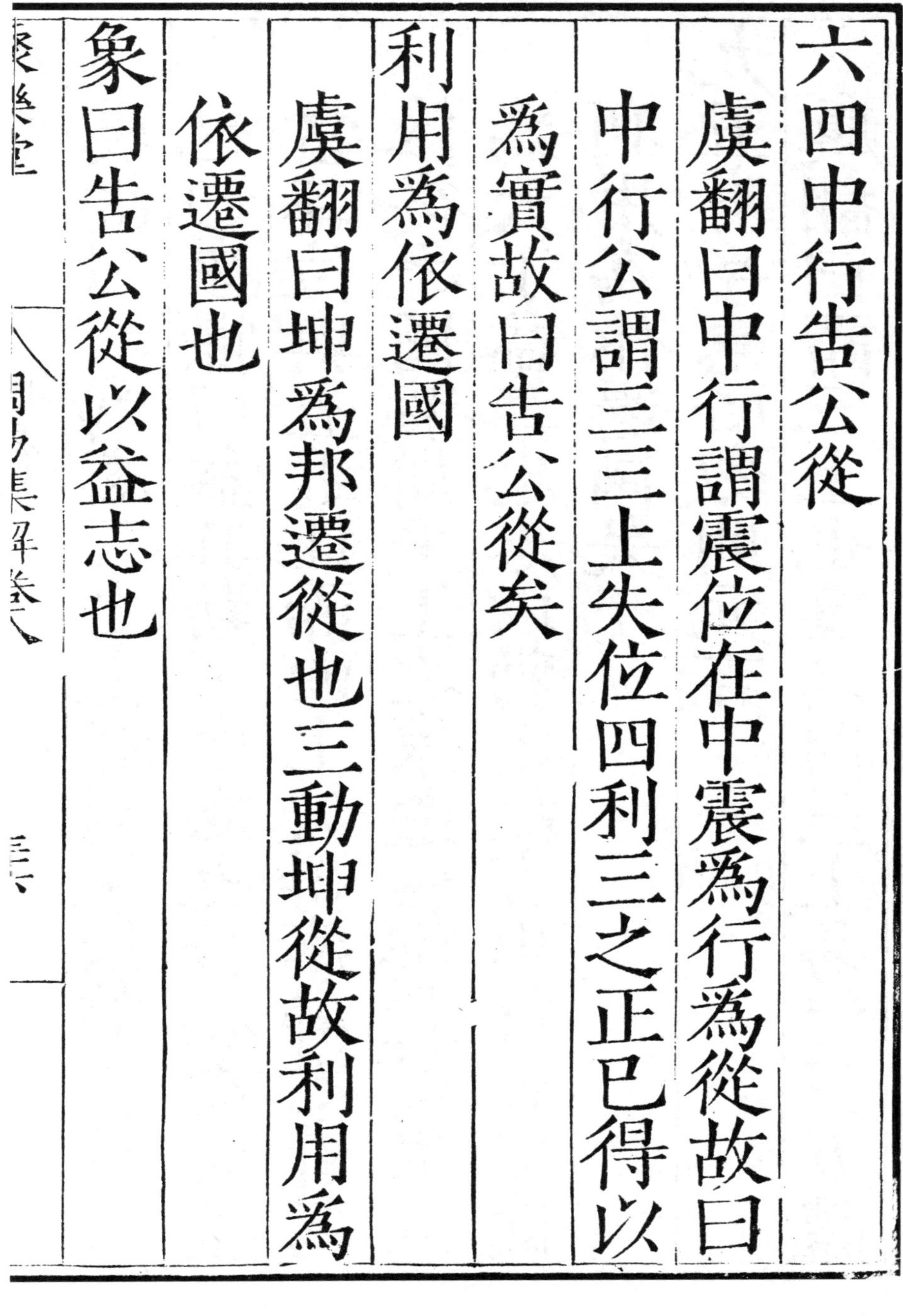

六四中行告公從

虞翻曰中行謂震位在中震爲行爲從故曰中行公謂三三上失位四利三之正已得以爲實故曰告公從矣

利用爲依遷國

虞翻曰坤爲邦遷從也三動坤從故利用爲依遷國也

象曰告公從以益志也

虞翻曰坎爲志三之上有兩坎象故以益志也○崔憬曰益其勤王之志也居益之時履當其位與五近比而四上公得藩屏之寄爲依從之國若周平王之東遷晉鄭是從也五爲天子益其忠志以勑之故言中行告公從

利用爲依遷國矣

九五有孚惠心勿問元吉

虞翻曰謂三上也震爲問三上易位三五體

坎巳成既濟坎爲心故有孚惠心勿問元吉故象曰勿問之矣

有孚惠我德

虞翻曰坤爲我乾爲德三之上體坎爲孚故惠我德象曰大得志

象曰有孚惠心勿問之矣惠我德大得志也

崔憬曰居中履尊當位有應而損上之時自一以損巳爲念雖有孚于國惠心及下終不

言以彰已功故曰有孚惠心勿問問猶言也如是則獲元吉且爲下所信而懷已德故曰有孚惠我德君雖不言人惠其德則我大得志也

上九莫益之

虞翻曰莫无也自非上无益三者唯上當无應故莫益之矣

或擊之

虞翻曰謂上不益三則以剝滅乾艮爲手故

或擊之

立心勿恒凶

虞翻曰上體巽爲進退故勿恒動成坎心以陰乘陽故立心勿恒凶矣

象曰莫益之偏辭也

虞翻曰偏周匝也三體剛凶故至上應乃益之矣

或擊之自外來也

虞翻曰外謂上上來之三故曰自外來也

周易集解卷第八

周易集解卷第九

資州李鼎祚

序卦曰益而不已必夬故受之以夬夬者決也

韓康伯曰益而不已則盈故必決矣

䷪乾下兌上夬揚于王庭

虞翻曰陽決陰息卦也剛決柔與剝旁通乾爲陽爲王剝艮爲庭故揚于王庭矣○鄭玄曰夬決也陽氣浸長至于五五尊位也而陰

先之是猶聖人積德悅天下以漸消去小人至於受命爲天子故謂之決揚越也五互體乾乾爲君又居尊位王庭之象也陰爻越其上小人乘君子罪惡上聞於聖人之朝故曰決揚于王庭也

孚號有厲

虞翻曰陽在二五稱孚孚謂五也二失位動體巽巽爲號號離爲光不變則危故孚號有厲

其危乃光也

告自邑不利卽戎

虞翻曰陽息動復剛長成夬震爲告坤爲自邑夬從復外坤逆在上民衆消滅二變時離爲戎故不利卽戎所尚乃窮也

利有攸往

虞翻曰陽息陰消君子道長故利有攸往剛長乃終

彖曰夬決也剛決柔也

虞翻曰乾決坤也

健而說決而和

虞翻曰健乾說兌也以乾陽獲陰之和故決而和也

揚于王庭柔乘五剛也

王弼曰剛德浸長一柔爲逆衆所同誅而无忌者也故可揚于王庭

孚號有厲其危乃光也

荀爽曰信其號令於下衆陽危去上六陽乃光明也○干寶曰夬九五則飛龍在天之爻也應天順民以發號令故曰孚號以柔決剛以臣伐君君子危之故曰有厲德大卽心小功高而意下故曰其危乃光也

告自邑

翟玄曰坤稱邑也○干寶曰殷民告周以紂

无道

不利卽戎所尚乃窮也

荀爽曰不利卽尚兵戎而與陽爭必困窮

利有攸往剛長乃終也

虞翻曰乾體大成以決小人終乾之剛故乃以終也

象曰澤上於天夬

陸績曰水氣上天決降成雨故曰夬

君子以施祿及下居德則忌

虞翻曰君子謂乾乾爲施祿下謂剝坤坤爲衆臣以乾應坤故施祿及下乾爲德艮爲居故居德則忌陽極陰生謂陽忌陰

初九壯于前趾往不勝爲咎

虞翻曰夬變大壯大壯震爲趾位在前故壯于前剛以應剛不能克之往如失位故往不勝爲咎

象曰不勝而往咎也

虞翻曰往失位應陽故咎矣

九二惕號莫夜有戎勿恤

虞翻曰惕懼也二失位故惕變成巽故號剝坤爲莫夜二動成離離爲戎變而得正故有戎四變成坎坎爲憂坎又得正故勿恤謂成既濟定也

象曰有戎勿恤得中道也

虞翻曰動得正應五故得中道

九三壯于頄有凶

翟玄曰頄面也謂上處乾首之前稱頄頄頰閒骨三往壯上故有凶也

君子夬夬獨行遇雨

荀爽曰九三體乾乾爲君子三五同功二爻俱欲決上故曰君子夬夬也獨行謂一爻獨上與陰相應爲陰所施故遇雨也

若濡有慍无咎

荀爽曰雖爲陰所濡能慍不悅得无咎也

象曰君子夬夬終无咎也

王弼曰頄面顴也謂上六矣最處體上故曰頄也剝之六三以應陽爲善夫剛長則君子道興陰盛則小人道長然則處陰長而助陽則善處剛長而助柔則凶矣而三獨應上助小人是以凶也君子處之必能棄夫情累決

之不疑故曰夬夬也若不與陽爲羣而獨行殊志應於小人則受其困焉遇雨若濡有慍而終无所咎也

九四臀无膚其行趑趄

虞翻曰二四已變坎爲臀剝艮爲膚毀滅不見故臀无膚大壯震爲行坎爲破爲曳故其行趑趄也

牽羊悔亡聞言不信

虞翻曰兌爲羊二變巽爲繩剝艮手持繩故牽羊謂四之正得位承五故悔亡震爲言坎爲耳震坎象不正故聞言不信也

象曰其行趑趄位不當也聞言不信聰不明也

虞翻曰坎耳離目折入於兌故聰不明矣

案兌爲羊四五體兌故也凡卦初爲足二爲腓三爲股四爲臂當陰柔今反剛陽故曰臂无膚九四震爻震爲足足既不正故行趑趄

矣

初九[五]莧陸夬夬

荀爽曰莧謂五陸謂三兩爻決上故曰夬夬也莧者葉柔而根堅且赤以言陰在上六也陸亦取上葉柔根堅也去陰遠故曰陸言差堅於莧莧根小陸根大五體兌柔居上莧也三體乾剛在下根深故謂之陸也

中行无咎

虞翻曰莧說也莧讀夫子莞爾而笑之莧睦和睦也震為笑言五得正位兌為說故莧陸夬夬大壯震為行五在上中動而得正故中行无咎舊讀言莧陸字之誤也馬君荀氏皆從俗言莧陸非也

象曰中行无咎中未光也

虞翻曰在坎陰中故未光也○王弼曰莧草之柔脆者也夬夬之至易故曰夬夬也夬之為

義以剛決柔以君子除小人也而五處尊位

最比小人躬自決者也夫以至尊而敵於至

賤雖其克勝未足多也處中而行足以免咎

而已未爲光益也

上六无號終有凶

虞翻曰應在於三三動時體巽巽爲號令四

已變坎之應歷險巽象不見故无號位極乘

陽故終有凶矣

象曰无號之凶終不可長也

虞翻曰陰道消滅故不可長也

序卦曰決必有遇故受之以姤姤者遇也

崔憬曰君子夬夬獨行遇雨故言決必有遇也

䷫ 巽下乾上 姤女壯

虞翻曰消卦也與復旁通巽長女女壯傷也陰傷陽柔消剛故女壯也

勿用取女

虞翻曰陰息剝陽以柔變剛故勿用娶女不可與長也

彖曰姤遇也柔遇剛也勿用娶女

鄭玄曰姤遇也一陰承五陽一女當五男苟相遇耳非禮之正故謂之姤女壯如是壯健以滛故不可娶婦人以婉娩爲其德也

不可與長也

王肅曰女不可娶以其不正不可與長久也

天地相遇品物咸章也

荀爽曰謂乾成於巽而舍於離坤出於離與乾相遇南方夏位萬物章明也○九家易曰謂陽起子運行至四月六爻成乾巽位在巳故言乾成於巽既成轉舍於離坤萬物皆盛大從離出與乾相遇故言天地遇也

剛遇中正天下大行也

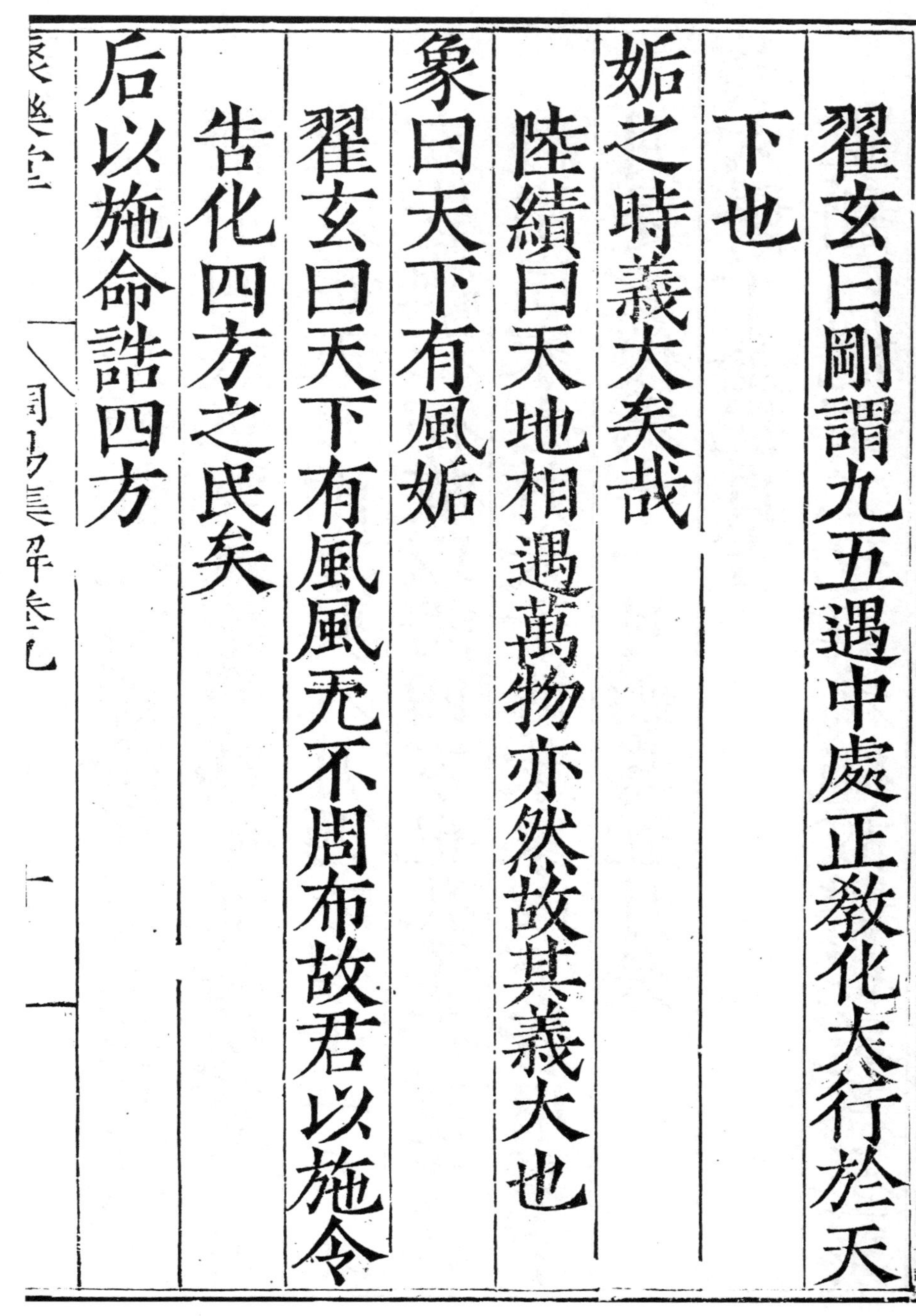

翟玄曰剛謂九五遇中處正教化大行於天下也

姤之時義大矣哉

陸績曰天地相遇萬物亦然故其義大也

象曰天下有風姤

翟玄曰天下有風風无不周布故君以施令告化四方之民矣

后以施命誥四方

虞翻曰：后繼體之君姤陰在下故稱后與泰稱后同義也乾爲施巽爲命爲誥復震二月東方姤五月南方巽八月西方復十一月北方皆總在初故以誥四方也孔子行夏之時經用周家之月夫子傳彖象以下皆用夏家月是故復爲十一月姤爲五月矣

初六繫于金柅貞吉

虞翻曰柅謂二也巽爲繩故繫柅乾爲金巽

木入金柅之象也初四失正易位乃吉故貞吉矣

有攸往見凶

九家易曰絲繫於柅猶女繫於男故以喻初宜繫二也若能專心順二則吉故曰貞吉今既爲二所據不可往應四往則有凶故曰有攸往見凶也

羸豕孚蹢躅

虞翻曰以陰消陽往謂成坤遯子弒父否臣弒君夬時三動離爲見故有攸往見凶矣三夬之四在夬動而體坎坎爲豕爲孚巽繩操之故稱羸也巽爲舞爲進退操而舞故羸豕孚蹢躅以喻姤女望於五陽如豕蹢躅也○宋衷曰羸大索所以繫豕者也巽爲股又爲進退股而進退則蹢躅也初應於四爲二所據不得從應故不安矣體巽爲風動搖之貌

也

象曰繫于金柅柔道牽也

虞翻曰陰道柔巽爲繩牽於二也

九二包有魚无咎不利賓

虞翻曰巽爲白茅在中稱包詩曰白茅包之魚謂初陰巽爲魚二雖失位陰陽相承故包有魚无咎賓謂四乾尊稱賓二據四應故不利賓或以包爲庖廚也

象曰包有魚義不及賓也

王弼曰初陰而窮下故稱魚也不正之陰處遇之始不能逆近者也初自樂來應已之厨非爲犯應故无咎也擅人之物以爲已惠義所不爲故不及賓

九三臀无膚其行趑趄厲无大咎

虞翻曰夬時動之坎爲臀艮爲膚二折艮體故臀无膚復震爲行其象不正故其行趑趄

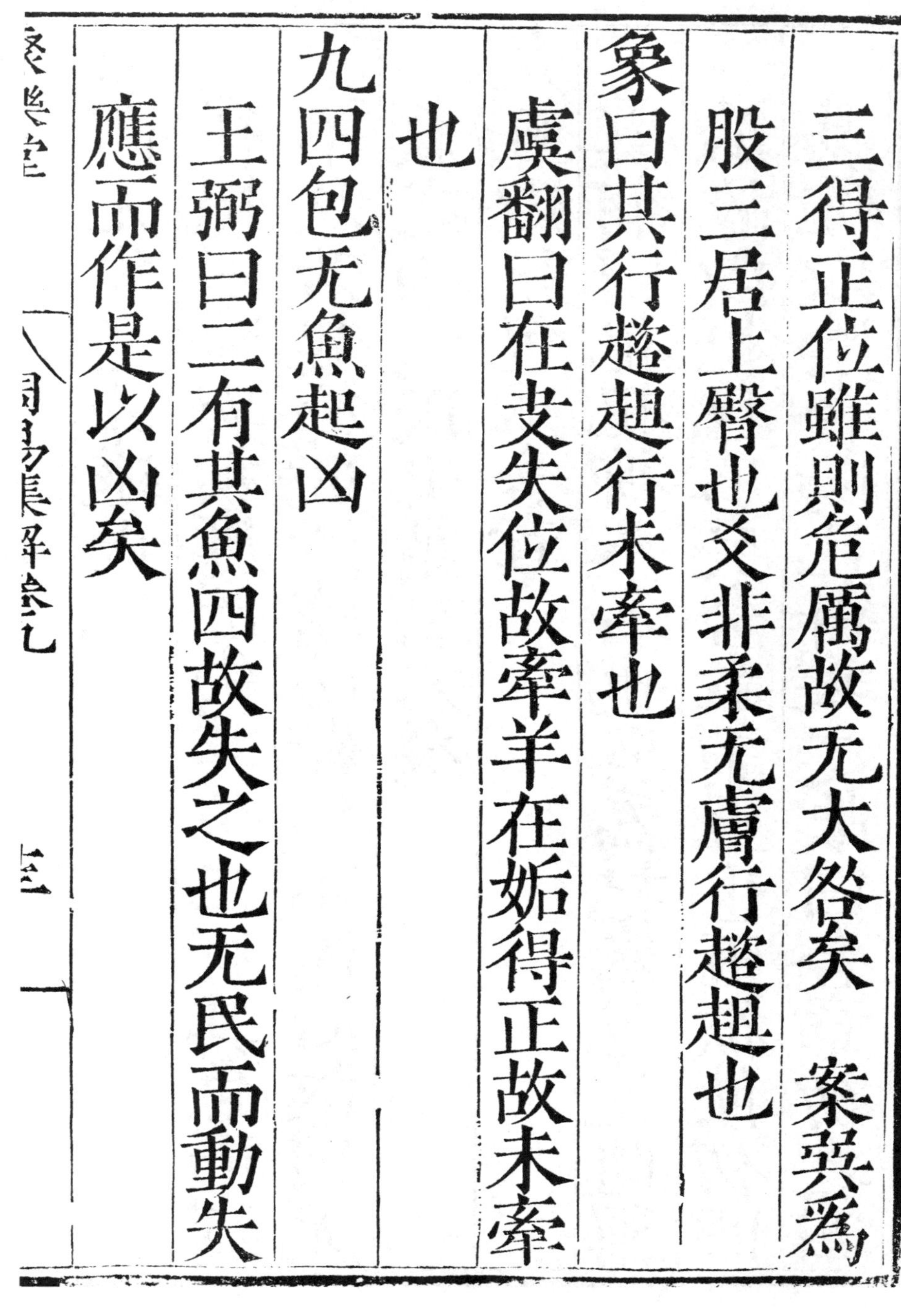

三得正位雖則危厲故无大咎矣　案巽爲股三居上臂也爻非柔无膚行趑趄也

象曰其行趑趄行未牽也

虞翻曰在夬失位故牽羊在姤得正故未牽也

九四包无魚起凶

王弼曰二有其魚四故失之也无民而動失應而作是以凶矣

象曰无魚之凶遠民也

崔憬曰雖與初應而失其位二有其魚而賔不及若起於競涉遠必難終不遂心故曰无魚之凶遠民也謂初六矣

九五以杞包瓜含章

虞翻曰杞杞柳木名也巽爲杞爲包乾圓稱瓜故以杞包瓜矣含章謂五也五欲使初四易位以陰含陽已得乘之故曰含章初之四

體兑口故稱含也○干寶曰初二體巽爲草木二又爲田田中之果柔而蔓者瓜之象也

有隕自天

虞翻曰隕落也乾爲天謂四隕之初初上承五故有隕自天矣

象曰九五含章中正也有隕自天志不舍命也

虞翻曰巽爲命也欲初之四承巳故不舍命矣

上九姤其角吝无咎

虞翻曰乾爲首位在首上故稱角動而得正故无咎

象曰姤其角上窮吝也

王弼曰進之於極无所復遇遇角而已故曰姤其角也進而无遇獨恨而已不與物牽故曰上窮吝也

序卦曰物相遇而後聚故受之以萃萃者聚也

崔憬曰天地相遇品物咸章故言物相遇而後聚

䷬坤下兌上萃亨王假有廟

虞翻曰觀上之四也觀乾爲王假至也艮爲廟體觀享祀故通上之四故假有廟致孝享矣

利見大人亨利貞

虞翻曰大人謂五三四失位利之正變成離

離爲見故利見大人亨利貞聚以正也

用大牲吉利有攸往

虞翻曰坤爲牛故曰大牲四之三折坤得正故用大牲吉三往之四故利有攸往順天命也○鄭玄曰萃聚也坤爲順兑爲悦臣下以順道承事其君悦德居上待之上下相應有事而和通故曰萃亨也假至也互有艮巽巽爲木艮爲闕木在闕上宮室之象也四本震

爻震爲長子五本坎爻坎爲隱伏居尊而隱伏鬼神之象長子入闕升堂祭祖禰之禮也故曰王假有廟二本離爻也離爲目居正應五故利見大人矣大牲牛也言大人有嘉會時可幹事必殺牛而盟既盟則可以故曰利往　案坤爲牛巽木下剋坤土煞牛之象也

彖曰萃聚也順以說剛中而應故聚也

荀爽曰謂五以剛居中羣陰順悅而從之故

能聚衆也

王假有廟

陸績曰王五廟上也王者聚百物以祭其先諸侯助祭於廟中假大也言五親奉上矣

致孝享也

虞翻曰享享祀也五至初有觀象謂享坤牛故致孝享矣

利見大人亨聚以正也

虞翻曰坤爲聚坤之三四故聚以正也

利貞

九家易曰五以正聚陽故曰利貞

用大牲吉利有攸往順天命也

虞翻曰坤爲順巽爲命三往之四故順天命矣

觀其所聚而天地萬物之情可見矣

虞翻曰三四易位成離坎坎月離日日以見

天月以見地故天地之情可見矣與大壯咸恒同義也

象曰澤上於地萃

荀爽曰澤者卑下流潦歸之萬物生焉故謂之萃也

君子以除戎器戒不虞

虞翻曰君子謂五除脩戎兵也詩曰脩爾車馬弓矢戎兵陽在三四爲脩坤爲器三四之

正離爲戎兵甲冑飛矢坎爲弓弧巽爲繩艮爲石謂類甲冑鍛厲矛矢故除戎器也坎爲寇坤爲亂故戒不虞也

初六有孚不終乃亂乃萃

虞翻曰孚謂五也初四易位五坎中故有孚失正當變坤爲終故不終萃聚也坤爲聚故乃亂乃萃失位不變則相聚爲亂故象曰其志亂也

若號一握爲笑勿恤往无咎

虞翻曰巽爲號艮爲手初稱一故一握初動成震震爲笑四動成坎坎爲恤故若號一握爲笑勿恤初之四得正故往无咎矣

象曰乃亂乃萃其志亂也

虞翻曰坎爲志初之四其志亂也

六二引吉无咎

虞翻曰應巽爲繩艮爲手故引吉得正應五

故无咎利引四之初使避已已得之五也

孚乃利用禴

虞翻曰孚謂五禴夏祭也體觀象故利用禴四之三故用大牲離爲夏故禴祭詩曰禴祠蒸嘗是其義

象曰引吉无咎中未變也

虞翻曰二得正故不變也○王弼曰居萃之時體柔當位處坤之中己獨履正衆相殊異

操而聚民之多僻獨正者危未能變體以遠於害故必待五引然後乃吉而无咎禴殷春祭名四時之祭省者也居聚之時處於中正而行以忠信可以省薄於鬼神矣

六三萃如嗟如无攸利往无咎小吝

虞翻曰坤爲萃故萃如巽爲號故嗟如失正故无攸利動得位故往无咎小吝謂往之四

象曰往无咎上巽也

虞翻曰動之四故上巽

九四大吉无咎象曰大吉无咎位不當也

虞翻曰以陽居陰故位不當動而得正承五應初故大吉而无咎矣

九五萃有位无咎匪孚元永貞悔亡

虞翻曰得位居中故有位无咎匪孚謂四也四變之正則五體比正故元永貞與比象同義四動之初故悔亡

象曰萃有位志未光也

虞翻曰陽在坎中故志未光與屯五同義

上六齎資涕洟无咎

虞翻曰齎持資賻也貨財喪稱賻自目曰涕自鼻稱洟坤爲財巽爲進故齎資也三之四體離坎艮爲鼻涕淚流鼻目故涕洟得位應三故无咎上體大過死象故有齎資涕洟之哀

象曰齎資涕洟未安上也

虞翻曰乘剛遠應故未安上也○荀爽曰此否卦上九陽爻見滅遷移以喻夏桀殷紂以上六陰爻代之若夏之後封東樓公於杞殷之後封微子於宋去其骨肉臣服異姓受人封土未安居位故曰齎資涕洟未安上也

序卦曰聚而上者謂之升故受之以升也

崔憬曰用大牲而致孝享故順天子而升爲

王矣故言聚而上者謂之升也

䷭ 巽下坤上 升

鄭玄曰升上也坤地巽木木生地中日長而上猶聖人在諸侯之中明德日益高大也故謂之升升進益之象矣

元亨

虞翻曰臨初之三又有巽象剛中而應故元亨也

用見大人勿恤

虞翻曰謂二當之五爲大人離爲見坎爲恤二之五得正故用見大人勿恤有慶也

南征吉

虞翻曰離南方卦二之五成離故南征吉志行也

彖曰柔以時升

虞翻曰柔謂五坤也升謂二坤邑无君二當

升五虛震兌爲春秋二升坎離爲冬夏四時
象正故柔以時升也
巽而順剛中而應是以大亨
荀爽曰謂二以剛居中而來應五故能大亨
上居尊位也
用見大人勿恤有慶也
荀爽曰大人天子謂升居五見爲大人羣陰
有主无所復憂而有慶也

南征吉志行也

虞翻曰二之五坎爲志震爲行

象曰地中生木升

荀爽曰地謂坤木謂巽地中生木以微至著升之象也

君子以順德積小以成高大

虞翻曰君子謂三小謂陽息復時復小爲德之本至二成臨臨者大也臨初之三巽爲高

二之五艮爲順坤爲積故順德積小成高大

初六允升大吉

荀爽曰謂一體相隨允然俱升初欲與巽一體升居坤上位尊得正故大吉也

象曰允升大吉上合志也

九家易曰謂初失正乃與二陽允然合志俱升五位故曰上合志也

九二孚乃利用禴无咎

虞翻曰禴夏祭也孚謂二之五成坎爲孚離爲夏故乃利用禴无咎矣

象曰九二之孚有喜也

虞翻曰升五得位故有喜○干寶曰剛中而應故孚也又言乃利用禴於春時也非時而祭曰禴然則文王儉以恤民四時之祭皆以禴禮神享德與信不求備也故既濟九五曰東鄰殺牛不如西鄰之禴祭實受其福九五

坎坎爲豕然則禴祭以豕而已不奢盈於禮故曰有喜矣

九三升虛邑

荀爽曰坤稱邑也五虛无君利二上居之故曰升虛邑无所疑也

象曰升虛邑无所疑也

虞翻曰坎爲疑上得中故无所疑也

六四王用亨于岐山吉无咎

荀爽曰此本升卦也巽升坤上據三成艮巽爲岐艮爲山王謂五也通有兩體位正衆服故吉也四能與衆陰退避當升者故无咎也

象曰王用享于岐山順事也

崔憬曰爲順之初在升當位近比於五乘剛於三空以進德不可修守此象太王爲狄所逼從居岐山之下一年成邑二年成都三年五倍其初通而王矣故曰王用享于岐山以

其用通避於狄難順於時事故吉无咎

六五貞吉升階

虞翻曰二之五故貞吉巽爲高坤爲土震升高故升階也

象曰貞吉升階大得志也

荀爽曰陰正居中爲陽作階使升居五巳下降二與陽相應故吉而得志

上六冥升利于不息之貞

荀爽曰坤性暗昧今升在上故曰冥升也陰用事爲消陽用事爲息陰五在上陽道不息陰之所利故曰利于不息之貞

象曰冥升在上消不富也

荀爽曰陰升失實故消不富也

序卦曰升而不已必困故受之以困

崔憬曰冥升在上以消不富則窮故言升而不已必困也

䷮ 坎下兌上　困亨

鄭玄曰坎爲月互體離離爲日兌爲暗昧日所入也今上掩日月之明猶君子處亂代爲小人所不容故謂之困也君子雖困居險能悅是以通而无咎也○虞翻曰否二之上乾坤交故通也

貞大人吉无咎

虞翻曰貞大人吉謂五也在困无應宜靜則

无咎故貞大人吉无咎

有言不信

虞翻曰震爲言折入兌故有言不信尚口乃窮

象曰困剛揜也

荀爽曰謂二五爲陰所揜也

險以說

荀爽曰此本否卦陽降爲險陰升爲悅也

困而不失其所亨其唯君子乎

荀爽曰謂二雖揜陰陷險猶不失中與正陰合故通也喻君子雖陷險中不失中和之行也

貞大人吉以剛中也

荀爽曰謂五雖揜於陰近无所據遠无所應體剛得中正居五位則吉无咎也

有言不信尚口乃窮也

虞翻曰兑爲口上變口滅故尚口乃窮○荀爽曰陰從二升上六成兑爲有言失中爲不信動而乘陽故曰尚口乃窮也

象曰澤无水困

王弼曰澤无水則水在澤下也水在澤下困之象也處困而屈其志者小人也君子固窮道可忘乎

君子以致命遂志

虞翻曰君子謂三伏陽也否坤爲致巽爲命坎爲志三入陰中故致命遂志也

初六臀困于株木

九家易曰臀謂四株木三也三體爲木澤中无水兊金傷木故枯爲株也初者四應欲進之四四困於三故曰臀困于株木○干寶曰兊爲孔穴坎爲隱伏隱伏在下而漏孔穴臀之象也

入于幽谷三歲不覿
九家易曰幽谷二也此本否卦謂陽來入坎與初同體故曰入幽谷三者陽數謂陽陷險中爲陰所揜終不得見故曰三歲不覿也
象曰入于幽谷幽不明也
荀爽曰爲陰所揜故不明矣
九二困于酒食朱紱方來
案二本陰位中饋之職坎爲酒食上爲宗廟

令二陰升上則酒食入廟故困于酒食也上九降二故朱紱方來朱紱宗廟之服乾爲大赤朱紱之象也

利用享祀征凶无咎

荀爽曰二升在廟五親奉之故奉利用享祀陰動而上失中乘陽陽下而陷爲陰所掩故曰征凶陽降來二雖位不正得中有實陰雖去中上得居正而皆免咎故曰无咎也

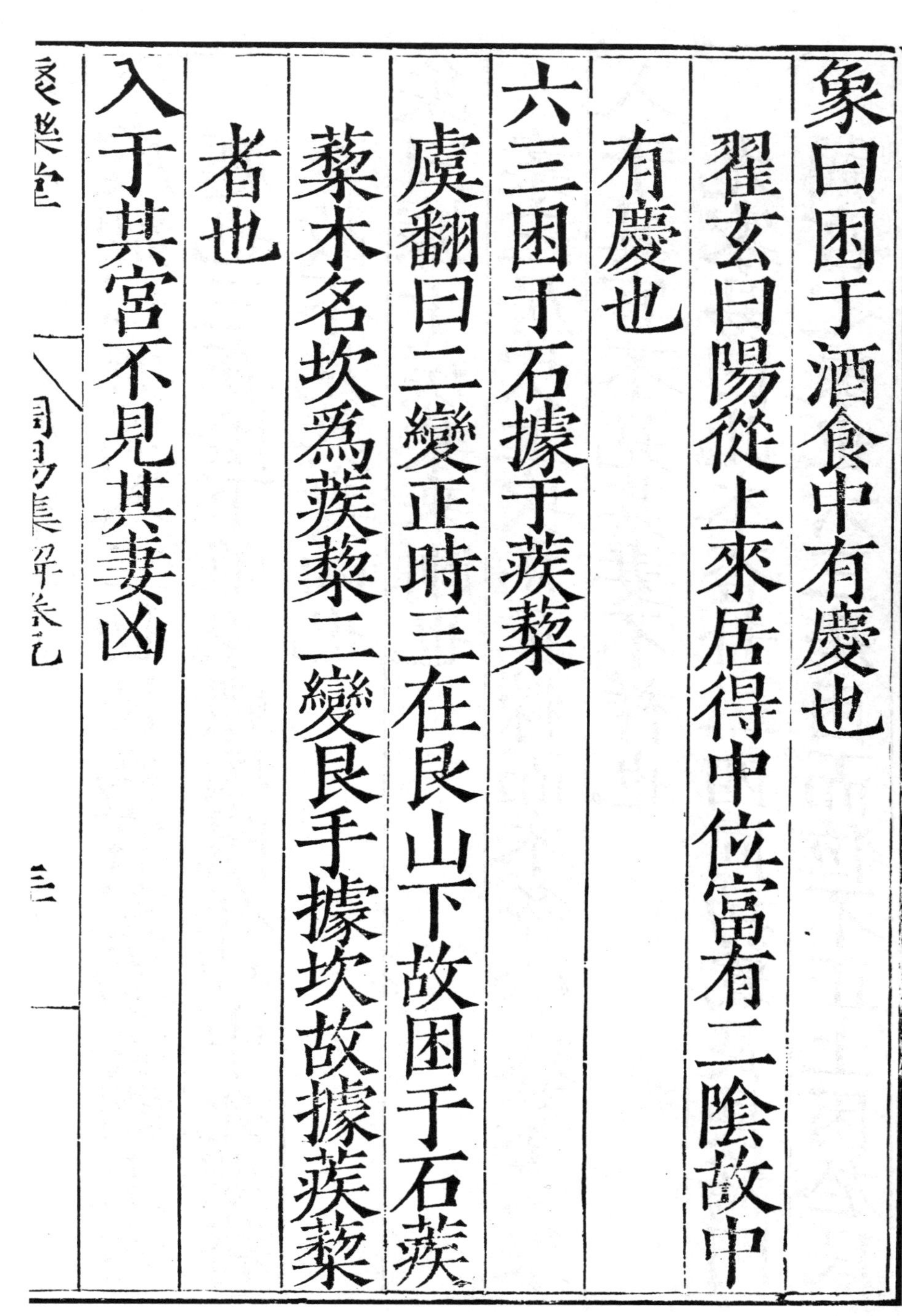

象曰困于酒食中有慶也

翟玄曰陽從上來居得中位富有二陰故中有慶也

六三困于石據于蒺蔾

虞翻曰二變正時三在艮山下故困于石蒺蔾木名坎爲蒺蔾二變艮手據坎故據蒺蔾者也

入于其宮不見其妻凶

虞翻曰巽爲入二動艮爲宫兑爲妻謂上无應也三在陰下離象毁壞隱在坤中死期將至故不見其妻凶也

象曰據于蒺藜乘剛也

案三居坎上坎爲蒺藜而木多心蒺藜之象

入于其宫不見其妻不祥也

九家易曰此本否卦二四同功爲艮艮爲門闕宫之象也六三居困而位不正上困於民

内无仁恩親戚叛逆誅將加身入宫无妻非常之困故曰不祥也

九四來徐徐困于金車吝有終

虞翻曰來欲之初徐徐舒遲也見險故來徐徐否乾爲車之應歷坎困于金車各易位得正故吝有終矣

象曰來徐徐志在下也

王弼曰下謂初

雖不當位有與也

崔憬曰位雖不當故吝也有與於援故有終也

九五劓刖困于赤紱

虞翻曰割鼻曰劓斷足曰刖四動時震爲足艮爲鼻離爲兵兌爲刑故劓刖也赤紱謂二否乾爲朱故赤坤爲紱二未變應五故困于赤紱也

乃徐有説

虞翻曰兑爲説坤爲徐二動應巳故乃徐有説也

利用祭祀

崔憬曰劓刖刑之小者也於困之時不崇柔德以剛遇剛雖行其小刑而失其大柄故言劓刖也赤紱天子祭服之飾所以稱困者被奪其政唯得祭祀若春秋傳曰政由甯氏祭

則寡人故曰困于赤紱居中以直在困思通初雖蹔窮終則必喜故曰乃徐有說所以險而能悅窮而能通者在困於赤紱乎故曰利用祭祀也　案五應在二二互體離離爲文明赤紱之象也

象曰劓刖志未得也

陸績曰无據无應故志未得也二言朱紱此言赤紱二言享祀此言祭祀傳互言耳无他

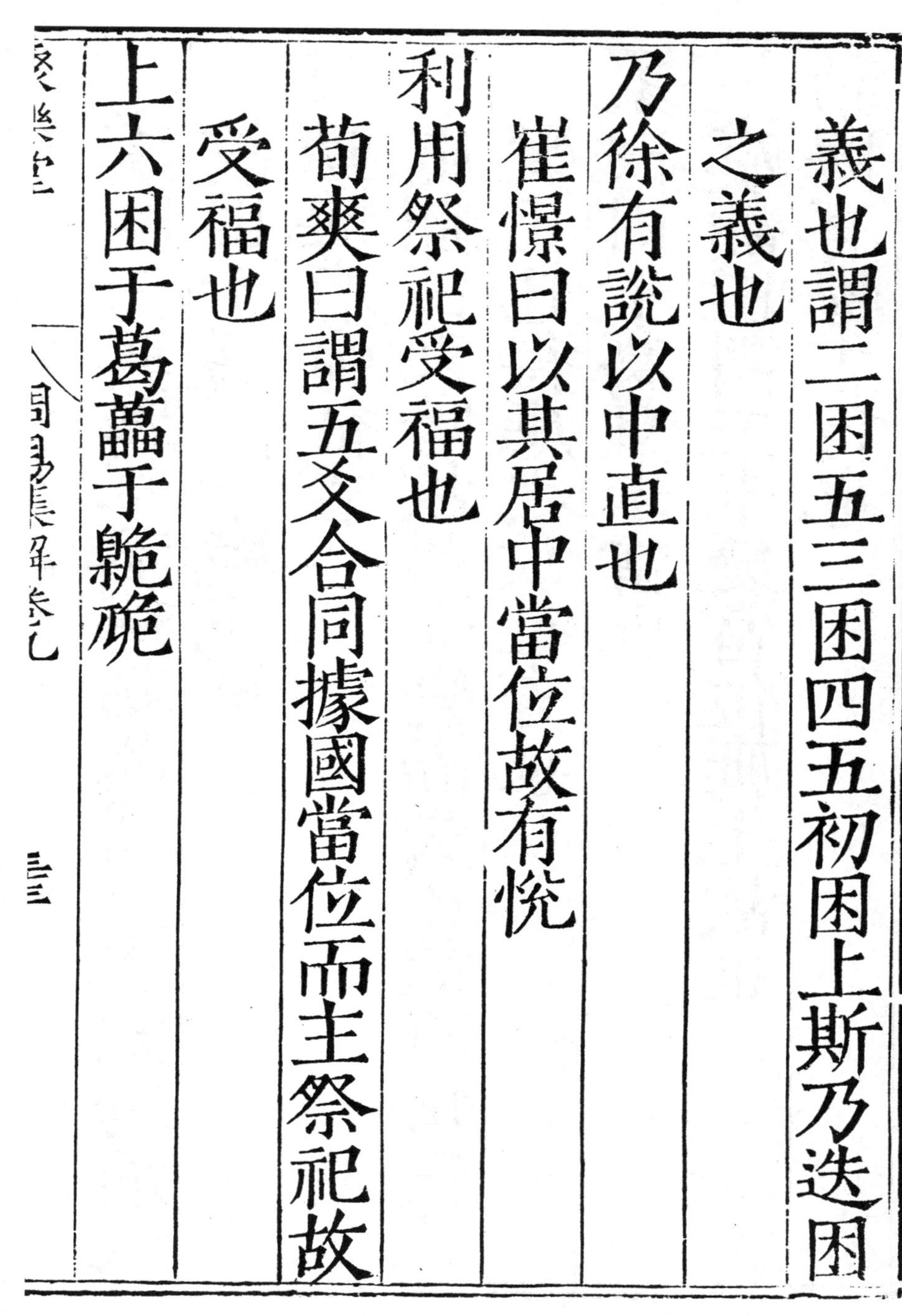

義也謂二困五三困四四五初困上斯乃迭困之義也

乃徐有說以中直也

崔憬曰以其居中當位故有悅

利用祭祀受福也

荀爽曰謂五爻合同據國當位而主祭祀故受福也

上六困于葛藟于臲卼

虞翻曰巽爲草莽稱葛藟謂三也兌爲刑人故困于葛藟于臲卼也

曰動悔有悔征吉

虞翻曰乘陽故動悔變而失正故有悔三已變正已得應之故征吉也

象曰困于葛藟未當也

虞翻曰謂三未變當位應上故也

動悔有悔吉行也

虞翻曰行謂三變乃得當位之應故吉行者也

周易集解卷第九

周易集解卷第十

資州李鼎祚

序卦曰困于上必反下故受之以井

崔憬曰困極於劓刖則反下以求安故言困乎上必反下也

䷯ 巽下坎上 井

鄭玄曰坎水也巽木桔槹也互體離兑離外堅中虚瓶也兑爲暗澤泉口也言桔槹引瓶

下入泉口汲水而出井之象也井以汲人水无空竭猶人君以政教養天下惠澤无窮也

改邑不改井

虞翻曰泰初之五也坤爲邑乾初之五折坤故改邑初爲舊井四應甃之故不改井

无喪无得往來井井

虞翻曰无喪泰初之五坎象毀壞故无喪五來之初失位无應故无得坎爲通故往來井

井往謂之五來謂之初也

汔至亦未繘井

虞翻曰巽繩爲繘汔幾也謂二也幾至初改

未繘井未有功也

羸其瓶凶

虞翻曰羸鉤羅也艮爲手巽爲繘離爲瓶手

繘折其中故羸其瓶體兌毁缺瓶缺漏故凶

矣〇干寶曰水殷德也木周德也夫井德之

地也所以養民性命而清潔之主者也自震化行至于五世改殷紂比屋之亂俗而不易成湯昭假之法度也故曰改邑不改井二代之制各因時宜損益雖異括囊則同故曰无喪无得往來井井也當殷之末井道之窮故曰汔至周德雖興未及革正故曰亦未繘井井泥爲穢百姓無聊比者之間交受塗炭故曰羸其瓶凶矣

彖曰巽乎水而上水井

荀爽曰巽乎水謂陰下爲巽也而上水謂陽上爲坎也木入水出井之象也

井養而不窮也

虞翻曰兊口飲水坎爲通往來井井故養不窮也

改邑不改井乃以剛中也

荀爽曰剛得中故爲改邑柔不得中故爲不

改井也

无喪无得

荀爽曰陰來居初有實爲无喪失中爲无得也

往來井井

荀爽曰此本泰卦陽往居五得坎爲井陰來在下亦爲井故曰往來井井也

汔至亦未繘井

荀爽曰汔至者陰來居初下至汔竟也繘者

所以出水通井道也今乃在初下得應五欲

未繘也繘繘者綆汲之具也

未有功也

虞翻曰謂二未變應五故未有功也

井羸其瓶是以凶也

荀爽曰井謂二瓶謂初初欲應五今爲二所

拘羸故凶也○孔頴達曰計覆一瓶之水何

足言凶但此喻人德行不恒不能善始令終故就人言之凶也

象曰木上有水井

王弼曰木上有水上水之象也水以養而不窮也

君子以勞民勸相

虞翻曰君子謂泰乾也坤爲民初上成坎爲勸故勞民勸相相助也謂以陽助坤矣

初六井泥不食舊井無禽

干寶曰在井之下體本土爻故曰泥也井而爲泥則不可食故曰不食此託紂之穢政不可以養民也舊井謂殷之未喪師也亦皆清潔無水禽之穢又況泥土乎故舊井無禽矣

象曰井泥不食下也舊井無禽時舍也

虞翻曰食用也初下稱泥巽爲木果无噬嗑食象下而多泥故不食也乾爲舊位在陰下

故舊井無禽時舍也謂時舍於初非其位也

與乾二同義○崔憬曰處井之下无應於上

則是所用之井不汲以其多塗久廢之井不

獲以其時舍故曰井泥不食舊井無禽禽古

擒字禽猶獲也

九二井谷射鮒甕敝漏

虞翻曰巽爲谷爲鮒鮒小鮮也離爲甕甕瓶

毀缺羸其瓶凶故甕敝漏也

象曰井谷射鮒无與也

崔憬曰唯得於鮒无與於人也井之爲道上汲者也今與五非應與初比則是若谷水不注唯及於魚故曰井谷射鮒也甕敝漏者取其水下注不汲之義也　案魚陰蟲也初處井下體又陰爻魚之象也

九三井渫不食爲我心惻

荀爽曰渫去穢濁清潔之意也三者得正故

曰井渫不得據陰喻不得用故曰不食道旣不行故我心惻

可用汲王明竝受其福

荀爽曰謂五可用汲三則王道明而天下竝受其福

象曰井渫不食行惻也求王明受福也

干寶曰此託殷之公侯時有賢者獨守成湯之法度而不見任謂微箕之倫也故曰井渫

不食爲我心惻惻傷悼也民乃外附故曰可

用汲周德來被故曰王明王得其民民得其

主故曰求王明受福也

六四井甃无咎

荀爽曰坎性下降嫌於從三能自脩正以甃

輔五故无咎也

象曰井甃无咎脩井也

虞翻曰脩治也以瓦甓壘井稱甃坤爲土初

之五成離離火燒土爲瓦治象故曰井甃无咎脩井也

九五井冽寒泉食

虞翻曰泉自下出稱井周七月夏之五月陰氣在下二已變坎十一月爲寒泉初二已變體噬嗑食故冽寒泉食矣

象曰寒泉之食中正也

崔憬曰冽清潔也居中得正而比於上則是

井渫水清既寒且潔汲上可食於人者也

上六井收勿幕有孚元吉

虞翻曰幕蓋也收謂以轆轤收繘也坎爲車應巽繩爲繘故井收勿幕有孚謂五坎坎爲孚故元吉也

象曰元吉在上大成也

虞翻曰謂初二已變成既濟定故大成也

干寶曰處井上位在瓶之水也故曰井收幕

覆也井以養生政以養德无覆水泉而不惠民无蘊典禮而不興教故曰井收勿幕勿幕則教信於民民服教則大化成也

序卦曰井道不可不革也故受之以革

韓康伯曰井久則濁穢宜革易其故也

䷰ 離下兌上 革

鄭玄曰革改也水火相息而更用事猶王者受命改正朔易服色故謂之革也

巳日乃孚元亨利貞悔亡

虞翻曰遯上之初與蒙旁通悔亡謂四也四失正動得位故悔亡離爲日孚謂坎四動體離五在坎中故巳日乃孚以成既濟乾道變化各正性命保合大和乃利貞故元亨利貞悔亡矣與乾彖同義也

彖曰革水火相息

虞翻曰息長也離爲火兑爲水繫曰潤之以

風雨風巽雨兌也四革之正坎見故獨於此
稱水也

二女同居其志不相得曰革

虞翻曰二女離兌體同人象蒙艮爲居故二
女同居四變體兩坎象二女有志離火志上
兌水志下故其志不相得坎爲志也

巳日乃孚革而信之

干寶曰天命已至之日也乃孚大信著也武

王陳兵孟津之上諸侯不期而會者八百國皆曰紂可伐矣武王曰爾未知天命未可也還歸二年紂殺比干囚箕子爾乃伐之所謂巳日乃孚革而信也

文明以說大亨以正革而當其悔乃亡

虞翻曰文明謂離說兌也大亨謂乾四動成既濟定故大亨以正革而當位故悔乃亡也

天地革而四時成

虞翻曰謂五位成乾爲天蒙坤爲地震春兌秋四之正坎冬離夏則四時具坤革而成乾故天地革而四時成也

湯武革命順乎天而應乎人

虞翻曰湯武謂乾乾爲聖人天謂五人謂三四動順五應三故順天應人巽爲命也

革之時大矣哉

虞翻曰革天地成四時誅二叔除民害天下

定武功成故大矣哉也

象曰澤中有火革

崔憬曰火就燥澤資濕二物不相得終宜易之故曰澤中有火革也

君子以治曆明時

虞翻曰君子遯乾也曆象謂日月星辰也離爲明坎爲月離爲日蒙艮爲星四動成坎離日月得正天地革四時成故君子以治曆明

時也

初九鞏用黄牛之革

干寶曰鞏固也離爲牝牛離爻本坤黄牛之象也在革之初而无應據未可以動故曰鞏用黄牛之革此喻文王雖有聖德天下歸周三分有二而服事殷其義也

象曰鞏用黄牛不可以有爲也

虞翻曰得位无應動而必凶故不可以有爲

也

六二巳日乃革之征吉无咎

荀爽曰日以喻君也謂五巳居位爲君二乃革意去三應五故曰巳日乃革之上行應五去卑事尊故曰征吉无咎也

象曰巳日革之行有嘉也

崔憬曰得位以正居中有應則是湯武行善桀紂行惡各終其日然後革之故曰巳日乃

革之行此有嘉○虞翻曰嘉謂五乾爲嘉四動承五故行有嘉矣

九三征凶貞厲

荀爽曰三應於上欲往應之爲陰所乘故曰征凶若正居三而據二陰則五來危之故曰貞厲也

革言三就有孚

翟玄曰言三就上二陽乾得共有信據於二

陰故曰革言三就有孚於二矣

象曰革言三就又何之矣

崔憬曰雖得位以正而未可頓革故以言就之夫安者有其危也故受命之君雖誅元惡未改其命者以郎行改命習俗不安故曰征凶猶以正自危故曰貞厲是以武王剋紂不郎行周命乃反商政一就也釋箕子囚封比干墓式商容閭二就也散鹿臺之財發巨橋

之衆大賚于四海三就也故曰革言三就○虞翻曰四動成既濟定故又何之矣

九四悔亡有孚改命吉

虞翻曰革而當其悔乃亡孚謂五也巽爲命四動五坎改巽故改命吉四乾爲君進退无恒在離焚棄體大過死傳以比桀紂湯武革命順天應人故改命吉也

象曰改命之吉信志也

虞翻曰四動成坎故信志也○干寶曰爻入上象喻紂之郊也以逆取而四海順之動凶器而前歌後舞故曰悔亡也中流而白魚入舟天命信矣故曰有孚甲子夜陣雨甚至水德賓服之祥也故曰改命之吉信志也

九五大人虎變未占有孚

虞翻曰乾爲大人謂五也蒙坤爲虎變傳論湯武以坤臣爲君占視也離爲占四未之正

五未在坎故未占有孚也○馬融曰大人虎變虎變威德折衝萬里望風而信以喻舜舞干羽而有苗自服周公脩文德越裳獻雉故曰未占有孚矣

象曰大人虎變其文炳也

宋衷曰陽稱大五以陽居中故曰大人兊爲白虎九者變爻故曰大人虎變其文炳也○虞翻曰乾爲大明動成離故其文炳也

上六君子豹變

虞翻曰蒙艮爲君子爲豹從乾而更故君子豹變也

小人革面征凶貞吉

虞翻曰陰稱小人也面謂四革爲離以順承五故小人革面乘陽失正故征凶得位故居貞吉蒙艮爲居也

象曰君子豹變其文蔚也

陸績曰兊之陽爻稱虎陰爻稱豹豹虎類而小者也君子小於大人故曰豹變其文蔚也

虞翻曰蔚蔇也兊小故其文蔚也

小人革面順以從君也

虞翻曰乾君謂五也四變順五故順以從君也○干寶曰君子大賢次聖之人謂若太公周邵之徒也豹虎之屬蔚炳之次也君聖臣賢殷之頑民皆改志從化故曰小人革面天

下既定必倒載干戈包之以虎皮將卒之士使爲諸侯故曰征凶居貞吉得正有應君子之象也　案兌爲口乾爲首今口在首上面之象也乾爲大人虎變也兌爲小人革面也

序卦曰革物者莫若鼎故受之以鼎

韓康伯曰革去故鼎取新以去故則宜制器立法以治新也鼎所和齊生物成新之器也故取象焉

☲☴ 巽下離上 鼎

鄭玄曰：鼎象也。卦有木火之用，互體乾兑，乾爲金，兑爲澤，澤鍾金而含水，爨以木火，鼎亯孰以養人，猶聖君興仁義之道以教天下也，故謂之鼎矣。

元吉亨

虞翻曰：大壯上之初，與屯旁通。天地交，柔進上行，得中應乾五剛，故元吉，是亨也。

彖曰鼎象也以木巽火亨飪也

荀爽曰震入離下中有乾象木火在外金在其内鼎鑊亨飪之象也○虞翻曰六十四卦皆觀繫辭而獨於鼎言象何也象事知器故獨言象也○九家易曰鼎言象者卦也木火互有乾兑乾金兑澤澤者水也爨以木火是鼎鑊亨飪之象亦象三公之位上則調和陰陽下而撫毓百姓鼎能熟物養人故云象也

牛鼎受一斛天子飾以黄金諸侯白金三足以象三台足上皆作鼻目爲飾也羊鼎五斗天子飾以黄金諸侯白金大夫以銅豕鼎三斗天子飾以黄金諸侯白金大夫銅士鐵三鼎形同飪煑肉上離陰爻爲肉也

聖人亨以享上帝而大亨以養聖賢

虞翻曰聖人謂乾初四易位體大畜震爲帝在乾天上故曰上帝體頤象三動噬嗑食故

以享上帝也大亨謂天地養萬物聖人養賢以及萬民賢之能者稱聖人矣

巽而耳目聰明

虞翻曰謂三也三在巽上動成坎離有兩坎兩離象乃稱聰明日月相推而明生焉故巽而耳目聰明眇能視不足以有明聞言不信聰不明皆有一離一坎象故也

柔進而上行得中而應乎剛是以元亨

虞翻曰柔謂五得上中應乾五剛巽爲進震爲行非謂應二剛與聧五同義也

象曰木上有火鼎

荀爽曰木火相因金在其間調和五味所以養人鼎之象也

君子以正位凝命

虞翻曰君子謂三也鼎五爻失正獨三得位故以正位凝成也體姤謂陰始凝初巽爲命

故君子以正位凝命也

初六鼎顛趾

虞翻曰趾足也應在四大壯震爲足折入大過大過顛也故鼎顛趾也

利出否得妾以其子无咎

虞翻曰初陰在下故否利出之四故曰利出兌爲妻妾四變得正成震震爲長子繼世守宗廟而爲祭主故得妾以其子无咎矣

象曰鼎顛趾未悖也

荀爽曰以陰承陽故未悖也

利出否以從貴也

虞翻曰出初之四承乾五故以從貴也

九二鼎有實我仇有疾不我能卽吉

虞翻曰二爲實故鼎有實也坤爲我謂四也二據四婦故相與爲仇謂三變時四體坎坎爲疾故我仇有疾四之二歷險二動得正故

不我能卽吉

象曰鼎有實愼所之也

虞翻曰二變之正艮爲順

我仇有疾終无尤也

虞翻曰不我能卽吉故終无尤也

九三鼎耳革其行塞雉膏不食

虞翻曰動成兩坎坎爲耳而革在乾故鼎耳

革初四變時震爲行鼎以耳行伏坎震折而

入乾故其行塞離爲雉坎爲膏初四已變三動體頤頤中无物離象不見故雉膏不食

方雨虧悔終吉

虞翻曰謂四已變三動成坤坤爲方坎爲雨故曰方雨三動虧乾而失位悔也終復之正故方雨虧悔終吉也

象曰鼎耳革失其義也

虞翻曰鼎以耳行耳革行塞故失其義也

九四鼎折足覆公餗其形渥凶

虞翻曰謂四變時震爲足足折入兑故鼎折足兑爲形渥大形也鼎足折則公餗覆言不勝任象入大過死凶故鼎足折覆公餗其形渥凶○九家易曰鼎者三足一體猶三公承天子也三公謂調陰陽鼎謂調五味足折餗覆猶三公不勝其任傾敗天子之美故曰覆餗也　案餗者雉膏之屬公者四爲諸侯上

公之位故曰公餗
象曰覆公餗信如何也
九家易曰渥者厚大言辠重也既覆公餗信有大辠刑罰當加无可如何也
六五鼎黃耳金鉉利貞
虞翻曰離爲黃三變坎爲耳故鼎黃耳鉉謂三貫鼎兩耳乾爲金故金鉉動而得正故利貞○干寶曰凡舉鼎者鉉也尚三公者王也

金喻可貴中之美也故曰金鉉鉉鼎得其物施令得其道故曰利貞也

象曰鼎黄耳中以爲實也

陸績曰得中承陽故曰中以爲實○宋衷曰五當耳中色黄故曰鼎黄耳兑爲金又正秋故曰金鉉公侯謂五也上尊故王下卑故金金和良可柔屈喻諸侯順天

上九鼎玉鉉大吉无不利

虞翻曰鉉謂三乾爲玉鉉體大有上九自天祐之位貴據五三動承上故大吉无不利謂三虧悔應上成未濟雖不當位六位相應故剛柔節象曰巽耳目聰明爲此九三發也○干寶曰玉又貴於金者凡烹飪之事自鑊升於鼎載於俎自俎入於口馨香上達動而彌貴故鼎之義上爻愈吉也鼎主烹飪不失其和金玉鉉之不失其所公卿仁賢天王聖明

之象也君臣相臨剛柔得節故曰吉无不利也

象曰玉鉉在上剛柔節也

宋衷曰以金承玉君臣之節上體乾爲玉故曰玉鉉雖非其位陰陽相承剛柔之節也

序卦曰主器者莫若長子故受之以震震者動也

崔憬曰鼎所以亯飪享于上帝主此器者莫

若冢嫡以爲其祭主也故言主器者莫若長子也

䷲ 震下震上　震亨

鄭玄曰震爲雷雷動物之氣也雷之發聲猶人君出政教以動中國之人也故謂之震人君有善聲教則嘉會之禮通矣

震來虩虩

虞翻曰臨二之四天地交故通虩虩謂四也

來應初命四變而來應已四失位多懼故虩虩之内曰來也

笑言啞啞

虞翻曰啞啞笑且言謂初也得正有則故笑言啞啞後有則也

震驚百里不喪匕鬯

虞翻曰謂陽從臨二一陰爲百二十舉其大數故當震百里也坎爲棘匕上震爲鬯坤爲喪

二上之坤成震體坎得其匕鬯故不喪匕鬯也○鄭玄曰雷發聲聞于百里古者諸侯之象諸侯出教令能警戒其國內則守其宗廟社稷爲之祭主不亡匕與鬯也人君於祭之禮匕牲體薦鬯而已其餘不親也升牢於俎君匕之臣載之鬯秬酒芬芳脩鬯因名焉

彖曰震亨震來虩虩恐致福也

虞翻曰懼變承五應初故恐致福也

笑言啞啞後有則也

虞翻曰則法也坎爲則也

震驚百里驚遠而懼邇也

虞翻曰遠謂四近謂初震爲百謂四出驚遠初動懼之近也

出可以守宗廟社稷以爲祭主也

虞翻曰爲五出之正震爲守艮爲宗廟社稷長主祭器故以祭主器故以爲祭主也○干

寶曰周木德震之正象也爲殷諸侯殷諸侯之制其地百里是以文王小心翼翼昭事上帝聿懷多福厥德不回以受方國故以百里而臣諸侯也爲諸侯故主社稷爲長子而爲祭主也祭禮薦陳甚多而經獨言不喪匕鬯者上牲體薦鬯酒人君所自親也

象曰洊雷震君子以恐懼脩省

虞翻曰君子謂臨二三出之坤四體以脩身

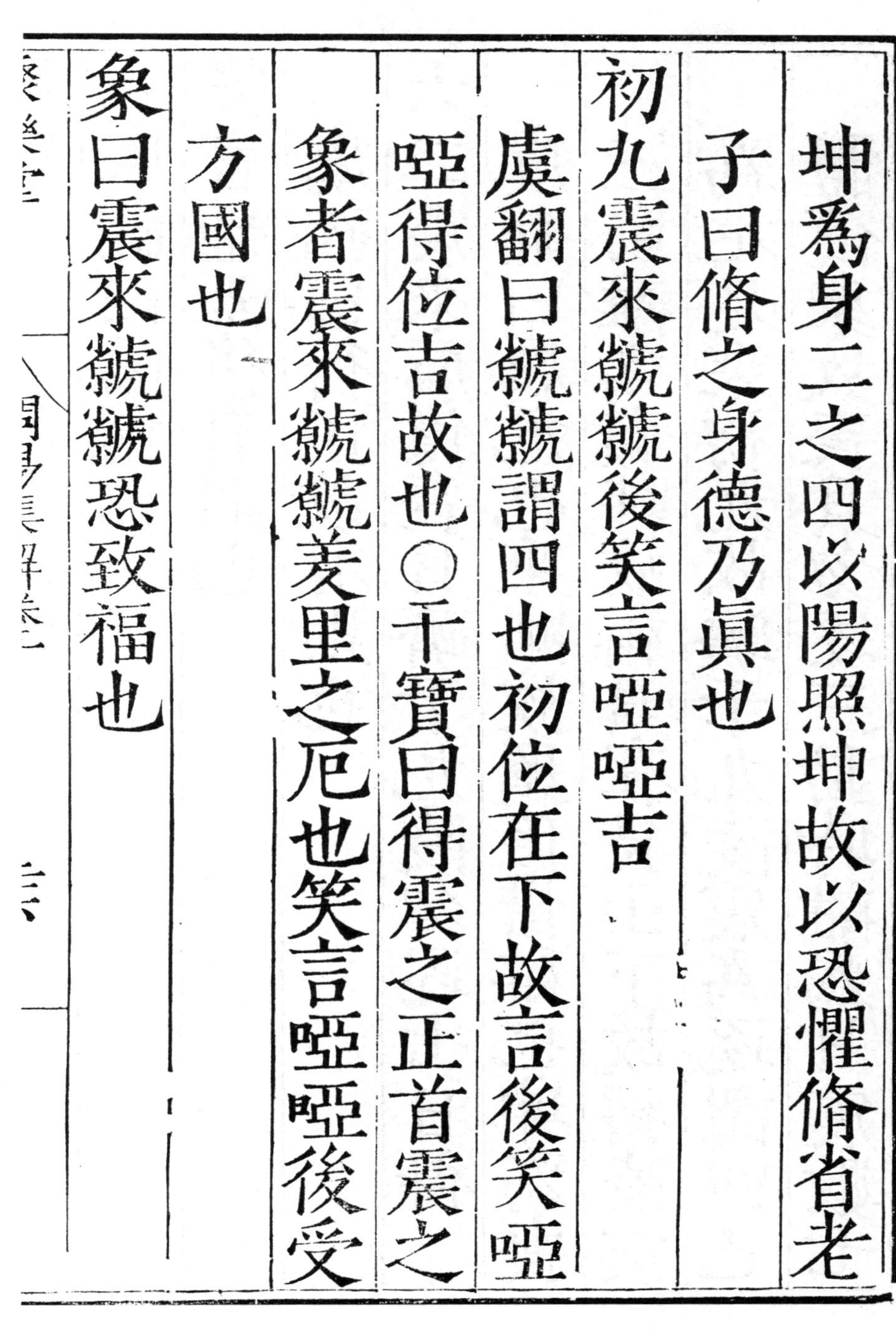

坤爲身二之四以陽照坤故以恐懼脩省老子曰脩之身德乃眞也

初九震來虩虩後笑言啞啞吉

虞翻曰虩虩謂四也初位在下故言後笑啞啞得位吉故也○干寶曰得震之正首震之象者震來虩虩羑里之厄也笑言啞啞後受方國也

象曰震來虩虩恐致福也

虞翻曰陽稱福

笑言啞啞後有則也

虞翻曰得正故有則也

六二震來厲億喪貝躋于九陵勿逐七日得

虞翻曰厲危也乘剛故厲億惜辭也坤爲喪

三動離爲嬴蚌故稱貝在艮山下故稱陵震

爲足足乘初九故躋于九陵震爲逐謂四已

體復象故喪貝勿逐三動時離爲日震數七

故七日得者也

象曰震來厲乘剛也

干寶曰六二木爻震之身也得位無應而以乘剛爲危此託文王積德累功以被囚爲禍也故曰震來厲億歎辭也貝寶貨也產乎東方行乎大塗也此以喻紂拘文王閎天之徒乃於江淮之浦求盈箱之貝而以賂紂也故曰億喪貝貝水物而方升于九陵今雖喪之

猶外府也故曰勿逐七日得七日得者七年之日也故書曰誕保文武受命惟七年是也

六三震蘇蘇震行无眚象曰震蘇蘇位不當也

虞翻曰死而復生稱蘇三死坤中動出得正震爲生故蘇蘇坎爲眚三出得正坎象不見故无眚春秋傳曰晉獲秦諜六日而蘇也

九四震遂泥

虞翻曰坤土得雨爲泥位在坎中故遂泥也

象曰震遂泥未光也

虞翻曰在坎陰中與屯五同義故未光也

六五震往來厲

虞翻曰往謂乘陽來謂應陰失位乘剛故往來厲也

億无喪有事

虞翻曰坤爲喪也事謂祭祀之事出而體隨王享于西山則可守以宗廟社稷爲祭主故无

喪有事也

象曰震往來厲危行也

虞翻曰乘剛山頂故危行也

其事在中大无喪也

虞翻曰動出得正故无喪

上六震索索視矍矍

虞翻曰上謂四也欲之三隔坎故震索索三已動應在離故矍矍者也

征凶震不于其躳于其鄰无咎婚媾有言

虞翻曰上得位震爲征故征凶四變時坤爲躳鄰謂五也四上之五震東兊西故稱鄰之五得正故不于其躳于其鄰无咎謂三已變上應三震爲言故婚媾有言

象曰震索索中未得也

虞翻曰四未之五故中未得也

雖凶无咎畏鄰戒也

虞翻曰謂五正位巳乘之逆畏鄰戒也

序卦曰物不可以終動動必止之故受之以艮艮者止也

崔憬曰震極則征凶婚媾有言當須止之故言物不可以終動止之矣

䷳艮下艮上　艮其背

鄭玄曰艮爲山山立峙各於其所无相順之時猶君在上臣在下恩敬不相與通故謂之

艮也

不獲其身行其庭不見其人无咎

虞翻曰觀五之三也艮爲多節故稱背觀坤爲身觀五之三折坤爲背故艮其背坤象不見故不獲其身震爲行人艮爲庭坎爲隱伏故行其庭不見其人三得正故无咎　案艮爲門闕今純艮重其門闕兩門之間庭中之象也

彖曰艮止也

虞翻曰位窮於上故止也

時止則止時行則行

虞翻曰時止謂上陽窮止故止時行謂三體

處震爲行也

動靜不失其時其道光明

虞翻曰動謂三靜謂上艮止則止震行則行

故不失時五動成離故其道光明

艮其止止其所也

虞翻曰謂兩象各止其所

上下敵應不相與也

虞翻曰艮其背背也兩象相背故不相與也

是以不獲其身行其庭不見其人无咎也

案其義已見繇辭也

象曰兼山艮君子以思不出其位

虞翻曰君子謂三也三君子位震爲出坎爲

隱伏爲思故以思不出其位也

初六艮其趾无咎利永貞

虞翻曰震爲趾故艮其趾矣失位變得正故无咎永貞也

象曰艮其趾未失正也

虞翻曰動而得正故未失正也

六二艮其腓不拯其隨其心不快

虞翻曰巽長爲股艮小爲腓拯取也隨謂下

二陰艮爲止震爲動故不拯其隨坎爲心故其心不快

象曰不拯其隨未違聽也

虞翻曰坎爲耳故未違聽也

九三艮其限裂其夤厲閽心

虞翻曰限要帶處也坎爲要五來之三故艮其限夤脊肉艮爲背坎爲脊艮爲手震起艮止故裂其夤坎爲心厲危也艮爲閽閽守門

人坎盜動門故厲閽心古閽作熏字馬因言熏灼其心未聞易道以坎水熏灼人也荀氏以熏爲勳或誤作動皆非也

象曰艮其限危閽心也

虞翻曰坎爲心坎盜動門故危閽心也

六四艮其身无咎

虞翻曰身腹也觀坤爲身故艮其身得位承五故无咎或謂妊身也五動則四體離婦離

爲大腹孚之象也故艮其身得正承五而受

陽施故无咎詩曰大任有身生此文王也

象曰艮其身止諸躬也

虞翻曰艮爲止五動乘四則任身故止諸躬

也

六五艮其輔言有孚悔亡

虞翻曰輔面頰骨上頰車者也三至上體頤

象艮爲止在坎車上故艮其輔謂輔車相依

震爲言五失位悔也動得正故言有孚悔亡也

象曰艮其輔以中正也

虞翻曰五動之中故以正中也

上九敦艮吉

虞翻曰无應静止下據二陰故敦艮吉也

象曰敦艮之吉以厚終也

虞翻曰坤爲厚陽上據坤故以厚終也

周易集解卷第十

周易集解卷第十一

資州李鼎祚

序卦曰物不可以終止故受之以漸漸者進也

崔憬曰終止雖獲敦艮時行須漸進行故曰物不可終止故受之以漸漸者進也

䷴艮下巽上漸女歸吉利貞

虞翻曰否三之四女謂四歸嫁也坤三之四承五進得位往有功反成歸妹兑女歸吉初

上失位，故利貞，可以正邦也。

彖曰：漸之進也，女歸吉也。

虞翻曰：三進四得位，陰陽體正，故吉也。

進得位，往有功也。

虞翻曰：功謂五。四進承五，故往有功。巽為進也。

進以正，可以正邦也。其位剛得中也。

虞翻曰：謂初已變為家人，四進已正而上。不正三動成坤爲邦上來反三故進以正可以正邦其位剛得中與家人道正同義三在外體之中故稱得中乾文言曰中不在人謂三也此可謂旣濟定者也

止而巽動不窮也

虞翻曰止艮也三變震爲動上三之據坤動震成坎坎爲通故動不窮往來不窮謂之通

象曰山上有木漸君子以居賢德善俗

虞翻曰君子謂否乾乾爲賢德坤陰小人柔弱爲俗乾四之坤爲艮爲居以陽善陰故以居賢德善俗也

初六鴻漸于干小子厲有言无咎

虞翻曰鴻大鴈也離五鴻漸進也小水從山流下稱干爲山爲小徑坎水流下山故鴻漸于干也艮爲小子初失位故厲變得正三動受上成震震爲言故小子厲有言无咎也

象曰小子之厲義无咎也

虞翻曰動而得正故義无咎也

六二鴻漸于磐飲食衎衎吉

虞翻曰艮爲山石坎爲聚聚石稱磐初已之正體噬嗑食坎水陽物竝在頤中故飲食衎衎得正應五故吉

象曰飲食衎衎不素飽也

虞翻曰素空也承三應五故不素飽

九三鴻漸于陸

虞翻曰高平稱陸謂初已變坎水爲平三動之坤故鴻漸于陸

夫征不復

虞翻曰謂初已之正三動成震震爲征爲夫而體復象坎陽死坤中坎象不見故夫征不復也

婦孕不育凶

虞翻曰孕妊娠也育生也巽爲婦離爲孕三動成坤離毁夫位故婦孕不育凶

利禦寇

虞翻曰禦當也坤爲用巽爲高艮爲山離爲戈兵甲冑坎爲寇自上禦下三動坤順坎象不見故利用禦寇順相保保大也

象曰夫征不復離羣醜也

虞翻曰坤三爻爲醜物三稱羣也

婦孕不育失其道也

虞翻曰三動動離毀陽隕坤中故失其道也

利用禦寇順相保也

虞翻曰三動坤順坎象不見故以順相保也

六四鴻漸于木或得其桷无咎

虞翻曰巽爲木桷椽也方者謂之桷巽爲交

爲長木艮爲小木坎爲脊離爲麗小木麗長

木巽繩束之象脊之形椽桷象也故或得其

桷得位順五故无咎四巳承五又顧得三故或得其桷也矣

象曰或得其桷順以巽也

虞翻曰坤爲順以巽順五　案四居巽木爻陰位正角直之象也自二至五體有離坎離爲飛鳥而居坎水鴻之象也鴻隨陽鳥喻女從夫卦明漸義爻皆稱焉

九五鴻漸于陵婦三歲不孕

虞翻曰陵丘婦謂四也三動受上時而四體半艮山故稱陵巽爲婦離爲孕坎爲歲三動離壞故婦三歲不孕

終莫之勝吉

虞翻曰莫無勝陵也得正居中故莫之勝吉上終變之三成既濟定坎爲心故象曰得所願也

象曰終莫之勝吉得所願也

虞翻曰上之三既濟定故得所願也

上九鴻漸于陸

虞翻曰陸謂三也三坎爲平變而成坤故稱陸也

其羽可用爲儀吉

虞翻曰謂三變受成既濟與家人彖同義上之三得正離爲鳥故其羽可用爲儀吉三動失位坎爲亂乾四止坤象曰不可亂彖曰進

以正邦爲此爻發也三已得位又變受上權也孔子曰可與適道未可與權宜无怪焉

象曰其羽可用爲儀吉不可亂也

虞翻曰坤爲亂上來正坤六爻得位成既濟定故不可亂也○干寶曰處漸高位斷漸之進順艮之言謹巽之全履坎之通據離之耀婦德既終母教又明有德而可受有儀而可象故曰其羽可以爲儀不可亂也

序卦曰進必有所歸故受之以歸妹

崔憬曰鴻漸于磐飲食衎衎言六比三女漸歸夫之象也故云進必有歸歸也

䷵兌下震上歸妹

虞翻曰歸嫁也兌爲妹泰三之四坎月離日俱歸妹象陰陽之義配日月則天地交而萬物通故以嫁娶也

征凶

虞翻曰謂四也震爲征三之四不當位故征凶也

无攸利

虞翻曰謂三也四之三失正无應以柔乘剛故无攸利也

彖曰歸妹天地之大義也

虞翻曰乾天坤地三之四天地交以離日坎月戰陰陽陰陽之義配日月則萬物興故天

地之大義乾主壬坤主癸日月會北震爲玄
黄天地之雜震東兑西離南坎北六十四卦
此象最備四時正卦故天地之大義也
天地不交而萬物不興
虞翻曰乾三之坤四震爲興天地以離坎交
陰陽故天地不交則萬物不興矣○王肅曰
男女交而後人民蕃天地交然後萬物興故
歸妹以及天地交之義也

歸妹人之終始也

虞翻曰人始生乾而終於坤故人之終始雜卦曰歸妹女之終謂陰終坤癸則乾始震庚也○干寶曰歸妹者衰落之女也父既没矣兄主其禮子續父業人道所以相終始也

說以動所歸妹也

虞翻曰說兌動震也謂震嫁兌所歸必妹也

征凶位不當也

崔憬曰中四爻皆失位以象歸妹非正嫡故征凶也

无攸利柔乘剛也

王肅曰以正則有不正之凶以處則有乘剛之進也故无所利矣

象曰澤上有雷歸妹

干寶曰雷薄于澤八月九月將藏之時也君子象之故不敢恃當今之虞而慮將來禍也

君子以永終知敝

虞翻曰君子謂乾也坤爲永終爲敝乾爲知三之四爲永終四之三兑爲毁折故以永終知敝○崔憬曰歸妹人之始終也始則征凶終則无攸利故君子以永終知敝爲戒者也

初九歸妹以娣跛能履征吉

虞翻曰震爲兄故嫁妹謂三也初在三下動而應四故稱娣履禮也初九應變成二坎爲

曳故跛而履應在震爲征初爲娣變爲陰故征吉也

象曰歸妹以娣以恒也跛能履吉相承也

虞翻曰陽得位故以恒恒動初承二故吉相承也

九二眇能視利幽人之貞

虞翻曰視應五也震上兑下離目不正故眇能視幽人謂二之初動二在坎中故稱幽人

變得正震喜兌説故利幽人之貞與履二同義也

象曰利幽人之貞未變常也

虞翻曰常恒也乘初未之五故未變常矣

六三歸妹以須反歸以娣

虞翻曰須需也初至五體需需象故歸妹以須娣謂初也震爲反反馬歸也三失位四反得正兌進在四見初進之初在兌後故反歸以

娣

象曰歸妹以須未當也

虞翻曰三未變之陽故位未當

九四歸妹愆期遲歸有時

虞翻曰愆過也謂二變三動之正體大過象坎月離日爲期三變日月不見故愆期坎爲曳震爲行曳故遲也歸謂反三震春兑秋坎冬離夏四時體正故歸有時也

象曰愆期之志有待而行也

虞翻曰待男行矣

六五帝乙歸妹其君之袂不如其娣之袂良

虞翻曰三四已正震爲帝坤爲乙故曰帝乙泰乾爲良爲君乾在下爲小君則妹也袂口袂之飾也兊爲口乾爲衣故稱袂謂三失位无應娣袂謂二得中應五三動成乾爲良故其君之袂不如其娣之袂良故象曰以貴行

也矣

月幾望吉

虞翻曰幾其也坎月離日兌西震東日月象

對故曰幾望二之五四復三得正故吉也與

小畜中孚月幾望同義也

象曰帝乙歸妹不如其娣之袂良也

虞翻曰三四復正乾爲良

其位在中以貴行也

虞翻曰三四復二之五成既濟五貴故以貴行也

上六女承筐无實

虞翻曰女謂應三兌也自下受上稱承震爲筐以陰應陰三四復位坎爲虛故无實象曰承虛筐也

士刲羊无血无攸利

虞翻曰刲刺也震爲士兌爲羊離爲刀故士

刲羊三四復位成泰坎象不見故无血三柔承剛故无攸利也

象曰上六无實承虛筐也

虞翻曰泰坤爲虛故承虛筐也

序卦曰得其所歸者必大故受之以豐豐者大也

崔憬曰歸妹者姪娣媵國三人凡九女爲大援故言得其所歸者必大也

䷶離下震上 豐亨

虞翻曰此卦三陰三陽之例當從泰二之四而豐三從噬嗑上來之三折四於五獄中而成豐故君子以折獄致刑陰陽交故通噬嗑所謂利用獄者此卦之謂也

王假之

虞翻曰乾爲王假至也謂四宊上至五動之正成乾故王假之尚大也

勿憂宜日中

虞翻曰五動之正則四變成離離日中當五在坎中坎爲憂故勿憂宜日中體兩離象照天下也日中則昃月盈則蝕天地盈虛與時消息〇干寶曰豐坎宮陰世在五以其宜中而憂其側也坎爲夜離爲晝以離變坎至于天位日中之象也殷水德坎象晝敗而離居之周伐殷居王位之象也聖人德大而心小

既居天位而戒懼不怠勿憂者勸勉之言也猶詩曰上帝臨爾无貳爾心言周德當天人之心宜居王位故宜日中

彖曰豐大也明以動故豐

崔憬曰離下震上明以動之象明則見微動則成務故能大矣

王假之尚大也

姚信曰四體震王假大也四宜之五得其盛

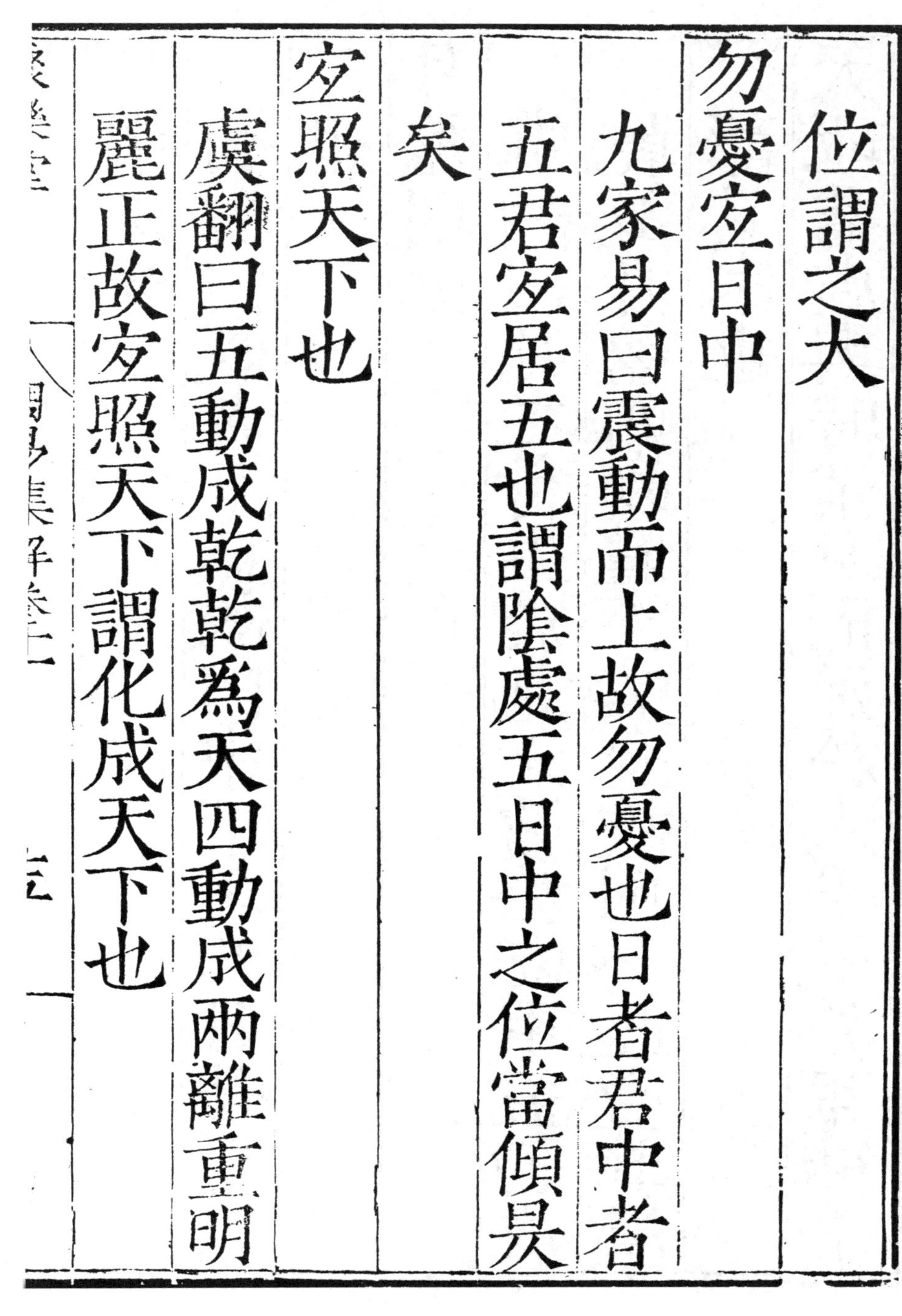

位謂之大

勿憂宜日中

九家易曰震動而上故勿憂也日者君中者五君宜居五也謂陰處五日中之位當傾昃矣

宜照天下也

虞翻曰五動成乾乾爲天四動成兩離重明麗正故宜照天下謂化成天下也

日中則昃

荀爽曰豐者至盛故日中下居四日昃之象也

月盈則蝕

虞翻曰月之行生震見兊盈於乾甲五動成乾故月盈四變體噬嗑食故則食此豐其屋蔀其家也

天地盈虛與時消息而況於人乎況於鬼神乎

虞翻曰五息成乾爲盈四消入坤爲虛故天地盈虛也豐之既濟四時象具乾爲神人坤爲鬼鬼神與人亦隨時消息謂人謀鬼謀百姓與能與時消息

象曰雷電皆至豐

荀爽曰豐者陰據不正奪陽之位而行以豐故折獄致刑以討除之也

君子以折獄致刑

虞翻曰君子謂三噬嗑四失正係在坎獄中故上之三折四入大過死象故以折獄致刑兌折爲刑賁三得正故无敢折獄也

初九遇其配主

虞翻曰妃嬪謂四也四失位在震爲主五動體姤遇故遇其配主也

雖旬无咎往有尚

虞翻曰謂四失位變成坤應初坤數十四上

而之五成離離爲日

象曰雖旬无咎過旬災也

虞翻曰體大故過旬災四上之五坎爲災也

六二豐其蔀日中見斗往得疑疾

虞翻曰日蔽雲中稱蔀蔀小謂四也二利四

之五故豐其蔀噬嗑離爲見象在上爲日中

艮爲斗斗七星也噬嗑艮爲星爲止坎爲北

中巽爲高舞星上於中而舞者北斗之象也

離上之三隱坎雲下故日中見斗四往之五得正成坎坎爲疑疾故往得疑疾也

有孚發若吉

虞翻曰坎爲孚四發之五成坎孚動而得位故有孚發若吉也

象曰有孚發若信以發志也

虞翻曰四發之五坎爲志也○九家易曰信著於五然後乃可發其順志

九三豐其沛日中見沬

虞翻曰日在雲下稱沛沛不明也沬小星也噬嗑離爲日艮爲沬故日中見沬上之三日入坎雲下故見沬也○九家易曰大暗謂之沛沬斗杓後小星也

折其右肱无咎

虞翻曰兊爲折爲右噬嗑艮爲肱上來之三折艮入兊故折其右肱之三得正故无咎也

象曰豐其沛不可大事也

虞翻曰利四之陰故不可大事

折其右肱終不可用也

虞翻曰四死大過故終不可用

九四豐其蔀

虞翻曰蔀蔽也噬嗑離日之坎雲中故豐其

蔀象曰位不當也

日中見斗

虞翻曰噬嗑日在上爲中上之三爲巽巽爲入日入坎雲下幽伏不明故日中見斗象曰幽不明是其義也

遇其夷主吉

虞翻曰震爲主四行之正成明夷則三體震爲夷主故遇其夷主吉也　案四處上卦之下以陽居陰履非其位而比於五故曰遇也夷者傷也主者五也謂四不期相遇而能上

行傷五則吉故曰遇其夷主吉行也

象曰豐其蔀位不當也日中見斗幽不明也

虞翻曰離上變入坎雲下故幽不明坎幽也

遇其夷主吉行也

虞翻曰動體明夷震爲行故曰吉行

六五來章有慶譽吉

虞翻曰在内稱來章顯也慶謂五陽出稱慶

也譽謂二二多譽五發得正則來應二故來

章有慶譽吉也

象曰六五之吉有慶也

虞翻曰動而成乾乾爲慶

上六豐其屋蔀其家

虞翻曰豐大蔀小也三至上體大壯屋象故豐其屋謂四五已變上動成家人大屋見則家人懷故蔀其家與泰二同義故象曰天際祥明以大壯爲屋象故也

闚其戶闃其无人三歲不覿凶

虞翻曰謂從外闚三應闃空也四動時坤爲闔戶闔故闚其戶坤爲空虛三隱伏坎中故闃其無人象曰自藏也四五易位噬嗑離目爲闚闚人者言皆不見坎爲三歲坤冥在上離象不見故三歲不覿凶○干寶曰在豐之家居乾之位乾爲屋宇故曰豐其屋此蓋記紂之侈造爲璿室玉臺也蔀其家者以記紂

多傾宮之女也社稷既亡宮室虛曠故曰闃其戶闃其無人闃無人貌也三者天地人之數也凡國於天地有興亡焉故王者之亡其家也必天示其祥地出其妖人反其常非斯三者亦弗之亡也故曰三歲不覿凶然則瘠室之成三年而後亡國矣　案上應於三三互離巽爲戶離爲目目而近戶闃之象也既屋豐家蔀若闃地戶闃寂無人震木數三故

三歲致凶於災

象曰豐其屋天降祥也

孟喜曰天降下惡祥也

闚其戶閴其無人自藏也

虞翻曰謂三隱伏坎中故自藏者也

序卦曰窮大者必失其居故受之以旅

虞翻曰諺云作者不居況窮大甚而能久處乎故必獲罪去邦羇旅於外矣

䷷艮下離上旅小亨旅貞吉

虞翻曰賁初之四否三之五非乾坤往來也與噬嗑之豐同義小謂柔得貴位而順剛麗乎大明故旅小亨旅貞吉再言旅者謂四凶惡進退無恒無所容處故再言旅惡而愍之

彖曰旅小亨

姚信曰此本否卦三五交易去其本體故曰客旅○荀爽曰謂陰升居五與陽通者也

柔得中乎外而順乎剛止而麗乎明是以小亨旅貞吉也

蜀才曰否三升五柔得中於外上順於剛九五降三降不失正止而麗乎明所以小亨旅貞吉也

旅之時義大矣哉

虞翻曰以離日麗天縣象著明莫大日月故義大也○王弼曰旅者物失其所居之時也

物失所居則咸願有附豈非智者有爲之時故曰旅之時義大矣哉

象曰山上有火旅

侯果曰火在山上勢非長久旅之象也

君子以明愼用刑而不留獄

虞翻曰君子謂三離爲明艮爲愼兌爲刑坎爲獄賁初之四獄象不見故以明愼用刑而不留獄與豐折獄同義者也

初六旅瑣瑣斯其所取災

陸績曰瑣瑣小也艮爲小石故曰旅瑣瑣也履非其正應離之始離爲火艮爲山以應火災焚自取也故曰斯其所取災也

象曰旅瑣瑣志窮災也

虞翻曰瑣瑣最蔽之貌也失位遠應之正介坎坎爲災眚艮手爲取謂三動應坎坎爲志坤稱災故曰志窮災也

六二旅即次懷其資得僮僕貞

九家易曰即就次舍資財也以陰居二即就其舍承陽有實故懷其資故曰旅即次懷其資也初者卑賤二得履之故得僮僕處和得位故正居是故曰得僮僕貞矣

象曰得僮僕貞終无尤也

虞翻曰艮爲僮僕得正承三故得僮僕貞而終无尤也　案六二履正體艮艮爲閽寺僮

僕貞之象也

九三旅焚其次喪其僮僕貞厲

虞翻曰離爲火艮爲僮僕三動艮壞故焚其次坤爲喪三動艮滅入坤故喪其僮僕動而失正故貞厲矣

象曰旅焚其次亦以傷矣

虞翻曰三動體剝故傷也

以旅與下其義喪也

虞翻曰三變成坤坤爲下爲喪故其義喪也

九四旅于處得其資斧我心不快

虞翻曰巽爲處四焚棄惡人失位遠應故旅于處言無所從也離爲資斧故得其資斧三動四坎爲心其位未至故我心不快也

象曰旅于處未得位也得其資斧心未快也

王弼曰斧所以斫除荆棘以安其舍者也雖處上體之下不先於物然而不得其位不獲

平坦之地者也客子所處不得其次而得其資斧之地故其心不快　案九四失位而居艮上艮爲山山非平坦之地也四體兌巽巽爲木兌爲金木貫於金即資斧斫除荆棘之象者也

六五䠶雉一矢亡

虞翻曰三變坎爲弓離爲矢故䠶雉五變乾體矢動雉飛雉象不見故一矢亡矣

終以譽命

虞翻曰譽謂二巽爲命五終變成乾則二來應巳故終以譽命也

象曰終以譽命上逮也

虞翻曰逮及也謂二上及也○干寳曰逮離爲雉爲矢巽爲木爲進退艮爲手兊爲決有木在手進退其體矢決于外䠶之象也一陰升乾故曰一矢履非其位下又無應雖復䠶

雉終亦失之故曰一矢亡也一矢亡者喻有損而小也此記祿父爲王者後雖小叛擾終逮安周室故曰終以譽命矣

上九鳥焚其巢旅人先笑後號咷

虞翻曰離爲鳥爲火巽爲木爲高四失位變震爲筐巢之象也今巢象不見故鳥焚其巢震爲笑震在前故先笑應在巽巽爲號咷巽象在後故後號咷

喪牛于易凶

虞翻曰謂三動時坤爲牛五動成乾乾爲易上失三五動應二故喪牛于易失位无應故凶也五動成遯六二執之用黄牛之革則旅家所喪牛也

象曰以旅在上其義焚也

虞翻曰離火焚巢故其義焚也

喪牛于易終莫之聞也

虞翻曰坎耳入兌故終莫之聞○侯果曰離爲鳥爲火巽爲木爲風鳥居木上巢之象也旅而贍資物之所惡也喪牛甚易求之也難雖有智者莫之吉也

序卦曰旅无所容故受之以巽巽者入也

崔憬曰旅寄在外而无所容則必入矣故曰旅无所容受之以巽

☴ 巽下巽上 巽小亨利有攸往利見大人

虞翻曰遯二之四柔得位而順五剛故小亨也大人謂五離目爲見二失位利在往應五故利有攸往利見大人矣

彖曰重巽以申命

陸績曰巽爲命令重命令者欲丁寧也

剛巽乎中正而志行

陸績曰二得中五得正體兩巽故曰剛巽乎中正也皆據陰故志行也〇虞翻曰剛中正

謂五也二失位動成坎坎爲志終變成震震爲行也

柔皆順乎剛是以小亨

陸績曰陰爲卦主故小亨

利有攸往利見大人

案其義已見繇辭

象曰隨風巽君子以申命行事

虞翻曰君子謂遯乾也巽爲命重象故申命

變至三坤爲事震爲行故行事也○荀爽曰
巽爲號令兩巽相隨故申命也法教百端令
行爲上貴其必從故曰行事也

初六進退利武人之貞

虞翻曰巽爲進退乾爲武人初失位利之正
爲乾故利武人之貞矣

象曰進退志疑也

荀爽曰風性動進退欲承五爲二所據故志

以疑也

利武人之貞志治也

虞翻曰動而成乾乾爲大明故志治乾元用九天下治是其義也

九二巽在牀下

宋衷曰巽爲木二陽在上初陰在下牀之象也二无應於上退而據初心在於下故曰巽在牀下也○荀爽曰牀下以喻近也二者軍

帥三者號令故言牀下以明將之所專不過軍中事也

用史巫紛若吉无咎

荀爽曰史以書勳巫以告廟紛變若順也謂二以陽應陽君所不臣軍帥之象征伐既畢書勳告廟當變而順五則吉故曰用史巫紛若吉无咎矣

象曰紛若之吉得中也

荀爽曰謂二以處中和故能變

九三頻巽吝

虞翻曰頻頻也謂二已變三體坎艮坎爲憂艮爲鼻𦬇故頻巽無應在險故吝也

象曰頻巽之吝志窮也

荀爽曰乘陽无據爲陰所乘號令不行故志窮也

六四悔亡田獲三品

虞翻曰田謂二也地中稱田失位无應悔也欲二之初已得應之故悔亡二動得正處中應五五多功故象曰有功也二動艮爲手故稱獲謂艮爲狼坎爲豕艮二之初離爲雉故獲三品矣○翟玄曰田獲三品下三爻也謂初兌爲雞二兌爲羊三離雉也　案穀梁傳曰春獵曰田夏曰苗秋曰蒐冬曰狩田獲三品一爲乾豆二爲賓客三爲充君之庖注云

上殺中心乾之爲豆實次殺中髀骼以供賓客下殺中腹充君之庖廚尊神敬客之義也

象曰田獲三品有功也

王弼曰得位承五而依尊履正以斯行命必能獲強暴遠不仁者也獲而有益莫若三品故曰有功也

九五貞吉悔亡无不利无初有終

虞翻曰得位處中故貞吉悔亡无不利也震

巽相薄雷風无形當變之震矣巽究爲躁卦

故无初有終也

先庚三日後庚三日吉

虞翻曰震庚也謂變初至二成離至三成震震主庚離爲日震三爻在前故先庚三日謂益時也動四至五成離終上成震震爻在後故後庚三日也巽初失正終變成震得位故无初有終吉震究爲蕃鮮白謂巽也巽究爲

巽卦巽卦謂震也與蠱先甲三日後甲三日同義五動成蠱乾成於甲震成於庚陰陽天地之始終故經舉甲庚於蠱彖巽五也

象曰九五之吉位正中也

虞翻曰居中得正故吉矣

上九巽在牀下

虞翻曰牀下爲初也窮上反下成震故巽在牀下象曰上窮也明當變窮上而復初也○

九家易曰上爲宗廟禮封賞出軍皆先告廟然後受行三軍之命將之所專故曰巽在牀下也

喪其資斧貞吉凶

虞翻曰變至三時離毀入坤坤爲喪離爲斧故喪其資斧三變失位故貞凶○荀爽曰軍罷師旋亦告於廟還斧於君故喪資斧正如其故不執臣節則凶故曰喪其資斧貞凶

象曰巽在牀下上窮也

虞翻曰陽窮上反下故曰上窮也

喪其資斧正乎凶也

虞翻曰上應於三三動失正故曰正乎凶也

序卦曰入而後說之故受之以兌兌者說也

崔憬曰巽以申命行事入於刑者也入刑而後說之所謂人忘其勞死也

䷹ 兌下兌上 兌亨利貞

虞翻曰大壯五之三也剛中而柔外而失正動應五承三故亨利貞也

彖曰兑説也

虞翻曰兑口故説也

剛中而柔外説以利貞

虞翻曰剛中謂二五柔外謂三上也二三四利之正故説以利貞也

是以順乎天而應乎人

虞翻曰大壯乾爲天謂五也人謂三矣二變順五承三故順乎天應乎人坤爲順也

說以先民民忘其勞

虞翻曰謂二四已變成屯故爲勞震喜兌說坤爲民坎爲心民心喜說有順比象故忘其勞也

說以犯難民忘其死

虞翻曰體屯故難也三至上體大過死變成

屯民説無疆故民忘其死坎心爲忘或以坤爲死也

説之大民勸矣哉

虞翻曰體比順象故勞而不怨震爲喜笑故人勸也

象曰麗澤兌君子以朋友講習

虞翻曰君子大壯乾也陽息見兌學以聚之問以辯之兌二陽同類爲朋友伏艮爲友坎

爲習震爲講兌兩口對故朋友講習也

初九和兌吉

虞翻曰得位四變應已故和兌吉矣

象曰和兌之吉行未疑也

虞翻曰四變應初震爲行坎爲疑故行未疑

九二孚兌吉悔亡

虞翻曰孚謂五也四已變五在坎中稱孚二動得位應之故孚兌吉悔亡矣

象曰孚兑之吉信志也

虞翻曰二變應五謂四已變坎爲志故信志也

六三來兑凶

虞翻曰從大壯來失位故來兑凶矣

象曰來兑之凶位不當也

案以陰居陽故位不當謟邪求悦所以必凶

九四商兑未寧介疾有喜

虞翻曰巽爲近利市三倍故稱商兑變之坎水性流震爲行謂二巳變體比象故未寧與比不寧方來同義也坎爲疾故介疾得位承五故有喜

象曰九四之喜有慶也

虞翻曰陽爲慶謂五也

九五孚于剥有厲

虞翻曰孚謂五也二四變體剥象故孚于剥

在坎未光有厲也

象曰孚于剝位正當也

案以陽居尊位應二比四孚剝有厲位正當也

上六引兌

虞翻曰无應乘陽動而之巽爲繩艮爲手應在三三未之正故引兌也

象曰上六引兌未光也

虞翻曰二四已變而體屯上三未爲離故未光也

周易集解卷第十一

明嘉靖聚樂堂本周易集解

第四册

唐 李鼎祚撰

中國國家圖書館藏明嘉靖三十六年朱睦㮮聚樂堂刻本

山東人民出版社·濟南

周易集解卷第十二

資州李鼎祚

序卦曰說而後散之故受之以渙渙者離也

崔憬曰人說忘其勞死而後可散之征役離之以家邦故曰說而後散之故受之渙渙者離也

坎下巽上 渙亨

虞翻曰否四之二成坎震天地交故亨也

王假有廟

虞翻曰乾爲王假至也否體觀艮爲宗廟乾四之坤二故王假有廟王乃在中也

利涉大川利貞

虞翻曰坎爲大川渙舟檝象故涉大川乘木有功二失正變應五故利貞也

彖曰渙亨剛來而不窮柔得位乎外而上同

盧氏曰此本否卦乾之九四來居坤中剛來

成坎水流而不竆也坤之六二上升乾四柔得位乎外上承貴王與上同也

王假有廟乃在中也

荀爽曰謂陽來居二在坤之中爲立廟假大也言受命之王居五大位上體之中上享天帝下立宗廟也

利涉大川乘木有功也

虞翻曰巽爲木坎爲水故乘木有功也

象曰風行水上渙先王以享于帝立廟

虞翻曰謂受命之王收集散民上享天帝下立宗廟也陰上至四承五爲享帝陽下至二爲立廟也離日上爲宗廟而謂天帝宗廟之神所配食者王者所奉故繼於上至於宗廟其實在地地者陰中之陽有似廟中之神

虞翻曰否乾爲先王享祭也震爲帝爲祭艮爲廟四之二殺坤大牲故以享帝立廟謂成

既濟有噬嗑食象故也

初六用拯馬壯吉

虞翻曰坎爲馬初失位正動體大壯得位故拯馬壯吉悔亡之矣

象曰初六之吉順也

虞翻曰承二故順也

九二渙奔其机悔亡

虞翻曰震爲奔坎爲棘爲矯輮震爲足輮來

有足艮肱據之憑机之象也渙宗廟中故設
机二失位變得正故渙奔其机悔亡也

象曰渙奔其机得願也

虞翻曰動而得位故得願也

六三渙其躬无悔

荀爽曰體中曰躬謂渙三使承上爲志在外
故无悔

象曰渙在躬志其外也

王弼曰渙之爲義内險而外安者也散躬志外不固所守與剛合志故得无咎

六四渙其羣元吉

虞翻曰謂二已變成坤坤三爻稱羣得位順五故元吉也

渙有丘匪夷所思

虞翻曰位半艮山故稱丘匪非也夷謂震四應在初三變坎爲思故匪夷所思也

盧氏曰自二居四離其羣侶渙其羣也得位承尊故元吉也互體有艮艮爲山丘渙羣雖則光大有丘則非平易故有匪夷之思也

象曰渙其羣元吉光大也

虞翻曰謂三巳變成離故四光大也

九五渙汗其大號

九家易曰謂五建二爲諸侯使下君國故宣布號令百姓被澤若汗之出身不還反也此

本否卦體乾爲首來下處二成坎水汗之象
也陽稱大故曰渙汗其大號也
渙王居无咎
荀爽曰布其德教王居其所故无咎矣
象曰王居无咎正位也
虞翻曰五爲王艮爲居正位居五四陰順命
故王居无咎正位也
上九渙其血去逖出无咎

虞翻曰應在三坎爲血爲逖逖憂也二變爲觀坎象不見故其血去逖出无咎

象曰渙其血遠害也

虞翻曰乾爲遠坤爲害體遯上故遠害也

序卦曰物不可以終離故受之以節

崔憬曰離散之道不可終行當宜節止之故言物不可以終離受之以節

䷻ 兌下坎上 節亨

虞翻曰泰三之五天地交也五當位以節中正以通故節亨也

苦節不可貞

虞翻曰謂上也應在三三變成離火炎上作苦位在火上故苦節雖得位乘陽故不可貞

彖曰節亨剛柔分而剛得中

盧氏曰此本泰卦分乾上三升坤五分坤六五下處乾三是剛柔分而剛得中也

苦節不可貞其道窮也

虞翻曰位極於上乘陽故窮也

説以行險

虞翻曰兑説坎險震爲行故説以行險也

當位以節中正以通

虞翻曰中正謂五坎爲通也

天地節而四時成

虞翻曰泰乾天坤地震春兑秋坎冬三動離

爲夏故天地節而四時成也

節以制度不傷財不害民

虞翻曰艮手稱制坤數十爲度坤又爲害爲民爲財二動體剝剝爲傷三出復位成既濟定坤剝不見故節以制度不傷財不害民

象曰澤上有水節

侯果曰澤上有水以堤防爲節

君子以制數度議德行

虞翻曰君子泰乾也艮止爲制坤爲度震爲

議爲行乾爲德故以制數度議德行乾三之

五爲制數度坤五之乾爲議德行也

初九不出戶庭无咎

虞翻曰泰坤爲戶艮爲庭震爲出初得位應

四故不出戶庭无咎矣

象曰不出戶庭知通塞也

虞翻曰坎爲通二變坤土壅初爲塞○崔憬

曰爲節之始有應於四四爲坎險不通之象以節崇塞雖不通可謂知通塞矣戶庭室庭也愼密守節故不出焉而无咎也　案初九應四四互坎艮艮爲門闕四居艮中是爲內戶戶庭之象也

九二不出門庭凶

虞翻曰變而之坤艮爲門庭二失位不變出門應五則凶故言不出門庭凶矣

象曰不出門庭凶失時極也

虞翻曰極中也未變之正故失時極矣

六三不節若則嗟若无咎

虞翻曰三節家君子也失位故節若嗟哀號聲震爲音聲爲出三動得正而體離坎涕流出目故則嗟若得位乘二故无咎也

象曰不節之嗟又誰咎也

王弼曰若辭也以陰處陽以柔乘剛違節之

道以至哀嗟自已所致无所怨咎故曰又誰咎矣

六四安節亨

虞翻曰二已變艮止坤安得正承五有應於初故安節亨

象曰安節之亨承上道也

九家易曰言四得正奉五上通於君故曰承上道也

九五甘節吉往有尚

虞翻曰得正居中坎爲美故甘節吉往謂二二失正變往應五故往有尚也

象曰甘節之吉居位中也

虞翻曰艮爲居五爲中故居位中也

上六苦節貞凶悔亡

虞翻曰二三變在兩離火炎上作苦故苦節乘陽故貞凶得位故悔亡○干寶曰彖稱苦

節不可貞在此爻也稟險伏之教懷貪狠之志以苦節之性而遇甘節之主必受其誅華士少正卯之爻也故曰貞凶苦節旣凶甘節志得故曰悔亡

象曰苦節貞凶其道窮也

荀爽曰乘陽於上无應於下故其道窮也

序卦曰節而信之故受之以中孚

崔憬曰節以制度不傷財不害民則人信之

故言節而信之故受之中孚也

☱☴兌下巽上中孚

虞翻曰訟四之初也坎孚象在中謂二也故稱中孚此當從四陽二陰之例遯陰未及三而大壯陽已至四故從訟來二在訟時體爲鸖在坎陰中故有鳴鸖在陰之義也

豚魚吉

案坎爲孚冢訟四降初折坎稱豚初陰升四

體巽爲魚中二孚信也謂二變應五化坤成邦故信及豚魚吉矣○虞氏以三至上體遯便以豚魚爲遯魚雖生曲象之異見乃失化邦之中信也

利涉大川

虞翻曰坎爲大川謂二已化邦三利出涉坎得正體渙渙舟檝象故利涉大川乘木舟虛也

利貞

虞翻曰謂二利之正而應五也中孚以利貞乃應于天也

彖曰中孚柔在内而剛得中說而巽孚

王肅曰三四在内二五得中兊說而巽順故孚也

乃化邦也

虞翻曰二化應五成坤坤爲邦故化邦也

豚魚吉信及豚魚也

虞翻曰豚魚謂四三也艮爲山陸豚所處三爲兑澤魚所在豚者卑賤魚者幽隱中信之道皆及之矣

利涉大川乘木舟虛也

王肅曰中孚之象外實内虛有似可乘虛木之舟也

中孚以利貞乃應乎天也

虞翻曰訟乾爲天二動應乾故乃應乎天也

象曰澤上有風中孚

崔憬曰流風令於上布澤惠於下中孚之象也

君子以議獄緩死

虞翻曰君子謂乾也訟坎爲獄震爲議爲緩坤爲死乾四之初則二出坎獄兊説震喜坎獄不見故議獄緩死也

初九虞吉有它不燕

荀爽曰震宴也初應於四宜自安虞无意於四則吉故曰虞吉也四者承五有它意於四則不安故曰有它不燕也

象曰初九虞吉志未變也

荀爽曰初位潛藏未得變而應四也

九二鳴鶴在陰其子和之我有好爵吾與爾靡之

虞翻曰靡共也震爲鳴訟離爲鶴坎爲陰夜鶴知夜半故鳴鶴在陰二動成坤體益五艮爲子震巽同聲者相應故其子和之坤爲身故稱我吾謂五也離爲爵爵位也坤爲邦國五在艮閽寺闕庭之象故稱好爵五利二變之正應以故吾與爾靡之矣

象曰其子和之中心願也

虞翻曰坎爲心動得正應五故中心願也

六三得敵或鼓或罷或泣或歌

荀爽曰三四俱陰故稱得也四得位有位故鼓而歌三失位無實故罷而泣之也

象曰或鼓或罷位不當也

王弼曰三四俱陰金木異性敵之謂也以陰居陽自彊而進進而礙敵故或鼓也四履正位非三所剋故或罷也不勝而退懼　見侵凌故或泣也四履謙巽不報敵讎故或歌也

歌泣無恒位不當也

六四月幾望馬匹亡无咎

虞翻曰訟坎爲月離爲日兌西震東月在兌二離在震三日月象對故月幾望乾坎兩馬匹初四易位震爲奔走體遯山中乾坎不見故馬匹亡初四易位故无咎矣

象曰馬匹亡絶類上也

虞翻曰訟初之四體與上絶故絶類上也

九五有孚攣如无咎

虞翻曰孚信也謂二在坎爲孚巽繩艮手故攣二使化爲邦得正應巳故无咎也

象曰有孚攣如位正當也

案以陽居五有信攣二使變巳是位正當也

上九翰音登于天貞凶

虞翻曰巽爲雞應在震震爲音翰高也巽爲高乾爲天故翰音登于天失位故貞凶禮薦

牲雞稱翰音也

象曰翰音登于天何可長也

侯果曰窮上失位信不由中以此申命有聲無實中實内喪虚華外揚是翰音登天也巽爲雞雞曰翰音虚音登天何可久也

序卦曰有其信者必行之故受之以小過

韓康伯曰守其信者則失貞而不諒之道而以信爲過也故曰小過

䷽ 艮下震上 小過亨利貞

虞翻曰晉上之三當從四陰二陽臨觀之例臨陽未至三而觀四已消也又有飛鳥之象故知從晉來杵臼之利蓋取諸此柔得中而應乾剛故亨五失正故利貞過以利貞與時行也

可小事

虞翻曰小謂五晉坤爲事柔得中故可小小事

也

不可大事

虞翻曰大事四剛失位而不中故不可大事

也

飛鳥遺之音不宜上宜下大吉

虞翻曰離爲飛鳥震爲音艮爲止晉上之三離去震在鳥飛而音上故飛鳥遺之音上陰乘陽故不宜上下陰順陽故宜下大吉俗說

或以卦象二陽在內四陰在外有似飛鳥之象妄矣

彖曰小過小者過而亨也過以利貞與時行也

荀爽曰陰稱小謂四應初過二而去三應上過五而去五處中見過不見應故曰小者過而亨也

柔得中是以小事吉也

虞翻曰謂五也陰稱小故小事吉也

剛失位而不中是以不可大事也

虞翻曰謂五也陽稱大故不可大事也

有飛鳥之象焉飛鳥遺之音

宋衷曰二陽在内上下各陰有似飛鳥舒翮之象故曰飛鳥震爲聲音飛而且鳴鳥去而音止故曰遺之音也

不宜上宜下大吉上逆而下順也

王肅曰四五失位故曰上逆二三得正故曰

下順也

象曰山上有雷小過

侯果曰山大而雷小山上有雷小過於大故曰小過

君子以行過乎恭

虞翻曰君子謂三也上貴三賤晉上之三震爲行故行過乎恭謂三致恭以順存其位與謙三同義

喪過乎哀

虞翻曰晉坤爲喪離爲目艮爲鼻坎爲涕洟震爲出涕洟出鼻目體大過遭死喪過乎哀也

用過乎儉

虞翻曰坤爲財用爲吝嗇艮爲止兌爲小小用止密雲不雨故用過乎儉也

初六飛鳥以凶

虞翻曰應四離爲飛鳥上之三則四折入大過死故飛鳥以凶

象曰飛鳥以凶不可如何也

虞翻曰四死大過故不可如何也

六二過其祖遇其妣

虞翻曰祖祖母謂初也母死稱妣謂三坤爲喪爲母折入大過死故稱祖也妣二過初故過其祖五變三體姤遇故遇妣也

不及其君遇其臣无咎

虞翻曰五動爲君晉坎爲臣二之五隔三艮爲止故不及其君止如承三得正體姤遇象故遇其臣无咎也

象曰不及其君臣不可遇也

虞翻曰體大過下止舍巽下故不可過與隨三同義

九三弗過防之從或戕之凶

虞翻曰防防四也失位從或而欲折之初戕殺也離爲戈兵三從離上入坤折四死大過中故從或戕之凶也

象曰從或戕之凶如何也

虞翻曰三來戕四故凶如何也

九四无咎弗過遇之

九家易曰以陽居陰行過乎恭今雖失位進則遇五故无咎也四體震動位既不正當動

上居五不復過五故曰弗過遇之矣

往厲必戒勿用永貞

荀爽曰四往危五戒備於三故曰往厲必戒也勿長居四當動上五故曰勿用永貞

象曰弗過遇之位不當也往厲必戒終不可長也

虞翻曰體否上傾故終不可長矣

六五密雲不雨自我西郊

虞翻曰密小也晉坎在天爲雲墜地成雨上來之三折坎入兑小爲密坤爲自我兑爲西五動乾爲郊故密雲不雨自我西郊也

公弋取彼在穴

虞翻曰公謂三也矰繳䠶也坎爲弓彈離爲鳥矢弋無矢也巽繩連鳥弋人鳥之象艮爲手二爲穴手入穴中故公弋取彼在穴也

象曰密雲不雨已上也

虞翻曰謂三坎水已之上六故已上也

上六弗遇過之飛鳥離之凶是謂災眚

虞翻曰謂四已變之坤上得之三故弗遇過之離爲飛鳥公弋得之鳥下入艮手而死故飛鳥離之凶晉坎爲災眚故是謂災眚矣

象曰弗遇過之已亢也

虞翻曰飛下稱亢晉上之三故已亢也

序卦曰有過物者必濟故受之以既濟

韓康伯曰行過乎恭禮過乎儉可以矯世厲俗有所濟也

䷾離下坎上既濟亨小利貞

虞翻曰泰五之二小謂二也柔得中故亨小六爻得位各正性命保合大和故利貞矣

初吉

虞翻曰初始也謂泰乾乾知太始故稱初坤五之乾二得正處中故初吉柔得中也

終亂

虞翻曰泰坤稱亂二上之五終止於泰則反成否子弒其父臣弒其君天下無邦終窮成坤故亂其道窮

彖曰既濟亨小者亨也

荀爽曰天地既交陽升陰降故小者亨也

利貞剛柔正而位當也

侯果曰此本泰卦六五降二九二升五是剛

柔正當位也

初吉柔得中也

虞翻曰中謂二

終止則亂其道窮也

虞翻曰反否終坤故其道窮也○侯果曰剛得正柔得中故初吉也正有終極濟有息止止則窮亂故曰終止則亂其道窮也一曰殷亡周興之卦也成湯應天初吉也商辛毒痡

終止也由止故物亂而窮也物不可窮窮則復始周受其未濟而興焉乾鑿度曰既濟未濟者所以明戒慎全王道也

象曰水在火上既濟君子以思患而豫防之

荀爽曰六爻既正必當復亂故君子象之思患而豫防之治不忘亂也

初九曳其輪濡其尾无咎象曰曳其輪義无咎也

宋衷曰離者兩陽一陰陰方陽圓輿輪之象也其一在坎中以火入水必敗故曰曳其輪也初在後稱尾尾濡曳咎也得正有應於義可以危而无咎矣

六二婦喪其茀勿逐七日得

虞翻曰離爲婦泰坤爲喪茀髪謂鬒髪也一名婦人之首飾坎爲玄雲故稱髪詩曰鬒髪如雲乾爲首坎爲美五取乾二之坤爲坎坎

爲盜故婦喪其髮泰震故勿逐七日得與睽喪馬勿逐同義髮或作茀俗說以髮爲婦人蔽膝之茀非也

象曰七日得以中道也

王肅曰體柔應五履順承剛婦人之義也茀首飾坎爲盜離爲婦喪其茀鄰於盜也勿逐自得履中道也二五相應故七日得也

九三高宗伐鬼方三年克之勿用

虞翻曰高宗殷王武丁鬼方國名乾爲高宗坤爲鬼方乾三之坤五故高宗伐鬼方坤爲年位在三故三年坤爲小人二上克五故三年克之小人勿用象曰憊也○干寶曰高宗殷中興之君鬼北方國也高宗嘗伐鬼方三年而後克之離爲戈兵故稱伐坎當北方故稱鬼在既濟之家而述先代之功以明周因於殷有所弗革也

象曰三年克之憊也

侯果曰伐鬼方者興衰除闇之征也上六闇極九三征之三舉方及故曰三年克之興役動衆聖猶疲憊則非小人能爲故曰小人勿用○虞翻曰坎爲勞故憊也

六四繻有衣袽終日戒

虞翻曰乾爲衣故稱繻袽敗衣也乾二之五衣象裂壞故繻有衣袽離爲日坎爲盜在兩

坎閒故終日戒謂伐鬼方三年乃克旅人勤勞衣服皆敗鬼方之民猶或寇竊故終日戒也

象曰終日戒有所疑也

盧氏曰繻者布帛端末之識也袽者殘幣帛可拂拭器物也繻有爲衣袽之道也四處明闇之際貴賤无恒猶或爲衣或爲袽也履多懼之地上承帝主故終日戒慎有所疑懼也

九五東鄰殺牛不如西鄰之禴祭實受其福

虞翻曰泰震爲東兌爲西坤爲牛震動五殺坤故東鄰殺牛在坎多眚爲陰所乘故不如西鄰之禴祭禴夏祭也離爲夏兌動二體離明得正承五順三故實受其福吉大來也

象曰東鄰殺牛不如西鄰之時也

崔憬曰居中當位於既濟之時則當是周受命之日也五坎爲月月出西方西鄰之謂也

二應在離離爲日日出東方東鄰之謂也離又爲午坎水克離火東鄰殺牛之象禴殷春祭之名案尚書克殷之歲厥四月哉生朙王來自商至于豐丁未祀于周廟四月殷之三月春也則朙西鄰之禴祭得其時而受祉福也

實受其福吉大來也

盧氏曰朙鬼享德不享味也故德厚者吉大

來也

上六濡其首厲

虞翻曰乾爲首五從二上在坎中故濡其首厲位極承陽故何可久

象曰濡其首厲何可久也

荀爽曰居上濡五處高居盛必當復危故何可久也

序卦曰物不可窮也故受之以未濟終焉

崔憬曰夫易之爲道窮則變變則通而以未濟終者亦物不可窮也

坎下離上 未濟亨

虞翻曰否二之五也柔得中天地交故亨濟成也六爻皆錯故稱未濟也

小狐汔濟

虞翻曰否艮爲小狐汔幾也濟濟渡狐濟幾度而濡其尾未出中也

濡其尾无攸利

虞翻曰艮爲尾狐獸之長尾者也尾謂二在坎水中故濡其尾失位故无攸利不續終也

干寶曰坎爲狐說文曰汔涸也案剛柔失正故未濟也五居中應剛故亨也小狐力弱汔乃可濟水既未涸而乃濟之故尾濡而无所利也

彖曰未濟亨柔得中也

荀爽曰柔上居五與陽合同故亨也

小狐汔濟未出中也

虞翻曰謂二未變在坎中也○干寶曰狐野獸之妖者以喻禄父中謂二也困而猶處中故也此以記紂雖亡國禄父猶得封矣

濡其尾无攸利不續終也

虞翻曰否陰消陽至剥終坤終止則亂其道窮也乾五之二坤殺不行故不終續也○干

賓曰言祿父不能敬奉天命以續既終之禮謂叛而被誅也

雖不當位剛柔應也

荀爽曰雖剛柔相應而不以正由未能濟也

干寶曰六爻皆相應故微子更得爲客也

象曰火在水上未濟

侯果曰火性炎上水性潤下雖復同體功不相成所以未濟也故君子慎辯物安居之以

道令其功用相得則物咸濟矣

君子以慎辯物居方

虞翻曰君子否乾也艮爲辯慎辯别也物謂乾陽物也坤陰也艮爲居坤爲方乾别五以居坤二故以慎辯物居方也

初六濡其尾吝

虞翻曰應在四故濡其尾失位故吝

象曰濡其尾亦不知極也

案四在五後故稱尾極中也謂四居坎中以濡其尾是不知極也

九二曳其輪貞吉

姚信曰坎爲曳爲輪兩陰夾陽輪之象也二應於五而隔於四止而據初故曳其輪處中而行故曰貞吉○干寶曰坎爲輪離爲牛牛曳輪上以承五命猶東蕃之諸侯共攻三監以康周道故曰貞吉也

象曰九二貞吉中以行正也

虞翻曰謂初已正二動成震故行正

六三未濟征凶利涉大川

荀爽曰未濟者未成也女在外男在内婚姻未成征上從四則凶利下從坎故利涉大川矣

象曰未濟征凶位不當也

干寶曰吉凶者言乎其失得也祿父反叛管

蔡與亂兵連三年誅及骨肉故曰未濟征凶平剋四國以濟大難故曰利涉大川坎也以六居三不當其位猶周公以臣而君故流言作矣

九四貞吉悔亡

虞翻曰動正得位故吉而悔亡矣

震用伐鬼方三年有賞于大國

虞翻曰變之震體師坤爲鬼方故震用伐鬼

方坤爲年爲大邦陽稱賞四在坤中體既濟離三故三年有賞于大國

象曰貞吉悔亡志行也

案坎爲志震爲行四坎變震故志行也

六五貞吉无悔

虞翻曰之正則吉故貞吉无悔

君子之光有孚吉

虞翻曰動之乾離爲光故君子之光也孚謂

二三變應已得有之故有孚吉坎稱孚也○

干寶曰以六居五周公攝政之象也故曰貞

吉无悔制禮作樂復子明辟天下乃明其道

乃信其誠故君子之光有孚吉矣

象曰君子之光其暉吉也

虞翻曰動之正乾爲大明故其暉吉也

上九有孚于飲酒无咎濡其首有孚失是

虞翻曰坎爲孚謂四也上之三介四故有孚

飲酒流頤中故有孚于飲酒終變之正故无咎乾爲首五動首在酒中失位故濡其首矣孚信是正也六位失政故有孚失是謂若殷紂沈湎于酒以失天下也

象曰飲酒濡首亦不知節也

虞翻曰節止也艮爲節飲酒濡首故不知節矣

周易集解卷第十二

周易集解卷第十三

資州李鼎祚

天尊地卑乾坤定矣

虞翻曰天貴故尊地賤故卑定謂成列○荀爽曰謂否卦也否七月萬物已成乾坤各得其位定矣

卑高已陳貴賤位矣

虞翻曰乾高貴五坤卑賤二列貴賤者存乎

位也○侯果曰天地卑高義既陳矣萬物貴賤位宜差矣

動靜有常剛柔斷矣

虞翻曰斷分也乾剛常動坤柔常靜分陰分陽迭用柔剛

方以類聚

九家易曰謂姤卦陽爻聚於子也方道也謂陽道施生萬物各聚其所也

物以羣分

九家易曰謂復卦陰爻羣於子也陰主成物故曰物也至於萬物一成分散天下也以周人用故曰物以羣分也

吉凶生矣

虞翻曰物三稱羣坤方道靜故以類聚乾物動行故以羣分乾生故吉坤殺故凶則吉凶生矣

在天成象在地成形變化見矣

虞翻曰謂日月在天成八卦震象出庚兑象見丁乾象盈甲巽象伏辛艮象消丙坤象喪乙坎象流戊離象就已故在天成象也在地成形謂震爲竹巽爲木坎爲水離爲火艮爲山兑爲澤乾爲金坤爲土在天爲變在地爲化剛柔相推而生變化矣

是故剛柔相摩八卦相盪

虞翻曰旋轉稱摩薄也乾以二五摩坤成震坎艮坤以二五摩乾成巽離兑故剛柔相摩則八卦相盪者也

鼓之以雷霆潤之以風雨

虞翻曰鼓動潤坎也雷震艮風巽雨兑也

日月運行一寒一暑

虞翻曰日離月坎寒乾暑坤也運行往來日月相推而明生焉寒暑相推而歲成焉故一

寒一暑也

乾道成男坤道成女

荀爽曰男謂乾初適坤爲震二適坤爲坎三適坤爲艮以成三男也女謂坤初適乾爲巽二適乾爲離三適乾爲兑以成三女也

乾知大始

九家易曰始謂乾禀元氣萬物資始也

坤作成物

荀爽曰物謂坤任育體萬物資生

乾以易知坤以簡能

虞翻曰陽見稱易陰藏爲簡簡閱也乾息昭物天下文明故以易知坤閱藏物故以簡能矣

易則易知簡則易從

虞翻曰懸象著明故易知坤陰陽動闢故易從不習无不利地道光也

易知則有親易從則有功

虞翻曰陽道成乾爲父震坎艮爲子本乎天者親上故易知則有親以陽從陰至五多功故易從則有功矣○蜀才曰以其易知故物親而附之以其易從故物法而有功也

有親則可久有功則可大

荀爽曰陰陽相親雜而不厭故可久也萬物生息種類繁滋故可大也

可久則賢人之德可大則賢人之業

姚信曰賢人乾坤也言乾以日新爲德坤以富有爲業也

易簡而天下之理得矣

虞翻曰易爲乾息簡爲坤消乾坤變通竆理以盡性故天下之理得矣

天下之理得而成位乎其中矣

荀爽曰陽位成於五陰位成於二五爲上中

二爲下中故曰成位乎其中也

聖人設卦

案聖人謂伏羲也始作八卦重爲六十四卦矣

觀象繫辭焉

案文王觀六十四卦三百八十四爻之象而系屬其辭

而明吉凶

荀爽曰因得明吉因失明凶也

剛柔相推而生變化

虞翻曰剛推柔生變柔推剛生化也

是故吉凶者失得之象也

虞翻曰吉則象得凶則象失也

悔吝者憂虞之象也

荀爽曰憂虞小疵故悔吝也○虞翻曰悔則象憂吝則象虞也○干寶曰悔亡則虞有小

吝則憂虞未至於失得悔吝不入於吉凶

事有小大故辭有急緩各象其意也

變化者進退之象也

荀爽曰春夏爲變秋冬爲化息卦爲進消卦

爲退也

剛柔者晝夜之象也

荀爽曰剛謂乾柔謂坤乾爲晝坤爲夜晝以

喻君夜以喻臣也

六爻之動

陸績曰天有陰陽二氣地有剛柔二性人有仁義二行六爻之動法乎此也

三極之道也

陸績曰此三才極至之道也初四下極二五中極三上上極也

是故君子所居而安者易之象也

虞翻曰君子謂文王象謂乾二五之坤成坎

月離日日月爲象君子黄中通理正位居體故居而安者易之象也舊讀象誤作厚或作序非也

所變而玩者爻之辭也

虞翻曰爻者言乎變者也謂乾五之坤坤五動則觀其變舊作樂字之誤

是故君子居則觀其象而玩其辭

虞翻曰玩弄也謂乾五動成大有以離之目

觀天之象兊口玩習所繫之辭故玩其辭

動則觀其變而玩其占

虞翻曰謂觀爻動也以動者尚其變占事知來故玩其占

是以自天祐之吉无不利

虞翻曰謂乾五變之坤成大有有天地日月之象文王則庖犧亦與天地合德日月合明天道助順人道助信履信思順故自天祐之

吉无不利也

彖者言乎象者也

虞翻曰在天成象八卦以象告彖說三才故言乎象也

爻者言乎變者也

虞翻曰爻有六畫所變而玩者爻之辭也謂九六變化故言乎變者也

吉凶者言乎其失得也

虞翻曰得正言吉失位言凶也

悔吝者言乎其小疵也

崔憬曰繫辭著悔吝之言則異凶咎有其小病比於凶咎若疾病之與小疵

无咎者善補過也

虞翻曰失位爲咎悔變而之正故善補過孔子曰退思補過者也

是故列貴賤者存乎位

侯果曰二五爲功譽位三四爲凶懼位凡爻得位則貴失位則賤故曰列貴賤者存乎位矣

齊小大者存乎卦

王肅曰齊猶正也陽卦大陰卦小卦列則小大分故曰齊小大者存乎卦也

辯吉凶者存乎辭

韓康伯曰辭爻辭也卽爻者言乎變也言象

所以明小大言變所以明吉凶故大小之義存乎卦吉凶之狀存乎爻至於悔吝无咎其例一也吉凶悔吝小疵无咎皆生乎變事有小大故下歷言五者之差也

憂悔吝者存乎介

虞翻曰介纖也介如石焉斷可識也故存乎介謂識小疵

震无咎者存乎悔

虞翻曰震動也有不善未嘗不知之知之未嘗復行无咎者善補過故存乎悔也

是故卦有小大辭有險易辭也者各指其所之

虞翻曰陽易指天陰險指地聖人之情見乎辭故指所之

易與天地準故能彌綸天地之道

虞翻曰準同也彌大綸絡謂易在天下包絡萬物以言乎天地之間則備矣故與天地準

也

仰以觀於天文俯則察於地理

荀爽曰謂隂升之陽則成天之文也陽降之隂則成地之理也

是故知幽明之故

荀爽曰幽謂天上地下不可得覩者也謂否卦變成未濟也明謂天地之間萬物陳列著於耳目者謂泰卦變成既濟也

原始反終故知死生之說

九家易曰陰陽交合物之始也陰陽分離物之終也合則生離則死故原始反終故知死生之說矣交泰時春也分離否時秋也

精氣爲物遊魂爲變

虞翻曰魂陽物謂乾神也變謂坤鬼乾純粹精故主爲物乾流坤體變成萬物故遊魂爲變也

是故知鬼神之情狀與天地相似故不違

虞翻曰乾神似天坤鬼似地聖人與天地合德鬼神合吉凶故不違○鄭玄曰精氣謂七八也遊魂謂六九也七八木火之數也九六金水之數木火用事而物生故曰精氣爲物金水用事而物變故曰遊魂爲變精氣謂之神遊魂謂之鬼木火生物金水終物二物變化其情與天地相似故無所差違之也

知周乎萬物

荀爽曰二篇之册萬有一千五百二十當萬物之數故曰知周乎萬物也

而道濟天下故不過

九家易曰言乾坤道濟成天下而不過也王凱沖曰智周道濟洪纖不遺亦不過差也

旁行而不流

九家易曰旁行周合六十四卦月主五卦爻

主一日歲旣周而復始也○侯果曰應變旁行周被萬物而不流淫也

樂天知命故不憂

荀爽曰坤建於亥乾立於巳陰陽孤絕其法宜憂坤下有伏乾爲樂天乾下有伏巽爲知命陰陽合居故不憂

安土敦乎仁故能愛

荀爽曰安土謂否卦乾坤相據故安土敦仁

謂泰卦天氣下降以生萬物故敦仁生息萬物故謂之愛也

範圍天地之化而不過

九家易曰範者法也圍者周也言乾坤消息法周天地而不過於十二辰也辰日月所會之宿謂諏訾降婁大梁實沈鶉首鶉火鶉尾壽星大火析木星紀玄枵之屬是也

曲成萬物而不遺

荀爽曰謂二篇之册曲成萬物無遺失也○侯果曰言陰陽二氣委曲成物不遺微細也

通乎晝夜之道而知

荀爽曰晝者謂乾夜者坤也通於乾坤之道無所不知矣

故神无方而易无體

干寶曰否泰盈虛者神也變而周流者易也言神之鼓萬物無常方易之應變化無定體

也

一陰一陽之謂道

韓康伯曰道者何無之稱也無不通也無不由也況之曰道寂然無體不可爲象必有之用極而無之功顯故至乎神無方而易無體而道可見矣故窮以盡神因神以明道陰陽雖殊無一以待之在陰爲無陰陰以之生在陽爲無陽陽以之成故曰一陰一陽也

繼之者善也成之者性也

虞翻曰繼統也謂乾能統天生物坤合乾性養化成之故繼之者善成之者性也

仁者見之謂之仁知者見之謂之知

侯果曰仁者見道謂道有仁智者見道謂道有知也

百姓日用而不知

侯果曰用道以濟然不知其力

故君子之道鮮矣

韓康伯曰君子體道以爲用仁知則滯於所見百姓日用而不知體斯道者不亦鮮矣乎故常無欲以觀妙可以語至而言極矣

顯諸仁藏諸用

王凱沖曰萬物皆成仁功著也不見所爲藏諸用也

鼓萬物而不與聖人同憂

侯果曰聖人成務不能無心故有憂神道鼓

物寂然無情故無憂也

盛德大業至矣哉

荀爽曰盛德者天大業者地也

富有之謂大業日新之謂盛德

王凱沖曰物無不備故曰富有變化不息故

曰日新

生生之謂易

荀爽曰陰陽相易轉相生也

成象之謂乾

案道生一一生二二生三三才既備以成乾象也

效法之謂坤

案爻猶效也效乾三天之法而兩地成坤之象卦也

極數知來之謂占

孔穎達曰謂窮極蓍策之數逆知將來之事

占其吉凶也

通變之謂事

虞翻曰事謂變通趨時以盡利天下之民謂

之事業也

陰陽不測之謂神

韓康伯曰神也者變化之極妙萬物而爲言

不可以形詰者也故陰陽不測嘗試論之曰

原夫兩儀之運萬物之動豈有使之然哉莫不獨化於太虛欻爾而自造矣造之非我理自玄應化之無主數自冥運故不知所以然而況之神矣是以明兩儀以太極爲始言變化而稱乎神也夫唯天之所爲者窮理體化坐忘遺照至虛而善應則以道爲稱不思玄覽則以神爲名蓋資道而同乎道由神而冥於神者也

夫易廣矣大矣

虞翻曰乾象動直故大坤形動闢故廣也

以言乎遠則不禦

虞翻曰禦止也遠謂乾天高不禦也

以言乎邇則靜而正

虞翻曰地謂坤坤正靜而德方故正也

以言乎天地之間則備矣

虞翻曰謂易廣大悉備有天地人道焉故稱

備也

夫乾其靜也專其動也直是以大生焉

宋衷曰乾靜不用事則清靜專一含養萬物矣動而用事則直道而行導出萬物矣一專一直動靜有時而物無夭瘁是以大生也

夫坤其靜也翕其動也闢是以廣生焉

宋衷曰翕猶閉也坤靜不用事閉藏微伏應育萬物矣動而用事則開闢羣蟄敬導沈滯

矣一翕一闢動靜不失時而物無災害是以

廣生

廣大配天地

荀爽曰陰廣陽大配天地

變通配四時

虞翻曰變通趨時謂十二月消息也泰大壯

夬配春乾姤遯配夏否觀剝配秋坤復臨配

冬謂十二月消息相變通而周於四時也

陰陽之義配日月

荀爽曰謂乾舍於離配日而居坤舍於坎配月而居之義是也

易簡之善配至德

荀爽曰乾德至健坤德至順乾坤簡易相配於天地故易簡之善配至德

子曰易其至矣乎

崔憬曰夫言子曰皆是語之别端此更美易

之至極也

夫易聖人之所以崇德而廣業也

虞翻曰崇德效乾廣業法坤也

知崇禮卑崇效天卑法地

虞翻曰知謂乾效天崇禮謂坤法地卑也

天地設位而易行乎其中矣

虞翻曰位謂六畫之位乾坤各三爻故天地設位易出乾入坤上下無常周流六虛故易

行乎其中也

成性存存道義之門

虞翻曰知終終之可與存義也乾爲道門坤爲義門成性謂成之者性也陽在道門陰在義門其易之門邪

聖人有以見天下之賾而擬諸其形容

虞翻曰乾稱聖人謂庖犧也賾謂初自上議下稱擬形容謂陰在地成形者也

象其物宜是故謂之象

虞翻曰物宜謂陽遠取諸物在天成象故象其物宜象謂三才八卦在天也庖犧重爲六畫也

聖人有以見天下之動

虞翻曰重言聖人謂文王也動謂六爻矣

而觀其會通

荀爽曰謂三百八十四爻陰陽動移各有所

會各有所通○張璠曰會者陰陽合會若蒙九二也通者乾坤交通既濟是也

以行其典禮繫辭焉以斷其吉凶

孔穎達曰既觀其會通而行其典禮以定一爻之通變而有三百八十四於此爻下繫屬文辭以斷其吉凶若會通典禮得則爲吉也若會通典禮失則爲凶矣

是故謂之爻

孔穎達曰謂此會通之事而爲爻也爻者效也效諸物之變通故上章云爻者言乎變也

言天下之至賾而不可惡也

虞翻曰至賾无情陰陽會通品物流宕以乾簡坤易之至也元善之長故不可惡矣

言天下之至動而不可亂也

虞翻曰以陽動陰萬物以生故不可亂六二之動直以方動舊誤作賾也

擬之而後言議之而後動

虞翻曰以陽擬坤而成震震爲言議爲後動故擬之而後言議之而後動安其身而後動謂當時也矣

擬議以成其變化

虞翻曰議天成變擬地成化天施地生其益無方也

鳴鶴在陰其子和之我有好爵吾與爾靡之

孔穎達曰上略明擬議而動故引鶴鳴在陰取同類相應以證之此中孚九二爻辭也

子曰君子居其室出其言善

虞翻曰君子謂初也二變五來應之艮爲居初在艮內故居其室震爲出言訟乾爲善故出言善此亦成益卦也

則千里之外應之況其邇者乎

虞翻曰謂二變則五來應之體益卦坤數十

震爲百里十里千里也外謂震巽同聲同聲者相應故千里之外應之邇謂坤坤爲順二變順初故況其邇者乎此信及豚魚者也

居其室出其言不善

虞翻曰謂初陽動入陰成坤坤爲不善也

則千里之外違之況其邇者乎

虞翻曰謂初變體剥弑父弑君二陽肥遯則坤違之而承於五故千里之外違之況其邇

者乎

言出乎身加乎民

虞翻曰震爲出爲言坤爲身爲民也

行發乎邇見乎遠

虞翻曰震爲行坤爲邇乾爲遠兌爲見謂二發應五則千里之外故行發邇見遠也

言行君子之樞機樞機之發榮辱之主也

荀爽曰艮爲門故曰樞震爲動故曰機也○

翟玄曰樞主開閉機主發動開閉有明暗發動有中否主於榮辱也

言行君子之所以動天地也可不慎乎

虞翻曰二已變成益巽四以風動天震初以雷動地中孚十一月雷動地中艮爲慎故可不慎乎

同人先號咷而後笑

侯果曰同人九五爻辭也言九五與六二初

未好合故先號咷而後得同心故笑也引者喻擬議於事未有不應也

子曰君子之道或出或處或默或語

虞翻曰乾爲道故稱君子也同人反師震爲出爲語坤爲默巽爲處故或出或處或默或語也

二人同心其利斷金

虞翻曰二人謂夫婦師震爲夫巽爲婦坎爲

心巽爲同六二震巽俱體師坎故二人同心巽爲利乾爲金以離斷金故其利斷金謂夫出婦處婦默夫語故同心也

同心之言其臭如蘭

虞翻曰臭氣也蘭香草震爲言巽爲蘭離日燥之故其臭如蘭也　案六三互巽巽爲臭也斷金之言良藥苦口故香若蘭矣

初六藉用白茅无咎

孔頴達曰欲求外物來應必須擬議謹愼則物來應之故引大過初六藉用白茅无咎之事以證謹愼之理也

子曰苟錯諸地而可矣

虞翻曰苟或錯置也頤坤爲地故苟錯諸地其初難知陰又失正故獨舉初六

藉之用茅何咎之有愼之至也

虞翻曰頤爲坤爲震故錯諸地今藉以茅故

无咎也

夫茅之爲物薄

虞翻曰陰道柔賤故薄也

而用可重也

虞翻曰香絜可貴故可重也

慎斯術也以往其無所失矣

侯果曰言初六柔而在下苟能恭慎誠絜雖置羞於地神亦享矣此章明但能重慎卑退

則悔吝無從而生術道者也

勞謙君子有終吉

孔穎達曰欲求外物之應非唯謹慎又須謙以下人故引謙卦九三爻辭以證之矣

子曰勞而不伐有功而不德厚之至也

虞翻曰坎爲勞五多功乾爲德德言至以上之貴下居三賤故勞而不伐有功而不德艮爲厚坤爲至故厚之至也

語以其功下人者也

虞翻曰：震爲語，五多功，下居三，故以其功下人者也。

德言盛，禮言恭

虞翻曰：謙旁通履，乾爲盛德，坤爲禮。天道虧盈而益謙，三從上來，同之盛德，故恭。震爲言。故德言盛，禮言恭也。

謙也者，致恭以存其位者也

虞翻曰坎爲勞故能恭三得位故以存其位者也

亢龍有悔

孔穎達曰上既以謙得保安此明無謙則有悔故引乾之上九亢龍有悔證驕亢不謙之義也

子曰貴而无位

虞翻曰天尊故貴以陽居陰故无位

高而无民

虞翻曰在上故高无陰故无民也

賢人在下位

虞翻曰乾稱賢人下位謂初也遯世無悶故賢人在下位而不憂也

而无輔是以動而有悔也

虞翻曰謂上无民故无輔乾盈動傾故有悔文王居三紂亢極上故以爲誡也

不出戶庭无咎

孔穎達曰又明擬議之道非但謙而不驕又當愼周密故引節初周密之事以明之也

子曰亂之所生也則言語以爲階

虞翻曰節本泰卦坤爲亂震爲生爲言語坤稱階故亂之所生則言語以爲階也

君不密則失臣臣不密則失身

虞翻曰泰乾爲君坤爲臣爲閉故稱密乾三

之坤五君臣毀賊故君不密則失臣坤五之乾三坤體毀壞故臣不密則失身坤爲身也

幾事不密則害成

虞翻曰幾初也謂二已變成坤坤爲事故幾事不密初利居貞不密初動則體剝子弑其父臣弑其君故害成

是以君子慎密而不出也

虞翻曰君子謂初二動坤爲密故君子慎密

體屯盤桓利居貞故不出也

子曰作易者其知盜乎

虞翻曰爲易者謂文王否上之二成困三暴慢以陰乘陽二變入宮爲萃五之二奪之成解坎爲盜故爲易者其知盜乎

易曰負且乘致寇至

孔穎達曰此又明擬議之道當量身而行不可以小處大以賤貪貴故引解六三爻辭以

明之矣

負也者小人之事也

虞翻曰陰稱小人坤爲事以賤倍貴違禮悖義故小人之事也

乘也者君子之器也

虞翻曰君子謂三器坤也坤爲大車故乘君子之器也

小人而乘君子之器盜思奪之矣

虞翻曰小人謂三既違禮倍五復承其車五來之二戍坎坎爲盜思奪之矣爲易者知盜乎此之謂也

上慢下暴盜思伐之矣

虞翻曰三倍五上慢乾君而乘其器下暴於二二藏於坤五來寇二以離戈兵故稱伐之坎爲暴也

慢藏誨盜冶容誨淫

虞翻曰坎心爲誨坤爲藏兊爲見藏不見故慢藏三動成乾爲冶坎水爲淫三變藏坤則五來奪之故慢藏誨盜冶容誨淫

易曰負且乘致寇至盜之招也

虞翻曰五來奪三以離兵伐之故變寇言戎以成二惡二藏坤時艮手招盜故盜之招

周易集解卷第十三

周易集解卷第十四

資州李鼎祚

大衍之數五十其用四十有九

干寶曰衍合也○崔憬曰案說卦云昔者聖人之作易也幽贊於神明而生蓍三天兩地而倚數既言蓍數則是說大衍之數也明倚數之法當三天兩地三天者謂從三始順數而至五五七九不取於一也兩地者謂從二起

逆數而至十八六不取於四也此因天地致上以配八卦而取其數也艮爲少陽其數三坎爲中陽其數五震爲長陽其數七乾爲老陽其數九兑爲少陰其數二離爲中陰其數十巽爲長陰其數八坤爲老陰其數六八卦之數總有五十故云大衍之數五十也不取天數一地數四者此數八卦之外大衍所不管也其用四十有九者法長陽七七之數也

六十四卦既法長陰八八之數故四十九蓍則法長陽十七之數焉蓍圓而神象天卦方而智象地陰陽之别也捨一不用者以象太極虛而不用也且天地各得其數以守其位故太一亦爲一數而守其位也王輔嗣云演天地之數所賴者五十其用四十有九其一不用也不用而用以之通非數而數以之成即易之太極也四十有九數之極者但言所

賴五十不釋其所從來則是億度而言非有實據其一不用將爲法象太極理縱可通以爲非數而成義則未允何則不可以有對無五稱五十也孔疏釋賴五十以爲萬物之策凡有萬一千五百二十其用此策大推演天地之數唯用五十策也又釋其用四十九則有其一不用以爲策中其所揲蓍者唯四十有九其一不用以其無虛非所用也故不數

矣又引顧歡同王弼所說而顧歡云立此五十數神神雖非數而著故虛其一數以明不可言之義也　案崔氏探玄病諸先達及乎自料未免小疵既將八卦陰陽以配五十之數餘其天一地四無所禀承而云八卦之外在衍之所不管者斯乃談何容易哉且聖人之言連環可解約文申義須窮指歸卽此章云天數五地數五五位相得而各有合天數

二十有五地之數三十凡天地之數五十有五此所以成變化而行鬼神是結大衍之前義也既云五位相得而各有合即將五合之數配屬五行也故云大衍之數五十也其用四十有九者更減一以并五備設六爻之位蓍卦兩兼終極天地五十五之數也自然窮理盡性神妙無方藏往知來以前民用斯之謂矣

分而爲二以象兩
崔憬曰四十九數合而未分是象太極也今分而爲二以象兩儀矣
掛一以象三
孔穎達曰就兩儀之中分掛其一於最小指間而配兩儀以象三才
揲之以四以象四時
崔憬曰分揲其蓍皆以四爲數一策一時故

四策以象四時也

歸奇於扐以象閏

虞翻曰奇所挂一策扐所揲之餘不一則二不三則四也取奇以歸扐扐并合挂左手之小指爲一扐則以閏月定四時成歲故歸奇於扐以象閏者也

五歲再閏故再扐而後卦

虞翻曰謂已一扐復分挂如初揲之歸奇於

初扐并挂左手次小指間爲再扐則再閏也又分挂揲之如初而挂左手第三指間成一變則布卦之一爻謂已二扐又加一爲三并重合前二扐爲五歲故五歲再閏再扐而後卦此參五以變據此爲三扐不言三閏者閏歲餘十日五歲閏六十日盡矣後扐閏餘分不得言三扐二閏故從言再扐而後挂者也

天數五地數五

虞翻曰天數五謂一三五七九地數五謂二四六八十也

五位相得而各有合

虞翻曰五位謂五行之位甲乾乙坤相得合木謂天地定位也丙艮丁兑相得合火山澤通氣也戊坎己離相得合土水火相逮也庚震辛巽相得合金雷風相薄也天壬地癸相得合水言陰陽相薄而戰於乾故五位相得

而各有合或以一六合水二七合火三八合木四九合金五十合土也

天數二十有五

虞翻曰一三五七九故二十五也

地數三十

虞翻曰二四六八十故三十也

凡天地之數五十有五

虞翻曰天二十五地三十故五十有五天地

數見於此故大衍之數略其奇五而言五十

此所以成變化而行乎鬼神也

荀爽曰在天爲變在地爲化在地爲鬼在天爲神○姚信曰此天地之數五十有五分爲爻者故能成就乾坤之變化能知鬼神之所爲也○侯果曰夫通變化行鬼神莫近於數故老聃謂子曰汝何求道對曰吾求諸數明數之妙通於鬼神矣

乾之策二百一十有六

荀爽曰陽爻之策三十有六乾六爻皆陽三六一百八十六六三十六合二百一十有六也陽爻九合四時四九三十六是其義也

坤之策一百四十有四

荀爽曰陰爻之策二十有四坤六爻皆陰二六一百二十四六二十四合一百四十有四也陰爻六合二十四氣四六二百四十也

凡三百有六十當期之日

陸績曰日月十二交會積三百五十四日有奇爲一會今云三百六十當期則入十三月六日也十三月爲一期故云當期之日也

二篇之策萬有一千五百二十當萬物之數也

侯果曰二篇謂上經也共六十四卦合三百八十四爻陰陽各半則陽爻一百九十二每爻三十六策合六千九百一十二策陰爻亦

一百九十二每爻二十四策合四千六百八策則二篇之策合萬一千五百二十當萬物之數也

是故四營而成易

荀爽曰營者謂七八九六也○陸績曰分而爲二以象兩一營也挂一以象三二營也揲之以四以象四時三營也歸奇於扐以象閏四營也謂四度營爲方成易之一爻者也

十有八變而成卦

荀爽曰三揲策掛左手一指間三指間滿而成一爻又六爻三六十八故十有八變而成卦也

八卦而小成

侯果曰謂三畫成天地雷風日月山澤之象此八卦未盡萬物情理故曰小成也

引而伸之觸類而長之

虞翻曰引謂庖犧引信三才兼而兩之以六畫觸動也謂六畫以成六十四卦也故引而信之觸類而長之其取類也大則發揮剛柔而生爻也

天下之能事畢矣

虞翻曰謂乾以簡能能說諸心能研諸侯之慮故能事畢

顯道神德行

虞翻曰顯道神德行乾九五之坤成離日坎月日月在天運行照物故顯道神德行默而成之不言而信存於德行者也

是故可與酬酢可與祐神矣

九家易曰陽往爲酬陰來爲酢陰陽相配謂之祐神也孔子言大衍以下至于能事畢矣此足以顯明易道又神易德行可與經義相斟酌也故喻以賓主酬酢之禮所以助前聖

發見其神祕矣禮飲酒主人酌賓爲獻賓酌

主人爲酢主人飲之又酌賓爲酬也先舉爲

酢荅報爲酬酬取其報以象陽唱陰和變化

相配是助天地明其鬼神者也

子曰知變化之道者其知神之所爲乎

虞翻曰陽稱變乾五之坤在陰稱化坤二之

乾陰陽不測之謂神知變化之道者故知神

之所爲諸儒皆上子曰爲章首而荀馬又從

之甚非者矣

易有聖人之道四矣

崔憬曰聖人德合天地智周萬物故能用此易道大略有四謂尚辭尚變尚象尚占也

以言者尚其辭

虞翻曰聖人之情見於辭繫辭焉以盡辭也

以動者尚其變

陸績曰變謂爻之變化當議之而後動矣

以制器者尚其象

荀爽曰結繩爲網罟蓋取諸離此類是也

以卜筮者尚其占

虞翻曰乾蓍稱筮動離爲龜龜稱卜動則玩其占故尚其占者也

是故君子將有爲也將有行也問焉而以言

虞翻曰有爲謂建侯有行謂行師也乾二五之坤成震有師象震爲行爲言問故有爲有

行凡應九筮之法則筮之謂問於蓍龜以言其吉凶爻象動內吉凶見外蓍德圓神卦德方智故史擬神智以斷吉凶也

其受命也如響

虞翻曰言神不疾而速不行而至不言善應乾二五之坤成震巽巽爲命震爲響故受命同聲相應故如響也

无有遠近幽深遂知來物

虞翻曰遠謂天近謂地深謂陰陰謂幽來物謂乾坤神以知來感而遂通謂幽贊神明而生蓍也

非天下之至精其孰能與於此

虞翻曰至精謂乾純粹精也

參伍以變錯綜其數

虞翻曰逆上稱錯綜理也謂五歲再閏再扐而後挂以成一爻之變而倚六畫之數卦從

下升故錯綜其數則三天兩地而倚數者也

通其變遂成天地之文

虞翻曰變而通之觀變陰陽始立卦乾坤相親故成天地之文物相雜故曰文

極其數遂定天下之象

虞翻曰數六畫之數六爻之動三極之道故定天下吉凶之象也

非天下之至變其孰能與於此

虞翻曰：謂三五以變，故能成六爻之義。六爻之義，易以貢也。

易无思也，无爲也。

虞翻曰：天下何思何慮？同歸而殊塗，一致而百慮，故無所爲，謂其靜也專。

寂然不動。

虞翻曰：謂隱藏坤初，幾息矣，專，故不動者也。

感而遂通天下之故。

虞翻曰感動也以陽變陰通天下之故謂發揮剛柔而生爻者也

非天下之至神其孰能與於此

虞翻曰至神謂易隱初入微知幾其神乎韓康伯曰非忘象者則无以制象非遺數者則无以極數至精者无籌策而不可亂至變者體一而无不周至神者寂然而无不應斯蓋功用之母象數所由立故曰非至精至變

至神則不能與於此也

夫易聖人之所以極深而研幾也

荀爽曰謂伏羲畫卦窮極易幽深文王繫辭研盡易幾微者也

唯深也故能通天下之志

虞翻曰深謂幽贊神明无有遠近幽深遂知來物故通天下之志謂著也

唯幾也故能成天下之務

虞翻曰務事也謂易研幾開物故成天下之務謂卦者也

唯神也故不疾而速不行而至

虞翻曰神謂易也謂日月斗在天日行一度月行十三度從天西轉故不疾而速星寂然不動隨天右周感而遂通故不行而至者也

子曰易有聖人之道四焉者此之謂也

侯果曰言易唯深唯神藴此四道因聖人以

章故曰聖人之道矣

天一

水甲

地二

火乙

天三

木丙

地四

金丁

天五

土戊

地六

水己

天七

火庚

地八

木辛

天九

金壬

地十

土癸此則大衍之數五十有五蓍龜所從生聖人以通神明之德以類萬物之情此上虞翻義也

子曰夫易何爲者也

虞翻曰問易何爲取天地之數也

夫易開物成務

陸績曰開物謂庖犧引伸八卦重以爲六十四觸長爻冊至於萬一千五百二十以當萬物之數故曰開物聖人觀象而制網罟耒耜之屬以成天下之務故曰成務也

冒天下之道如斯而已者也

虞翻曰以陽闢坤謂之開物以陰翕乾謂之

成物冒觸也觸類而長之如此也

是故聖人以通天下之志

九家易曰凡言是故者承上之辭也謂以動者尚其變變而通之以通天下之志也

以定天下之業

九家易曰謂以制器者尚其象也凡事業之未立以易道涉之故言以定天下之業

以斷天下之疑

九家易曰謂卜筮者尚其占也占事知來故定天下之疑

是故蓍之德圓而神卦之德方以知

崔憬曰蓍之數七七四十九象陽圓其爲用也變通不定因之以知來物是蓍之德圓而神也卦之數八八六十四象陰方其爲用也爻位有分因之以藏往知事是卦之德方以知也

六爻之義易以貢

韓康伯曰貢告也六爻變易以告吉凶也

聖人以此洗心

韓康伯曰洗濯萬物之心者也

退藏於密

陸績曰受蓍龜之報應決而藏之於心也

吉凶與民同患

虞翻曰聖人謂庖犧以蓍神知來故以洗心

陽動入巽巽爲退伏坤爲閉戶故藏密謂齊於巽以神明其德陽吉陰凶坤爲民故吉凶與民同患謂作易者其有憂患也

神以知來知以藏往

虞翻曰乾神知來坤知藏往來謂出見往謂藏密也

其孰能與此哉

虞翻曰誰乎能爲此哉謂古之聰明睿知之

君也

古之聰明睿知神武而不殺者夫

虞翻曰謂大人也庖犧在乾五動而之坤與天地合聰明在坎則聰在離則明神武謂乾睿知謂坤乾坤坎離復不衰故而不殺者夫

是以明於天之道而察於民之故

虞翻曰乾五之坤以離日照天故明天之道以坎月照坤故察民之故坤爲民

是興神物以前民用

陸績曰神物蓍也聖人興蓍以別吉凶先民而用之民皆從焉故曰以前民用也

聖人以此齊戒

韓康伯曰洗心曰齊防患曰戒

以神明其德夫

陸績曰聖人以蓍能逆知吉凶除害就利清潔其身故曰以此齊戒也吉而後行舉不違

失其德富盛見稱神明故曰神明其德也

是故闔戶謂之坤

虞翻曰闔閉翕也謂從巽之坤坤柔象夜故以閉戶者也

闢戶謂之乾

虞翻曰闢開也謂從震之乾乾剛象晝故以開戶也

一闔一闢謂之變

虞翻曰陽變闔陰陰變闢陽剛柔相推而生變化也

往來不窮謂之通

荀爽曰謂一冬一夏陰陽相變易也十二消息陰陽往來無窮巳故通也

見乃謂之象形乃謂之器

荀爽曰謂日月星辰光見在天而成象也萬物生長在地成形可以爲器用者也

制而用之謂之法

荀爽曰謂觀象於天觀形於地制而用之可以爲法

利用出入民咸用之謂之神

陸績曰聖人制器以周民用用之不遺故曰利用出入也民皆用之而不知所由來故謂之神也

是故易有太極是生兩儀

干寶曰發初言是故總衆篇之義也○虞翻曰太極太一也分爲天地故生兩儀也

兩儀生四象

虞翻曰四象四時也兩儀謂乾坤也乾二五之坤成坎離震震春兊秋坎冬離夏故兩儀生四象歸妹卦備故彖獨稱天地之大義也

四象生八卦

虞翻曰乾二五之坤則生震坎艮坤二五之

乾則生巽離兌故四象生八卦乾坤生春艮兌生夏震巽生秋坎離生冬者也

八卦定吉凶

虞翻曰陽生則吉陰生則凶謂方以類聚物以羣分吉凶生矣已言於上故不言生而獨言定吉凶也

吉凶生大業

荀爽曰一消一息萬物豐殖富有之謂大業

是故法象莫大乎天地

翟玄曰見象立法莫過天地也

變通莫大乎四時

荀爽曰四時相變終而復始也

縣象著明莫大乎日月

虞翻曰謂日月縣天成八卦象三日暮震象出庚八日兑象見丁十五日乾象盈甲十七日旦巽象退辛二十三日象消丙三十日坤

象滅乙晦夕朔旦坎象流戊日中則離離象就己戊己土位象見於中日中相推而明生焉故縣象著明莫大乎日月者也

崇高莫大乎富貴

虞翻曰謂乾正位於五五貴坤富以乾通坤故高大富貴也

備物致用立成器以爲天下利莫大乎聖人

虞翻曰神農黃帝堯舜也民多否閉取乾之

坤謂之備物以坤之乾謂之致用乾物坤爲器用否也初正耕稼之利否五之初市井之利否二之四舟檝之利否上之初牛馬之利謂十三蓋取以利天下通其變使民不倦神而化之使民宜之聖人作而萬物覩故莫大聖人者也

探賾索隱鉤深致遠以定天下之吉凶成天下之亹亹者莫大乎蓍龜

虞翻曰探取賾初也初隱未見故探賾索隱則幽贊神明而生蓍初深故曰鉤深致遠謂乾乾爲蓍乾五之坤大有離爲龜乾生知吉坤殺知凶故定天下之吉凶莫大於蓍龜也

侯果曰亹勉也夫幽隱深遠之情吉凶未兆之事物皆勉勉然願知之然不能也及蓍成卦龜成兆也雖神道之幽密未然之吉凶坐可觀也是蓍龜成天下勉勉之聖也

是故天生神物聖人則之

孔穎達曰謂生蓍龜聖人法則之以爲卜筮者也

天地變化聖人效之

陸績曰天有晝夜四時變化之道聖人設三百八十四爻以效之矣

天垂象見吉凶聖人象之

荀爽曰謂在璇璣玉衡以齊七政也○宋衷

曰天垂陰陽之象以見吉凶謂日月薄蝕五星亂行聖人象之亦著九六爻位得失示人所以有吉凶之占也

河出圖洛出書聖人則之

鄭玄曰春秋緯云河以通乾出天苞洛以流坤吐地符河龍圖發洛龜書成河圖有九篇洛書有六篇也孔安國曰河圖則八卦也洛書則九疇也○侯果曰聖人法河圖洛書制

曆象以示天下也

易有四象所以示也

侯果曰四象謂上下神物也變化也垂象也圖書也四者治人之洪範易有此象所以示人也

繫辭焉所以告也

虞翻曰謂繫彖象之辭八卦以象告也

定之吉凶所以斷也

繫辭焉以斷其吉凶八卦定吉凶以斷天下之疑也

易曰自天祐之吉無不利

侯果曰此引大有上九辭以證之義也大有上九履信思順天祐之言人能依四象所示繫辭所告又能思順則天及人皆共祐之吉無不利者也

子曰祐者助也

虞翻曰有火兑爲口口助稱祐

天之所助者順也

虞翻曰大有五以陰順上故爲天所助者順也

人之所助者信也

虞翻曰信謂二也乾爲人爲信庸言之信也

履信思乎順又以尚賢也

虞翻曰大有五應二而順上故履信思順比

坤爲順坎爲思乾爲賢人坤伏乾下故有以

尚賢者也

是以自天祐之吉無不利也

崔憬曰言上九履五厥孚履人事以信也比

五而不應三思天道之順也崇四匪彭明辯

於五又以尚賢也以自天祐之吉無不利重

引易文以證成其義

子曰書不盡言言不盡意

虞翻曰謂書易之動九六之變不足以盡易之所言之則不足以盡庖犧之意也

然則聖人之意其不可見乎

侯果曰設疑而問也欲明立象可以盡聖人言意也

子曰聖人立象以盡意

崔憬曰言伏羲仰觀俯察而立八卦之象以盡其意

設卦以盡情僞

崔憬曰設卦謂因而重之爲六十四卦之情僞盡在其中矣

繫辭焉以盡其言

崔憬曰文王作卦爻之辭以繫伏羲立卦之象象既盡意故辭亦盡言也

變而通之以盡利

陸績曰變三百八十四爻使相交通以盡天

下之利

鼓之舞之以盡神

虞翻曰神易也陽息震爲鼓陰消巽爲舞故鼓之舞之以盡神○荀爽曰鼓者動也舞者行也謂三百八十四爻動行相反其卦所以盡易之神也

乾坤其易之緼邪

虞翻曰緼藏也易麗乾藏坤故爲易之緼也

乾坤成列而易立乎其中矣

侯果曰緼淵隩也六子因之而生故云立乎其中矣

乾坤毁則无以見易

荀爽曰毁乾坤之體則无以見陰陽之交易也

易不可見則乾坤或幾乎息矣

侯果曰乾坤者動用之物也物既動用則不

能无毀息矣夫動極復靜靜極復動雖天地至此不違變化也

是故形而上者謂之道形而下者謂之器

崔憬曰此結上文兼明易之形器變通之事業也凡天地萬物皆有形質就形質之中有體有用體者即形質也用者即形質上之妙用也言有妙理之用以扶其體則是道也其體比用若器之於物則是體爲形之下謂之

爲器也假令天地圓蓋方軫爲體爲器以萬物資始資生爲用爲道動物以形軀爲體爲器以靈識爲用爲道植物以枝幹爲器爲體以生性爲道爲用

化而裁之謂之變

翟玄曰化變剛柔而財之故謂之變也

推而行之謂之通

翟玄曰推行陰陽故謂之通也

舉而錯之天下之民謂之事業

陸績曰變通盡利觀象制器舉而錯之於天下民咸用之以爲事業九家易曰謂聖人畫卦爲萬民事業之象故天下之民尊之得爲事業矣

是故夫象聖人有以見天下之賾

崔憬曰此重明易之緼更引易象及辭以釋之言伏羲見天下之深賾卽易之緼者也

而擬諸其形容象其物宜是故謂之象

陸績曰此明說立象盡意設卦盡情僞之意也

聖人有以見天下之動而觀其會通以行其典禮

侯果曰典禮有時而用有時而去故云觀其會通也

繫辭焉以斷其吉凶是故謂之爻

崔憬曰言文王見天下之動所以繫象而爲其辭謂之爲爻

極天下之賾者存乎卦

陸績曰言卦象極盡天下之深情也

鼓天下之動者存乎辭

宋衷曰欲知天下之動者在於六爻之辭也

化而裁之存乎變推而行之存乎通

崔憬曰言易道陳陰陽變化之事而裁成之

存乎其變推理達本而行之在乎其通

神而明之存乎其人

荀爽曰苟非其人道不虛行也○崔憬曰言易神无不通明无不照能達此理者存乎其人謂文王述易之聖人

默而成之不言而信存乎德行

九家易曰默而成謂陰陽相處也不言而信謂陰陽相應也德者有實行者相應也○崔

憬曰言伏羲成六十四卦不有言述而以卦象明之而人信之在乎合天地之德聖人之行也

周易集解卷第十四

周易集解卷第十五

資州李鼎祚

八卦成列象在其中矣

虞翻曰象謂三才成八卦之象乾坤列東艮兊列南震巽列西坎離在中故八卦成列則象在其中天垂象見吉凶聖人象之是也

因而重之爻在其中矣

虞翻曰謂參重三才爲六爻發揮剛柔則爻

在其中六畫稱爻六爻之動三極之道也

剛柔相推變在其中矣

虞翻曰謂十二消息九六相變剛柔相推而生變化故變在其中矣

繫辭焉而命之動在其中矣

虞翻曰謂繫彖象九六之辭故動在其中鼓

天下之動者存乎辭者也

吉凶悔吝者生乎動者也

虞翻曰：動謂爻也。爻者效天下之動者也。爻象動內，吉凶見外，吉凶生而悔吝著，故生乎動也。

剛柔者，立本者也。

虞翻曰：乾剛坤柔，爲六子父母。乾天稱父，坤地稱母。本天親上，本地親下，故立本者也。

變通者，趣時者也。

虞翻曰：變通配四時，故趣時者也。

吉凶者貞勝者也
　虞翻曰貞正也勝滅也陽生則吉陰消則凶
者也
天地之道貞觀者也
　陸績曰言天地正可以觀瞻爲道也
日月之道貞明者也
　荀爽曰離爲日日中之時正當離位然後明
也月者坎也坎正位衝離衝謂十五日月當

日衡正值坎位亦大圓明故曰日月之道貞明者也言日月正當其位乃大明也○陸績曰言日月正以明照爲道矣

天下之動貞夫一者也

虞翻曰一謂乾元萬物之動各資天一陽氣以生故天下之動貞夫一者也

夫乾確然示人易矣

虞翻曰陽在初弗用確然無爲潛龍時也不

易世不成名故示人易者也

夫坤隤然示人簡矣

虞翻曰隤安簡閱也坤以簡能閱内萬物故示人簡

爻也者效此者也

虞翻曰效法之謂坤謂效三材以爲六畫

象也者像此者也

虞翻曰成象之謂乾謂聖人則天之象分爲

三材也

爻象動乎内吉凶見乎外

虞翻曰内初外上也陽象動内則吉見外陰爻動内則凶見外也

功業見乎變

荀爽曰陰陽相變功業乃成者也

聖人之情見乎辭

崔憬曰言文王作卦爻之辭所以明聖人之

情陳於易象

天地之大德曰生

孔穎達曰自此以下欲明聖人同天地之德廣生萬物之意也言天地之盛德常生萬物而不有生是其大德也

聖人之大寶曰位

崔憬曰言聖人行易之道當須法天地之大德寶萬乘之天位謂以道濟天下爲寶而不

有是其大寶也

何以守位曰仁

宋衷曰守位當得士大夫公侯有其仁賢兼濟天下

何以聚人曰財

陸績曰人非財不聚故聖人觀象制器備物盡利以業萬民而聚之也蓋取聚人之本矣

理財正辭禁民爲非曰義

荀爽曰尊卑貴賤衣食有差謂之理財名實相應萬事得正謂之正辭咸得其宜故謂之義也○崔憬曰夫財貨人所貪愛不以義理之則必有敗也言辭人之樞要不以義正之則必有辱也百姓有非不以義禁之則必不改也此三者皆資於義以此行之得其宜也故知仁義與財聖人寶位之所要也

古者庖犧氏之王天下也

虞翻曰庖犧太昊氏以木德王天下位乎乾五五動見離離生木故知火化炮啖犧牲號庖犧氏也

仰則觀象於天

荀爽曰震巽爲雷風離坎爲日月也

俯則觀法於地

九家易曰艮兑爲山澤也地有水火五行八卦之形者也

觀鳥獸之文

荀爽曰乾爲馬坤爲牛震爲龍巽爲雞之屬是也○陸績曰謂朱鳥白虎蒼龍玄武四方二十八宿經緯之文

與地之宜

九家易曰謂四方四維八卦之位山澤高卑五土之宜也

近取諸身

荀爽曰乾爲首坤爲腹震爲足巽爲股也

遠取諸物

荀爽曰乾爲金玉坤爲布釜之類是也

於是始作八卦

虞翻曰謂庖犧觀鳥獸之文則天八卦效之易有太極是生兩儀兩儀生四象四象生八卦八卦乃四象所生非庖犧之所造也故曰象者象此者也則大人造爻象以象天卦可

知也而讀易者咸以爲庖犧之時天未有八卦恐失之矣天垂象示吉凶聖人象之則天已有八卦之象

以通神明之德

荀爽曰乾坤爲天地離坎爲日月巽震爲雷風艮兑爲山澤此皆神明之德也

以類萬物之情

九家易曰六十四卦凡有萬一千五百二十

策策類一物故曰類萬物之情以此知庖犧重爲六十四卦明矣

作結繩而爲網罟以佃以漁蓋取諸離

虞翻曰離爲目巽爲繩目之重者唯罟故結繩爲罟乾二五之坤成離巽爲四坤二稱田以魚取獸曰畋故取諸離也

庖犧氏没神農氏作

虞翻曰没終作起也神農以火德繼庖犧王

火生土故知土則利民播農號神農氏也

斲木爲耜揉木爲耒耒耨之利以教天下蓋取諸益

虞翻曰否四之初也巽爲木爲入艮爲手乾爲金手持金以入木故斲木爲耜耜止所蹈因名曰耜艮爲小木手以撓之故揉木爲耒耨耨薅器也巽爲號令乾爲天故以教天下坤爲田巽爲股進退震足動耜艮手持耒進

退田中耕之象也益萬物者莫若雷風故法雷風而作耒耜

日中爲市致天下之民聚天下之貨交易而退各得其所蓋取諸噬嗑

翟玄曰否五之初也離象正上故稱日中也艮爲徑路震爲足又爲大塗否乾爲天故致天下之民象也坎水艮山羣珍所出聚天下貨之象也震升坎降交易而退各得其所噬

噬嗑食也市井交易飲食之道故取諸此

神農氏没黄帝堯舜氏作通其變使民不倦

虞翻曰變而通之以盡利謂作舟檝服牛乘

馬之類故使民不倦也

神而化之使民宜之

虞翻曰神謂乾乾動之坤化成萬物以利天

下坤爲民也象其物宜故使民宜之也

易窮則變變則通通則久是以自天祐之吉无

不利也

陸績曰陰窮則變爲陽陽窮則變爲陰天之道也庖犧作網罟教民取禽獸以充民食民衆獸少其道窮則神農教播殖以變之此窮變之大要也窮則變變乃通與天終始故可久民得其用故无所不利者也

黃帝堯舜垂衣裳而天下治蓋取諸乾坤

九家易曰黃帝以上羽皮革木以禦寒暑至

乎黄帝始制衣裳垂示天下衣取象乾居上覆物裳取象坤在下含物也○虞翻曰乾爲治在上爲衣坤下爲裳乾坤萬物之緼故以象衣裳乾爲明君坤爲順臣百官以治萬民以察故天下治蓋取諸此也

刳木爲舟剡木爲檝舟檝之利以濟不通致遠以利天下蓋取諸渙

九家易曰木在水上流行若風舟檝之象也

此本否卦九四之二刳除也巽爲長爲木艮爲手乾爲金艮手持金故刳木爲舟剡木爲檝也乾爲遠天故濟不通致遠以利天下矣法渙而作舟楫蓋取斯義也

服牛乘馬引重致遠以利天下蓋取諸隨

虞翻曰否上之初也否乾爲馬爲遠坤爲牛爲重坤初之上爲引重乾上之初爲致遠艮爲背巽爲股在馬上故乘馬巽爲繩繩束縛

物在牛背上故服牛出否之隨引重致遠以利天下故取諸隨

重門擊柝以待暴客

干寶曰卒暴之客爲姦寇也

蓋取諸豫

九家易曰下有艮象從外示之震復爲艮兩艮對合重門之象也柝者兩木相擊以行夜也艮爲手爲小木爲上持震爲足又爲木爲

行坤爲夜卽手持柝木夜行擊門之象也坎

爲盜暴水暴長無常故以待暴客既有不虞

之備故蓋取諸豫矣

斷木爲杵掘地爲臼臼杵之利萬民以濟蓋取

諸小過

虞翻曰晉上之二也艮爲小木上來之三斷

艮故斷木爲杵坤爲地艮手持木以掘坤三

故掘地爲臼艮止於下臼之象也震動而上

杵之象也震出巽入艮手持杵出入臼中舂之象也故取諸小過本無乾象故不言以利天下也

弦木爲弧剡木爲矢弧矢之利以威天下蓋取諸睽

虞翻曰无妄五之二也巽爲繩爲木坎爲弧離爲矢故弦木爲弧艮爲小木五之二以金剡艮故剡木爲矢乾爲威五之二故以威天

下弓發矢應而坎兩集故取諸睽也

上古穴居而野處後世聖人易之以宮室上棟下宇以待風雨蓋取諸大壯

虞翻曰无妄兩象易也无妄乾在上故稱上古艮爲穴居乾爲野巽爲處无妄乾人路故穴居野處震爲後世乾爲聖人後世聖人謂黃帝也艮爲宮室變成大壯乾人入宮故易以宮室艮爲待巽爲風兑爲雨乾爲高巽爲

長木反在上爲棟動起故上棟下宇謂屋邊也兌澤動下爲下宇无妄之大壯巽風不見兌雨隔震與乾絶體故上棟下宇以待風雨蓋取諸大壯者也

古之葬者厚衣之以薪葬之中野不封不樹喪期无數後世聖人易之以棺椁蓋取諸大過

虞翻曰中孚上下象易也本无乾象故不言上古大過乾在中故但言古者巽爲薪艮爲

厚乾爲衣爲野乾象在中故厚衣之以薪葬之中野穿土稱封封古窆字也聚土爲樹中孚无坤坎象故不封不樹坤爲喪期謂從斬縗至緦麻日月之期數无坎離日月坤象故喪期无數巽爲木爲入處兌爲口乾爲人木而有口乾人入處棺斂之象中孚艮爲山丘巽木在裏棺藏山陵椁之象也故取諸大過

上古結繩而治後世聖人易之以書契百官以

治萬民以察蓋取諸夬

九家易曰古者无文字其有約誓之事大大其繩事小小其繩結之多少隨物衆寡各執以相考亦足以相治也夬本坤世下有伏坤書之象也上又見乾契之象也以乾照坤察之象也夬者決也取百官以書治職萬民以契明其事契刻也大壯進而成夬金決竹木爲書契象故法夬而作書契矣○虞翻曰履

上下象易也乾象在上故復言上古巽為繩離為網罟乾為治故結繩以治後世聖人謂黃帝堯舜也夬旁通剝剝坤為書兌為契故易之以書契乾為百剝艮為官坤為衆臣為萬民為迷暗乾為治夬反剝以乾照坤故百官以治萬民以察故取諸夬大壯大過夬此三蓋取直兩象上下相易故俱言易之大壯本无妄夬本復卦乾象俱在上故言上古中

乎本无乾象大過乾不在上故但言古者大過亦言後世聖人易之明上古時也

是故易者象也

干寶曰言是故又因總上義也○虞翻曰易謂日月在天成八卦象縣象著明莫大日月是也

象也者像也

崔憬曰上明取象以制器之義故以此重釋

於象言易者象於萬物象者形像之象也

彖者材也

虞翻曰彖說三才則三分天象以爲三才謂

天地人道也

爻也者效天下之動者也

虞翻曰動發也謂兩三材爲六畫則發揮剛

柔而生爻也

是故吉凶生而悔吝著也

虞翻曰爻象動内則吉凶見外吉凶悔吝者生乎動者也故著

陽卦多陰陰卦多陽其故何也

崔憬曰此明卦象陰陽與德行也陽卦多陰謂震坎艮一陽而二陰陰卦多陽謂巽離兌一陰而二陽也

陽卦奇陰卦耦其德行何也

虞翻曰陽卦一陽故奇陰卦二陰而耦謂德

行何可者也

陽一君而二民君子之道也陰二君而一民小人之道也

韓康伯曰陽君道也陰臣道也君以无爲統衆无爲則一也臣以有事代終有事則二也故陽爻畫奇以明君道必一陰爻畫兩以明臣體必二斯陰陽之數君子之辯也以一爲君君之德也二居君位非其道也故陽卦曰

君子之道也陰卦曰小人之道也

易曰憧憧往來朋從爾思

翟玄曰此咸之九四辭也咸之爲卦三君三民四獨遠陰思慮之爻也○韓康伯曰天下之動必歸於一思以求朋未能寂寂以感物不思而至也

子曰天下何思何慮天下同歸而殊塗一致而百慮

韓康伯曰夫少則得多則惑塗雖殊其歸則同慮雖百其致不二苟識其要不在博求一以貫之百慮而盡矣

天下何思何慮

虞翻曰易無思也既濟定六位得正故何思何慮

日往則月來

虞翻曰謂咸初往之四與五成離故曰往與

二成坎故月來之外日往在內月來此就爻之正者也

月往則日來

虞翻曰初變之四與上成坎故月往四變之初與三成離故日來者也

日月相推而明生焉

虞翻曰既濟體兩離坎象故明生焉

寒往則暑來

虞翻曰乾爲寒坤爲暑謂陰息陽消從姤至否故寒往暑來也

暑往則寒來

虞翻曰陰詘陽信從復至泰故暑往寒來也

寒暑相推而歲成焉

崔憬曰言日月寒暑往來雖多而明生歲成相推則一何思何慮於其閒哉

往者屈也

荀爽曰陰氣往則萬物屈者也

來者信也

荀爽曰陽氣來則萬物信者也

屈信相感而利生焉

虞翻曰感咸象故相感天地感而萬物化生

聖人感人心而天下和平故利害生利害生

謂陽出震陰伏藏

尺蠖之屈以求信也

荀爽曰以諭陰陽氣屈以求信也

龍虵之蟄以存身也

虞翻曰潛藏也龍潛而虵藏陰息初巽爲虵陽息初震爲龍十月坤成十一月復生姤巽在下龍虵俱蟄初坤爲身故龍虵之蟄以存身○侯果曰不屈則不信不蟄則無存則屈蟄相感而後利生矣以況無思得一則萬物歸思矣○莊子曰古之畜天下者其治一也

記曰通於一萬事畢無心得鬼神服此之謂矣蠖屈行蟲郭璞云蝍蠘也

精義入神以致用也

姚信曰陽稱精陰爲義入在初也陰在初深不可測故謂之神變爲姤復故曰致用也〇韓康伯曰精義物理之微者也神寂然不動感而遂通者也理入寂一則精義斯得乃用元極也〇干寶曰能精義理之微以得未然

之事是以涉於神道而逆福禍也
利用安身以崇德也
九家易曰利用陰道用也謂姤時也陰升上究則乾伏坤中屈以求信陽當復升安身嘿處也時既潛藏故利安身以崇其德崇德體卑而德高○韓康伯曰利用之道皆安其身而後動也精義由於入神以致其用利用由於安身以崇其德理必由乎其宗事各本乎

其根歸根則寧天下之理得也若役其思慮以求動用妄其安身以殉功義則爲彌多而理愈失名彌美而累愈彰矣

過此以往未之或知也

荀爽曰出乾之外無有知之

窮神知化德之盛也

虞翻曰以坤變乾謂之窮神以乾通坤謂之知化乾爲盛德故德之盛○侯果曰夫精義

入神則用崇德亦一致之道極矣過斯以往則未之能知也若窮於神理通於變化則德之盛者能矣

易曰困于石據于蒺藜入于其宮不見其妻凶

孔穎達曰上章先言利用安身可以崇德若身自危辱何崇之有此章引困之六三履非其位欲上于四四自應初不納于已是困於九二之蒺藜也又有入于其宮不見其妻凶

之象也

子曰非所困而困焉名必辱

虞翻曰困本咸咸三入宫以陽之陰則二制坤故以次咸爲四所困四失信惡人故非所困焉陽稱名陰爲辱以陽之陰下故名必辱也

非所據而據焉身必危

虞翻曰謂據二二失位故非所據而據焉二

變時坤爲身二折坤體故身必危
既辱且危死期將至妻其可得見邪
陸績曰六三從困辱之家變之大過爲棺椁
死喪之象故曰死期將至妻不可得見
易曰公用䠶隼于高墉之上獲之无不利
孔穎達曰前章先須安身可以崇德故此明
藏器於身待時而動是有利也故引解之上
六以證之矣

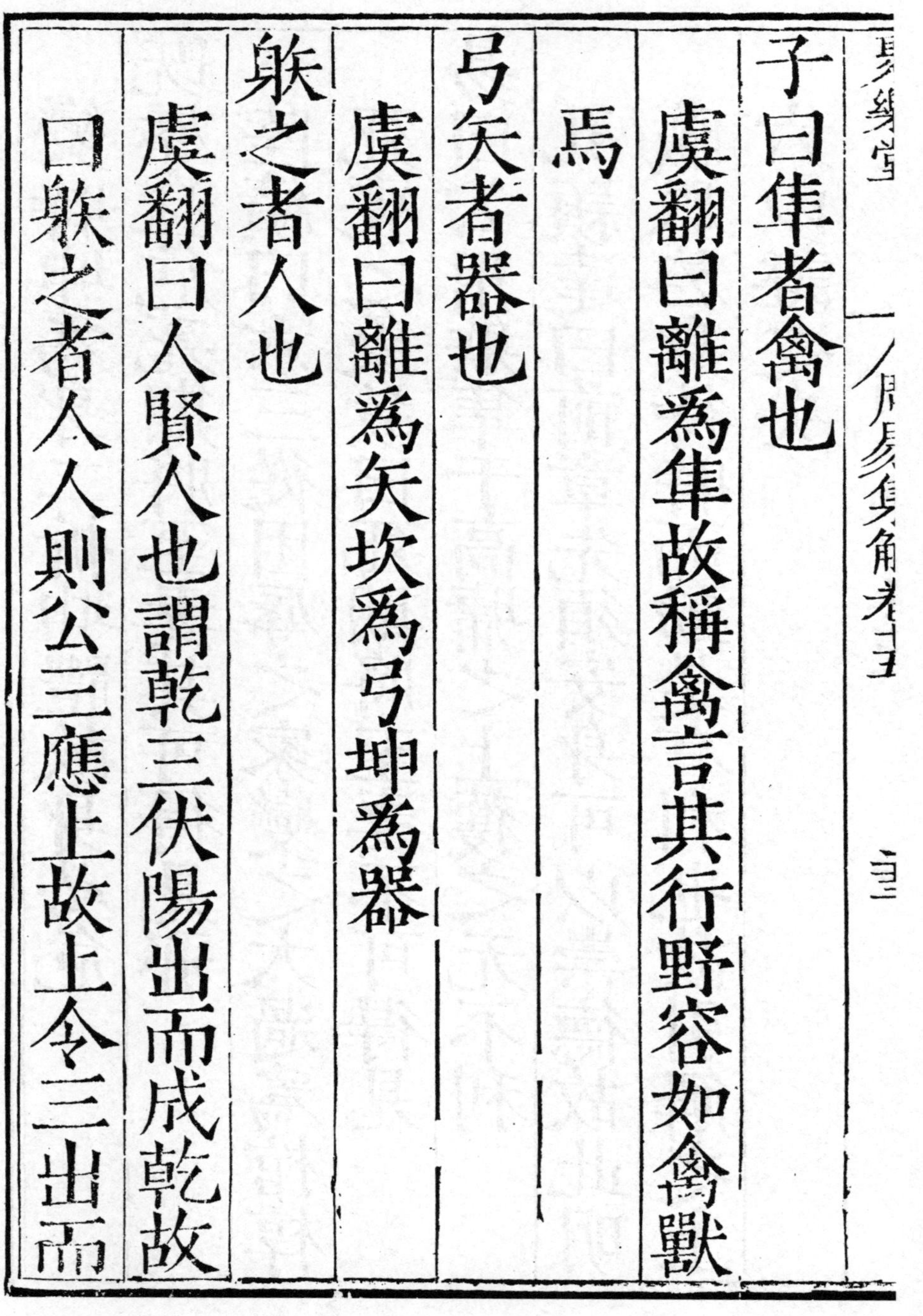

子曰隼者禽也

虞翻曰離爲隼故稱禽言其行野容如禽獸焉

弓矢者器也

虞翻曰離爲矢坎爲弓坤爲器

躲之者人也

虞翻曰人賢人也謂乾三伏陽出而成乾故曰躲之者人人則公三應上故上令三出而

䠶隼也

君子藏器於身待時而動何不利之有

虞翻曰三伏陽爲君子二變時坤爲身爲藏器爲藏弓矢以待䠶隼艮爲待爲時三待五來之二弓張矢發動出成乾貫隼入大過死兩坎象壞故何不利之有象曰以解悖三陰小人乘君子器故上觀三出䠶去隼也

動而不括是以出而有獲語成器而動者也

虞翻曰括作也震爲語乾五之坤二成坎弓離矢動以貫隼故語成器而動者也

子曰小人不恥不仁不畏不義

虞翻曰謂否也以坤滅乾爲不仁不義坤爲恥爲義乾爲仁爲畏者也

不見利不勸不威不懲

虞翻曰否乾爲威爲利巽爲近利謂否五之初成噬嗑市離日見乾爲見利坎爲動故不

見利不動五之初以乾威坤故不威不懲震

爲懲也

小懲而大誡此小人之福也

虞翻曰艮爲小乾爲大五下威初坤殺不行

震懼虩虩故小懲大誡坤爲小人乾爲福以

陽下陰民説無疆故小人之福也

易曰屨校滅趾无咎此之謂也

九家易曰噬嗑六五本先在初處非其位小

人者也故歷說小人所以爲罪終以致害雖欲爲惡能止不行則无咎○侯果曰噬嗑初九爻辭也校者以木夾足止行也此明小人因小刑而大誡乃福也

善不積不足以成名

虞翻曰乾爲積善陽稱名

惡不積不足以滅身

虞翻曰坤爲積惡爲身以乾滅坤故滅身者

也

小人以小善爲无益而弗爲也

虞翻曰小善謂復初

以小惡爲无傷而弗去也

虞翻曰小惡謂姤初

故惡積而不可掩

虞翻曰謂陰息姤至遯子弑其父故惡積而

不可掩

罪大而不可解

虞翻曰陰息遯成否以臣弑君故罪大而不可解也

易曰何校滅耳凶

九家易曰噬嗑上九爻辭也陰自初升五所在失正積惡而罪大故爲上所滅善不積斥五陰爻也聰不明者聞善不聽聞戒不改故凶也

子曰危者安其位者也

崔憬曰言有危之慮則能安其位不失也

亡者保其存者也

崔憬曰言有亡之慮則能保其長存者也

亂者有其治者也

崔憬曰言有防亂之慮則能有其治也

是故君子安而不忘危

虞翻曰君子大人謂否五也否坤爲安危謂

上也○翟玄曰在安慮危

存而不忘亡

荀爽曰謂除戎器戒不虞也○翟玄曰在存而慮亡

治而不忘亂

荀爽曰謂思患而逆防之○翟玄曰在治而慮亂

是以身安而國家可保也

虞翻曰坤爲身謂否反成泰君位定於内而臣忠於外故身安而邦家可保也

易曰其亡其亡

荀爽曰存不忘亡也

繫于包桑

荀爽曰桑者上玄下黄乾坤相包以正故不可忘也○陸績曰自此以上皆謂否陰滅陽之卦五在否家雖得中正常自懼以危亡之

事者也

子曰德薄而位尊

虞翻曰謂四也則離九四凶惡小人故德薄

四在乾位故位尊

知小而謀大

虞翻曰兊爲少知乾爲大謀四在乾體故謀

大矣

力少而任重

虞翻曰五至初體大過本末弱故力少也乾爲仁故任重以爲己任不亦重乎

鮮不及矣

虞翻曰鮮少也及於刑矣

易曰鼎折足覆公餗其形渥凶言不勝其任也

孔穎達曰言不能安身智小謀大而遇禍也故引鼎九四以證之矣

子曰知幾其神乎

虞翻曰幾謂陽也陽在復初稱幾此謂豫四也惡其四折足故以此次言豫四知幾而反復初

君子上交不諂下交不瀆

虞翻曰豫上謂四也四失位諂瀆上謂交五五貴震爲笑言笑言且諂也故上交不諂下謂交三坎爲瀆故下交不瀆欲其復初得正元吉故其知幾乎

其知幾乎

侯果曰上謂王侯下謂凡庶君子上交不至諂媚下交不至瀆慢悔吝無從而生豈非知微者乎

幾者動之微吉之先見者也

虞翻曰陽吉見初成震故動之微復初元吉之先見者也○韓康伯曰幾者去無入有理而未形者不可以名尋不可以形覩也唯神

也不疾而速感而遂通故能玄照鑒於未形也合抱之木起於毫末吉凶之彰始乎微兆故言吉之先見

君子見幾而作不俟終日易曰介于石不終日貞吉介如石焉寧用終日斷可識矣

孔穎達曰前章云精義入神此明知幾入神之事故引易之六二以證之○崔憬曰此爻得位居中於豫之時能順以動而防於豫如

石之耿介守志不移雖暫豫樂以其見微而不終日則能貞吉斷可知矣

君子知微知彰知柔知剛

姚信曰此謂豫卦也二下交初故曰知微上交於三故曰知彰體坤處和故曰知柔與四同功故曰知剛

萬夫之望

荀爽曰聖人作而萬物覩○干寶曰言君子

苟達於此則萬夫之望矣周公聞齊魯之政知後世彊弱之勢辛有見被髮而祭則知爲戎狄之居凡若此類可謂知幾也皆稱君子君子則以得幾不必聖者也

子曰顏氏之子其殆庶幾乎

虞翻曰幾者神妙也顏子知微故殆庶幾孔子曰回也其庶幾乎

有不善未嘗不知

虞翻曰復以自知老子曰自知者明

知之未嘗復行也

虞翻曰謂顏囘不遷怒不貳過克己復禮天下歸仁

周易集解卷第十五

明嘉靖聚樂堂本周易集解

第五册

唐 李鼎祚撰

中國國家圖書館藏明嘉靖三十六年朱睦㮮聚樂堂刻本

山東人民出版社·濟南

周易集解卷第十六

資州李鼎祚

易曰不遠復无祇悔元吉

侯果曰復初九爻辭殆近也庶冀也此明知微之難則知微者唯聖人耳顔子亞聖但冀近於知微而未得也在微則昧理彰而悟失在未形故有不善知則速改故无大過

天地絪緼萬物化醇

虞翻曰謂泰上也先説否否反成泰故不説泰天地交萬物通故化醇○孔穎達曰以前章利用安身以崇德也安身之道在於得一若已能得一則可以安身故此章明得一之事也氤氳氣附著之義言天地無心自然得一唯二氣氤氳共相和會感應變化而有精醇之生萬物若天地有心爲一則不能使萬物一化醇者也

男女搆精萬物化生

虞翻曰謂泰初之上成損艮爲男兊爲女故男女搆精乾爲精損反成益萬物出震故萬物化生也○干寶曰男女猶陰陽也故萬物化生不言陰陽而言男女者以指釋損卦六三之辭主於人事也

易曰三人行則損一人一人行則得其友言致一也

侯果曰損六三爻辭也象云一人行三則疑是衆不如寡三不及一此明物情相感當上法氤氳化醇致一之道則无患累者也

子曰君子安其身而後動

虞翻曰謂反損成益君子益初也坤爲安身震爲後動○崔憬曰君子將動有所爲必自揣安危之理在於己身然後動也

易其心而後語

虞翻曰乾爲易益初體復心震爲後語○崔憬曰君子恕已及物若於事心難不可出語必和易其心而後言

定其交而後求

虞翻曰震專爲定爲後交謂剛柔始交艮爲求也○崔憬曰先定其交知其才行若好施與吝然後可以事求之

君子脩此三者故全也

虞翻曰謂否上之初損上益下其道大光自上下下民説无疆故全也

危以動則民不與也

虞翻曰謂否上九高而無位故危坤民否閉故弗與也

懼以語則民不應也

虞翻曰否上窮災故懼來下之初成益故民不應坤爲民震爲應也

无交而求則民不與也

虞翻曰上來之初故交坤民否閉故不與震爲交

莫之與則傷之者至矣

虞翻曰上不之初否消滅乾則體剝傷臣弒君子弒父故傷之至矣

易曰莫益之或擊之立心勿恒凶

侯果曰益上九爻辭也此明先安身易心則

羣善自應若危動懼語則物所不與故凶也

子曰乾坤其易之門邪

荀爽曰陰陽相易出於乾坤故曰門

乾陽物也坤陰物也

荀爽曰陽物天陰物地也

陰陽合德而剛柔有體

虞翻曰合德謂天地雜保大和日月戰乾剛以體天柔以體地也

以體天地之撰

九家易曰撰數也萬物形體皆受天地之數也謂九天數六地數也剛柔得以爲體矣

以通神明之德

九家易曰隱藏謂之神著見謂之明陰陽交通乃謂之德

其稱名也雜而不越

九家易曰陰陽雜也名謂卦名陰陽雖錯而

卦象各有次序不相踰越

於稽其類其衰世之意邪

虞翻曰稽考也三稱盛德上稱末世乾終上九動則入坤坤弑其君父故爲亂世陽出復震入坤出坤故衰世之意邪○侯果曰於𡋯也稽考也易象考其事類但以吉凶得失爲主則非淳古之時也故云衰世之意耳言邪示疑不欲切指也

夫易彰往而察來而微顯闡幽開而當名

虞翻曰神以知來智以藏往微者顯之謂從復成乾是察來也闡者幽之謂從姤之坤是彰往也陽息出初故開而當名

辯物正言斷辭則備矣

干寶曰辯物類也正言言正義也斷辭斷吉凶也如此則備於經矣

其稱名也小

虞翻曰謂乾坤與六子俱名八卦而小成故小復小而辯於物者矣

其取類也大

虞翻曰謂乾陽也爲天爲父觸類而長之故大也

其旨遠其辭文

虞翻曰遠謂乾文謂坤也

其言曲而中其事肆而隱

虞翻曰屈曲肆直也陽曲初震爲言故其言曲而中坤爲事隱未見故肆而隱也

因貳以濟民行以明失得之報

虞翻曰二謂乾與坤也坤爲民乾爲行行得則乾報以吉行失則坤報以凶也

易之興也其於中古乎

虞翻曰興易者謂庖犧也文王書經系庖犧於乾五乾爲古五在乾中故興於中古繫以

黄帝堯舜爲後世聖人庖犧爲中古則庖犧以前爲上古

作易者其有憂患乎

虞翻曰謂患憂百姓未知興利遠害不行禮義茹毛飲血衣食不足庖犧則天八卦通爲六十四以德化之吉凶與民同患故有憂患

是故履德之基也

虞翻曰乾爲德履與謙旁通坤柔履剛故德

之基坤爲基○侯果曰履禮蹈禮不倦德之基也自下九卦是復道之最故特言矣

謙德之柄也

虞翻曰坤爲柄柄本也凡言德皆陽爻也○干寶曰柄所以持物謙所以持禮者也

復德之本也

虞翻曰德初乾之元故德之本也

恒德之固也

虞翻曰立不易方守德之堅固

損德之脩也

荀爽曰懲忿窒慾所以脩德

益德之裕也

荀爽曰見善則遷有過則改德之優裕也

困德之辯也

鄭玄曰辯別也遭困之時君子固窮小人窮則濫德於是別也

井德之地也

姚信曰井養而不竆德居地也

巽德之制也

虞翻曰巽風爲號令所以制下故曰德之制也○孔頴達曰此上九卦各以德爲用也

履和而至

虞翻曰謙與履通謙坤柔和故履和而至禮之用和爲貴者也

謙尊而光

荀爽曰自上下下其道大光也

復小而辯於物

虞翻曰陽始見故小乾陽物坤陰物以乾居坤故稱別物

恒雜而不厭

荀爽曰夫婦雖錯居不厭之道也

損先難而後易

虞翻曰損初之上失正故先難終反成益得位於初故後易易其心而後語

益長裕而不設

虞翻曰謂天施地生其益無方凡益之道與時偕行故不設也

困窮而通

虞翻曰陽窮否上變之坤二成坎坎爲通故困窮而通也

井居其所而遷

韓康伯曰改邑不改井井所居不移而能遷其施也

巽稱而隱

崔憬曰言巽申命行事是稱揚也陰助德化是微隱也自此已上明九卦德之體者也

履以和行

虞翻曰禮之用和爲貴謙震爲行故以和行

也

謙以制禮

虞翻曰陰稱禮謙三以一陽制五陰萬民服故以制禮也

復以自知

虞翻曰有不善未嘗不知故自知也

恒以一德

虞翻曰恒德之固立不易方從一而終故一

德者也

損以遠害

虞翻曰坤爲害泰以初止坤上故遠害乾爲遠

益以興利

荀爽曰天施地生其益無方故興利也

困以寡怨

虞翻曰坤爲怨否弑父與君乾來上折坤二

故寡怨坎水性通故不怨也

井以辯義

虞翻曰坤爲義以乾别坤故辯義也

巽以行權

九家易曰巽象號令又爲近利人君政教進退釋利而爲權也春秋傳曰權者反於經然後有善者也此所以説九卦者聖人履憂濟民之所急行也故先陳其德中言其性後敘

其用以詳之也西伯勞謙殷紂驕暴臣子之禮有常故創易道以輔濟君父者也然其意義廣遠幽微孔子指撮解此九卦之德合三復之道明西伯之於紂不失上下

易之爲書也不可遠

侯果曰居則觀象動則玩占故不可遠也

爲道也屢遷

虞翻曰遷徙也日月周流上下無常故屢遷

也

變動不居周流六虛

虞翻曰變易動行六虛六位也日月周流終則復始故周流六虛謂甲子之旬辰巳爲虛坎戊爲月離己爲日入在中宮其處空虛故稱六虛五甲如次者也

上下无常剛柔相易

虞翻曰剛柔者晝夜之象也在天稱上入地

爲下故上下无常也

不可爲典要唯變所適

虞翻曰典常要道也上下无常故不可爲典要適乾爲晝適坤爲夜○侯果曰謂六爻剛柔相易遠近恒唯變所適非有典要

其出入以度外内使知懼

虞翻曰出乾爲外入坤爲内日行一度故出入以度出陽知生入陰懼死使知懼也○韓

康伯曰明出入之度使物知外内之戒也出入猶行藏外内猶隱顯遯以遠時爲吉豐以幽隱致凶漸以高顯爲美明夷以處昧利貞此外内之戒也

又明於憂患與故

虞翻曰神以知來故明憂患智以藏往故知事故作易者其有憂患乎

无有師保如臨父母

虞翻曰臨見也言陰陽施行以生萬物无有師保生成之者萬物出生皆如父母孔子曰父子之道天地乾爲父坤爲母○干寶曰言易道以戒懼爲本所謂懼以終始歸无咎也外謂丈夫之從王事則夕惕若厲內謂婦人之居室則无攸遂也雖无師保切磋之訓其心敬戒常如父母之臨已者也

初率其辭而揆其方

虞翻曰初始下也率正也謂修辭立誠方謂坤也以乾通坤故初帥其辭而揆其方○侯果曰率修方道也言修易初首之辭度其終末之道盡有典常非虛設

既有典常苟非其人道不虛行

虞翻曰其出入以度故有典常苟誠也其人謂乾爲賢人神而明之存乎其人不言而信謂之德行故不虛行也○崔憬曰言易道深遠

若非其聖人則不能明其道故知易道不虛
而自行必文王然後弘也

易之爲書也

干寶曰重發易者别殊旨也

原始要終以爲質也

虞翻曰質本也以乾原始以坤要終謂原始
反終以知死生之說○崔憬曰質體也言易
之書原窮其事之初若初九潛龍勿用是原

始也又要會其事之末若上九亢龍有悔是要終也易原始潛龍之勿用要終亢龍之有悔復相明以爲體也諸卦亦然若大畜而後通之類是也

六爻相雜唯其時物也

虞翻曰陰陽錯居稱雜時陽則陽時陰則陰故唯其時物乾陽物坤陰物○干寶曰一卦六爻則皆雜有八卦之氣若初九爲震爻九

二爲坎爻也或若見辰戌言艮巳亥言兌也或若以甲壬名乾以乙癸名坤也或若以午位名離以子位名坎或若德來爲惡物王相爲興休廢爲衰

其初難知其上易知本末也

侯果曰本末初上也初則事微故難知上則事彰故易知

初辭擬之卒成之終

干寶曰初擬議之故難知卒終成之故易知本末勢然也○侯果曰失在初微猶可擬議而之福過在卒成事之終極非擬議所及故曰卒成之終假如乾之九三噬嗑初九猶可擬議而之善至上九則凶災不移是事之卒成之終極凶不變也

若夫雜物撰德辯是與非則非其中爻不備

虞翻曰撰德謂乾辯別也是謂陽非謂陰也

中正乾六爻二四上非正坤六爻初三五非正故雜物因而重之爻在其中故非其中則爻辭不備道有變動故曰爻也○崔憬曰上既具論初上二爻次又以明其四爻也言中四爻雜合所主之事撰集所陳之德能辯其是非備在卦中四爻也

噫亦要存亡吉凶則居可知矣

虞翻曰謂知存知亡要終者也居乾吉則存

居坤凶則亡故曰居可知矣○崔憬曰噫歎聲也言中四爻亦能要定卦中存亡吉凶之事居然可知矣孔疏扶王弼義以此中爻爲二五之爻居中无偏能統一卦之義事必不然矣何則上文云六爻相雜唯其時物言雖錯雜而各獨會於時獨主於物豈可以二五之爻而兼其雜物撰德是非存亡吉凶之事乎且二五之撰德與是要存與吉則可矣若

主物與非要以與凶則非其所象故知其不可矣但上論初上二爻則此中總言四爻矣下論二四三五則是重述其功位者也知者觀其彖辭則思過半矣

韓康伯曰夫彖舉立象之統論中爻之義約以存博簡以兼衆雜物撰德而一以貫之者也形之所宗者道衆之所歸者一其事彌繁則愈滯乎有其理彌約則轉近乎道彖之爲

義存乎一也一之爲用同乎道矣形而上者可以觀道過乎半之益不亦宜乎

二與四同功

韓康伯曰同陰功也○崔憬曰此重釋中四爻功位所宜也二主士大夫位佐於一國四主三孤三公牧伯之位佐於天子皆同有助理之功也

而異位

韓康伯曰有外內也○崔憬曰二士大夫位卑四孤公牧伯位尊故有異也

其善不同二多譽四多懼近也

韓康伯曰二處中和故多譽也四近於君故多懼也

柔之爲道不利遠者

崔憬曰此言二四皆陰位陰之爲道近比承陽故不利遠矣

其要无咎其用柔中也

崔憬曰言二是陰遠陽雖則不利其要或有无咎者以二柔居中異於四也

三與五同功而異位

韓康伯曰有貴賤也○崔憬曰三諸侯之位五天子之位同有理人之功而君臣之位異者也

三多凶五多功貴賤之等也

崔憬曰：三處下卦之極，居上卦爲一國之君，有威權之重，而上臣天子，若無含章之美，則必致凶。五既居中不偏，貴乘天位，以道濟物，廣被寰中，故多功。

其柔危，其剛勝邪。

侯果曰：三五陽位，陰柔處之則多凶危，剛正居之則勝其任。言邪者，不定之辭也。或有柔居而吉者，得其時也；剛居而凶，私其應也。

易之爲書也廣大悉備

荀爽曰以陽易陽謂之廣以陽易陰謂之大易與天地准固悉備也

有天道焉有人道焉有地道焉

崔憬曰言易之爲書明三才廣無不被大無不包悉備有萬物之象者也

兼三才而兩之故六六者非他也三材之道也

崔憬曰言重卦六爻亦兼天地人道兩爻爲

一材六爻有三材則是兼三材而兩之故六六者卽三才之道也

道有變動故曰爻

陸績曰天道有晝夜日月之變地道有剛柔燥濕之變人道有行止動靜吉凶善惡之變聖人設爻以效三者之變動故謂之爻者也

爻有等故曰物

干寶曰等羣也爻中之義羣物交集五星四

氣六親九族福德刑殺衆形萬類皆來發於爻故總謂之物也象頤中有物曰噬嗑是其義也

物相雜故曰文

虞翻曰乾陽物坤陰物純乾純坤之時未有文章陽物入坤陰物入乾更相離成六十四卦乃有文章故曰文

文不當故吉凶生焉

干寶曰其辭爲文也動作云爲必考其事令與爻義相稱也事不稱義雖有吉凶則非今日之吉凶也故元亨利貞而穆姜以死黄裳元吉南蒯以敗是所謂文不當也故於經則有君子吉小人否於占則王相之氣君子以遷官小人以遇罪也

易之興也其當殷之末世周之盛德邪當文王與紂之事邪

虞翻曰謂文王書易六爻之辭也末世乾上盛德乾三也文王三分天下而有其二以服事殷周德其可謂至德矣故周之盛德紂窮否上知存而不知亡知得而不知喪終以焚死故殷之末世也而馬荀鄭君從俗以文王爲中古失之遠矣

是故其辭危

虞翻曰危謂乾三夕惕若厲故辭危也

危者使平

陸績曰文王在紂世有危亡之患故於易辭多趨危亡本自免濟建成王業故易爻辭危者使平以象其事否卦九五其亡其亡繫于包桑之屬是也

易者使傾

陸績曰易平易也紂安其位自謂平易而本傾覆故易爻辭易者使傾以象其事明夷上

六初登于天後入于地之屬是也
其道甚大百物不廢
虞翻曰大謂乾道乾三爻三十六物故百物不廢略其奇八與大衍之五十同義
懼以終始其要无咎此之謂易之道也
虞翻曰乾稱易道終日乾乾故无咎危者使平易者使傾惡盈福謙故易之道者也
夫乾天下之至健也德行恒易以知險

虞翻曰險謂坎也謂乾二五之坤成坎離日月麗天天險不可升故知險者也

夫坤天下之至順也德行恒簡以知阻

虞翻曰阻險阻也謂坤二五之乾艮爲山陵坎爲水巽高兌下地險山川丘陵故以知險也

能說諸心

虞翻曰乾五之坤坎爲心兌爲說故能說諸

心謂説諸心物之有心者也

能研諸侯之慮

虞翻曰坎心爲慮乾二之坤爲震震爲諸侯故能研諸侯之慮

定天下之吉凶成天下之亹亹者

虞翻曰謂乾二五之坤成離日坎月則八卦象具八卦定吉凶故能定天下之吉凶亹亹進也離爲龜乾爲蓍月生震初故成天下之

亹亹者謂莫善蓍龜也○荀爽曰亹亹者陰陽之微可成可敗也順時者成逆時者敗也

是故變化云爲吉事有祥

虞翻曰祥幾祥也吉之先見者也陽出變化云爲吉事爲祥謂復初乾元者也

象事知器占事知來

虞翻曰象事謂坤坤爲器乾五之坤成象故象事知器也占事謂乾以知來乾五動成離

則玩其占故知來○侯果曰易之云爲唯變所適爲善則吉事必應觀象則用器可爲求吉則未形可覩者也

天地設位聖人成能

虞翻曰天尊五地卑二故設位乾爲聖人成能謂能說諸心能研諸侯之慮故成能也○崔憬曰言易擬天地設乾坤二位以明重卦之義所以成聖人伏羲文王之能事者也

人謀鬼謀百姓與能

虞翻曰乾爲人坎爲鬼乾二五之坎坤爲謀乾爲百坤爲姓故人謀鬼謀百姓與能朱仰之曰人謀謀及卿士鬼謀謀及卜筮也又謀及庶民故曰百姓與能也

八卦以象告

虞翻曰在天成象乾二五之坤則八卦象成兊口震言故以象告也

爻彖以情言

崔憬曰伏羲始畫八卦因而重之以備萬物而告於人也爻謂爻下辭彖謂卦下辭皆是聖人之情見乎繫辭而假爻彖以言故曰爻彖以情言也

剛柔雜居而吉凶可見矣

虞翻曰乾二之坤成坎坤五之乾成離故剛柔雜居艮爲居離有巽兑坎有震艮八卦體

備故吉凶可見也○崔憬曰言文王以六爻剛柔相推而物雜居得理則吉失理則凶故吉凶可見也

變動以利言

虞翻曰乾變之坤成震震爲言故變動以利言也

吉凶以情遷

虞翻曰乾吉坤凶六爻發揮旁通情也故以

情遷

是以愛惡相攻而吉凶生

虞翻曰攻摩也乾爲愛坤爲惡謂剛柔相摩以愛攻惡生吉以惡攻愛生凶故吉凶生也

遠近相取而悔吝生

虞翻曰遠陽謂乾近陰謂坤陽取陰生悔陰取陽生吝悔吝言小疵○崔憬曰遠謂應與不應近謂比與不比或取遠應而捨近比或

取近比而捨遠應由此遠近相取所以生悔吝於繫辭矣

情僞相感而利害生

虞翻曰情陽僞陰也情感僞生利僞感情生害乾爲利坤爲害

凡易之情近而不相得則凶

韓康伯曰近況比爻也易之情剛柔相摩變動相逼者也近而不相得必有乖違之患也

或有相違而无患者得其應也相須而偕凶

乖於時也隨事以考之義可見矣

或害之悔且吝

虞翻曰坤爲害以陰居陽以陽居陰爲悔且

吝也

將叛者其辭慚

荀爽曰謂屯六三往吝之屬也○虞翻曰坎

人之辭也近而不相得故叛坎爲隱伏將叛

坎爲心故慚也○侯果曰凡心不相得將懷叛逆者辭必慚恧

中心疑者其辭枝

荀爽曰或從王事无成之屬也○虞翻曰離人之辭也火性枝分故枝疑也○侯果曰中心疑二則失得无從故枝分不一也

吉人之辭寡躁人之辭多

荀爽曰謂睽上九之屬也○虞翻曰震人之

辭也震爲浚躁恐懼虩虩笑言啞啞故多辭也○侯果曰躁人煩急故辭多

誣善之人其辭游

荀爽曰游逸之屬也○虞翻曰兑人之辭也兑爲口舌誣乾乾爲善人也○崔憬曰妄稱有善故自敘其美而辭必浮游不實

失其守者其辭屈

荀爽曰謂泰上六城復于隍之屬也○侯果

曰失守則沮辱而不申故其辭屈也爻有此象故占辭亦從矣○虞翻曰巽人之辭也巽詰詘陽在初守巽初陽入伏陰下故其辭詘此六子也離上坎下震起艮止兌見巽伏上經終坎離則下經終既濟未濟上系終乾坤則下系終六子此易之大義者也

周易集解卷第十六

周易集解卷第十七

資州李鼎祚

昔者聖人之作易也

孔穎達曰據今而稱上代謂之昔者聰明睿智謂之聖人卽伏羲也案下繫云古者庖犧氏之王天下始作八卦今言作易明是伏羲非謂文王也

幽贊於神明而生蓍

荀爽曰幽隱也贊見也神者在天明者在地神以夜光明以晝照蓍者策也謂陽爻之策三十有六陰爻之策二十有四二篇之策萬有一千五百二十上配列宿下副物數生蓍者謂蓍從爻中生也○干寶曰幽昧人所未見也贊求也言伏羲用明於昧冥之中以求萬物之性爾乃得自然之神物能通天地之精而管御百靈者始爲天下生用蓍之法者

也

參天兩地而倚數

虞翻曰倚立參三也謂分天象爲三才以地兩之立六畫之數故倚數也○崔憬曰參三也謂於天數五地數五中以八卦配天地之數起天三配艮而立三數天五配坎而立五數天七配震而立七數天九配乾而立九數此從三順配陽四卦也地從二起以地兩配

兊而立二數以地十配離而立十數以地八
配巽而立八數以地六配坤而立六數此從
兩逆配陰四卦也其天一地四之數無卦可
配故虛而不用此聖人取八卦配天地之數
總五十而爲大衍　案此說不盡已釋在大
衍章中詳之明矣

觀變於陰陽而立卦

虞翻曰謂立天之道曰陰與陽乾坤剛柔立

本者卦謂六爻陽變成震坎艮陰變成巽離兌故立卦六爻三變三六十八則有十八變而成卦八卦而小成是也系曰陽一君二民陰二君一民不道乾坤者也

發揮於剛柔而生爻

虞翻曰謂立地之道曰柔與剛發動揮變變剛生柔爻變柔生剛爻以三爲六也因而重之爻在其中故生爻

和順於道德而理於義

虞翻曰謂立人之道曰仁與義和謂坤道德謂乾以乾通坤謂之理義也

窮理盡性以至於命

虞翻曰以乾推坤謂之窮理以坤變乾謂之盡性性盡理窮故至於命巽爲命也

昔者聖人之作易也

虞翻曰重言昔者明謂庖犧也

將以順性命之理

虞翻曰謂乾道變化各正性命以陽順性以陰順命

是以立天之道曰陰與陽立地之道曰柔與剛立人之道曰仁與義

崔憬曰此明一卦立爻有三才二體之義故先明天道既立陰陽地道又立剛柔人道亦立仁義以明之也何則在天雖剛亦有柔德

在地雖柔亦有剛德故書曰沈潛剛克高明柔克人稟天地豈可不兼仁義乎所以易道兼之矣

兼三才而兩之故易六畫而成卦

虞翻曰謂參天兩地乾坤各三爻而成六畫之數也

分陰分陽迭用柔剛

虞翻曰迭遞也分陰爲柔以象夜分陽爲剛

以象晝剛柔者晝夜之象晝夜更用故遞用
剛柔矣

故易六位而成章

章謂文理乾三畫成天文坤三畫成地理

天地定位

謂乾坤五貴三賤故定位也

山澤通氣

謂艮兑同氣相求故通氣

雷風相薄

謂震巽同聲相應故相薄

水火不相射

謂坎離射厭也水火相通坎戊離己月三十日一會於壬故不相射也

八卦相錯

錯摩則剛柔相摩八卦相盪也

數往者順

謂坤消從五至亥上下故順也

知來者逆

謂乾息從子至巳上下故逆也

是故易逆數也

易謂乾故逆數此上虞義

雷以動之

荀爽曰謂建卯之月震卦用事天地和合萬

物萌動也

風以散之

謂建巳之月萬物上達布散田野

雨以潤之

謂建子之月含育萌芽也

日以烜之

休遠反謂建午之月太陽欲長者也

艮以止之

謂建丑之月消息畢止也

兌以說之

謂建酉之月萬物成熟也

乾以君之

謂建亥之月乾坤合居君臣位得也此上荀

義

坤以藏之

九家易曰謂建申之月坤在乾下包藏萬物

也乾坤交索既生六子各任其才往生物也

又雷與風雨變化不常而日月相推迭有來往是以四卦以義言之天地山澤恒在者也故直說名矣○孔穎達曰此又重明八物八卦之功用也上四舉象下四舉卦者王肅以爲互相備也則明雷風與震巽同用乾坤與天地同功也

帝出乎震

崔憬曰帝者天之王氣也至春分則震王而

萬物出生

齊乎巽

立夏則巽王而萬物絜齊

相見乎離

夏至則離王而萬物皆相見也

致役乎坤

立秋則坤王而萬物致養也

説言乎兑

秋分則兌王而萬物所說
戰乎乾
立冬則乾王而陰陽相薄
勞乎坎
冬至則坎王而萬物之所歸也
成言乎艮
立春則艮王而萬物之所成終成始也以其
周王天下故謂之帝此崔新義也

萬物出乎震震東方也

虞翻曰出生也震初不見東故不稱東方卦也

齊乎巽巽東方也齊也者言萬物之絜齊也

巽陽隱初又不見東南亦不稱東南卦與震同義巽陽藏室故絜齊

離也者明也萬物皆相見南方之卦也

離爲日爲火故明日出照物以日相見離象

三爻皆正日中正南方之卦也

聖人南面而聽天下嚮明而治蓋取諸此也

離南方故南面乾爲治乾五之坤坎爲耳離爲明故以聽天下向明而治也

坤也者地也萬物皆致養焉故曰致役乎坤

坤陰無陽故道廣布不主一方含弘光大養成萬物

兌正秋也萬物之所說也故曰說言乎兌

兊三失位不正故言正秋兊象不見西故不言西方之卦與坤同義兊爲雨澤故説萬物震爲言震二動成兊言從口出故説言也

戰乎乾乾西北之卦也言陰陽相薄也

乾剛正五月十五日晨象西北故西北之卦薄反也坤十月卦乾消剥入坤故陰陽相薄也

坎者水也正北方之卦也勞卦也萬物之所歸

也故曰勞乎坎

歸藏也坎二失位不正故言正北方之卦與兌正秋同義坎月夜中故正北方此上虞義

崔憬曰以坎是正北方之卦立冬已後萬物歸藏於坎又陽氣伏於子潛藏也中未能浸長勞局衆陰之中也

艮東北之卦也萬物之所成終而所成始也故曰成言乎艮

虞翻曰三名艮得正故復稱卦萬物成始乾甲成終坤癸艮東北是甲癸之間故萬物之所成終而成始者也

神也者玅萬物而爲言者也

韓康伯曰於此言神者明八卦運動變化推移莫有使之然者神則无物玅萬物而爲言也明則雷疾風行火炎水潤莫不自然相與而爲變化故能萬物既成

動萬物者莫疾乎雷

崔憬曰謂春分之時雷動則草木滋生蟄蟲發起所動萬物莫急於此也

橈萬物者莫疾乎風

言風能鼓橈萬物春則發散草木枝葉秋則摧殘草木枝條莫急於風者也

燥萬物者莫熯乎火

言火能乾燥萬物不至潤濕於陽物之中莫

過乎火熯亦燥也

說萬物者莫說乎澤

言兊說萬物莫過以澤而成說之也

潤萬物者莫潤乎水

言滋潤萬物莫過以水而潤之

終萬物始萬物者莫盛乎艮

言大寒立春之際艮之方位萬物以之始而

為今歲首以之終而為去歲末此則叶夏正

之義莫盛於艮也此言六卦之神用而不言乾坤者以乾坤而法天地无爲而无不爲能成雷風等有爲之神妙也艮不言山獨舉卦名者以動橈燥潤功是雷風水火至於終始萬物於山義則不然故言卦而餘皆稱物各取便而論也此崔新義也

故水火相逮

孔穎達曰上章言水火不相入此言水火相

逮者既不相入又不相及則无成物之功明性雖不相入而氣相逮及

雷風不相悖

孔穎達曰上言雷風相薄此言不相悖者二象俱動若相薄而相悖逆則相傷害亦无成物之功明雖相薄而不相逆者也

山澤通氣

崔憬曰言山澤雖相縣遠而氣交通

然後能變化既成萬物也

虞翻曰謂乾變而坤化乾道變化各正性命成既濟定故既成萬物矣

乾健也

虞翻曰精剛自勝動行不休故健也

坤順也

純柔承天時行故順

震動也

陽出動行

巽入也

乾初入陰

坎陷也

陽陷陰中

離麗也

日麗乾剛

艮止也

陽位在上故止

兑說也

震爲大笑陽息震成兑震言出口故說也

虞義也

乾爲馬

孔穎達曰乾象天行健故爲馬

坤爲牛

坤象地任重而順故爲牛

震爲龍

震象龍動故爲龍此上孔正義

巽爲雞

九家易曰應八風也風應節而變變不失時雞時至而鳴與風相應也二九十八主風精爲雞故雞十八日剖而成雛二九順陽歷故雞知時而鳴也

坎爲豕

九家易曰汚辱卑下也六九五十四主時精爲豕坎豕懷胎四月而生宣時理節是其義也

離爲雉

孔穎達曰離爲文明雉有文章故離爲雉

艮爲狗

九家易曰艮止主守禦也艮數三七九六十三主斗斗爲犬故犬懷胎三月而生斗運

行十三時日出故犬十三日而開目斗屈故

犬卧屈也斗運行四帀犬亦夜繞室也火之

精畏水不敢飲但舌舐水耳犬鬬以水灌之

則解也犬近奎星故犬淫當路不避人者也

兊爲羊

孔穎達曰兊爲説羊者順從之畜故爲羊

乾爲首

乾尊而在上故爲首

坤爲腹

坤能包藏含容故爲腹也

震爲足

震動用故爲足

巽爲股

巽爲順股順隨於足故巽爲股

坎爲耳

坎北方主聽故爲耳

離爲目

離南方主視故爲目

艮爲手

艮爲止手亦止持於物使不動故艮爲手

兌爲口

兌爲說口所以說言故兌爲口此上孔正義

乾天也故稱乎父坤地也故稱乎母

崔憬曰欲明六子故先說乾稱天父坤稱地

母

震一索而得男故謂之長男巽一索而得女故謂之長女坎再索而得男故謂之中男離再索而得女故謂之中女艮三索而得男故謂之少男兑三索而得女故謂之少女

孔穎達曰索求也以求乾坤爲父母而求其子也得父氣者爲男得母氣者爲女坤初求得乾氣爲震故曰長男坤二得乾氣爲坎故

曰中男坤三得乾氣爲艮故曰少男乾初得坤氣爲巽故曰長女乾二得坤氣爲離故曰中女乾三得坤氣爲兑故曰少女此言所以生六子者也

乾爲天

宋衷曰乾動作不解天亦轉運

爲圜

宋衷曰動作轉運非圜不能故爲圜

爲君

虞翻曰貴而嚴也

爲父

虞翻曰成三男取其類大故爲父也

爲玉爲金

崔憬曰天體清明而剛故爲玉爲金

爲寒爲冰

孔穎達曰取其西北冰寒之地○崔憬曰乾

主立冬已後冬至已前故爲寒爲氷也

爲大赤

虞翻曰太陽爲赤月望出入時也○崔憬曰乾四月純陽之卦故取盛陽色爲大赤

爲良馬

虞翻曰乾善故良也

爲老馬

九家易曰言氣衰也息至巳必當復消故爲

老馬也

爲瘠馬

崔憬曰骨爲陽肉爲陰乾純陽爻骨多故爲瘠馬也

爲駁馬

宋衷曰天有五行之色故爲駁馬也

爲木果

宋衷曰羣星著天似果實著木故爲木果

坤爲地

虞翻曰柔道靜

爲母

虞翻曰成三女能致養故爲母

爲布

崔憬曰徧布萬物於致養故坤爲布

爲釜

孔頴達曰取其化生成熟故爲釜也

爲吝嗇

孔穎達曰取地生物而不轉移故爲吝嗇也

爲均

崔憬曰取地生萬物不擇善惡故爲均也

爲子母牛

九家易曰土能生育牛亦含養故爲子母牛也

爲大輿

孔穎達曰取其能載故爲大輿也

爲文

九家易曰萬物相雜故爲文也

爲衆

虞翻曰物三稱羣陰爲民三陰相隨故爲衆

也

爲柄

崔憬曰萬物依之爲本故爲柄

其於地也爲黑
崔憬曰坤十月卦極陰之色故其於色也爲黑矣
震爲雷
虞翻曰太陽火得水有聲故爲雷也
爲駹
駹蒼色震東方故爲駹舊讀作龍上已爲龍非也

爲玄黄

天玄地黄震天地之雜物故爲玄黄

爲専

陽在初隱静未出觸坤故専則乾静也専延叔堅說以専爲専大布非也此上虞義者也

爲大塗

崔憬曰萬物所出在春故爲大塗取其通生性也

爲長子

虞翻曰乾一索故爲長子

爲決躁

崔憬曰取其剛在下動故爲決躁也

爲蒼筤竹

九家易曰蒼筤青也震陽在下根長堅剛陰爻在中使外蒼筤也

爲萑葦

九家易曰萑葦蒹葭也根莖叢生蔓衍相連

有似雷行也

其於馬也爲善鳴

虞翻曰爲雷故善鳴也

爲馵足爲作足

馬白後左足爲馵震爲左爲足爲有初陽白

故爲足

爲的顙

的白顙額也震體頭左口上白故的顙詩云
有馬白顛是也此上虞義也
其於稼也爲反生
宋衷曰陰在上陽在下故爲反生謂枲豆之
類戴甲而生
其究爲健爲蕃鮮
虞翻曰震巽相薄變而至三則下象究與四
成乾故其究爲健爲蕃鮮巽究爲躁卦躁卦

則震雷巽風無形故卦特變耳

巽爲木

宋衷曰陽動陰靜二陽動於上一陰安靜於下有似於木也

爲風

陸績曰風土氣也巽坤之所生故爲風亦取靜於本而動於末也

爲長女

荀爽曰：柔在初。

爲繩直

翟玄曰：上二陽共正一陰，使不得邪僻，如繩之直。○孔穎達曰：取其號令齊物，如繩直也。

爲工

荀爽曰：以繩木，故爲工。○虞翻曰：爲近利市三倍，故爲工。子夏曰：工居肆。

爲白

虞翻曰乾陽在上故白○孔穎達曰取其風吹去塵故絜白也

爲長

崔憬曰取風行之遠故爲長

爲高

虞翻曰乾陽在上長故高○孔穎達曰取木生而高上

爲進退

虞翻曰陽初退故進退○荀爽曰風行无常故進退

爲不果

荀爽曰風行或東或西故不果

爲臭

虞翻曰臭氣也風至知氣巽二入艮鼻故爲臭系曰其臭如蘭

其於人也爲宣髮

虞翻曰爲白故宣髮馬君以宣爲寡髮非也

爲廣顙

變至二坤爲廣四動成乾爲顙在頭口上故爲廣顙與震的顙同義震一陽故的顙巽變乾二陽故廣顙

爲多白眼

爲白離目上向則白眼見故多白眼

爲近利市三倍

變至三成坤坤爲近四動乾乾爲利至五成噬嗑故稱市乾三爻爲三倍故爲近利市三倍動上成震故其究爲躁卦八卦諸爲唯震巽變耳

其究爲躁卦

變至五成噬嗑爲市動上成震故其究爲躁卦明震内體爲專外體爲躁此上虞義

坎爲水

宋衷曰坎陽在中内光明有似於水

爲溝瀆

虞翻曰以陽闢坎水性流通故爲溝瀆也

爲隱伏

虞翻曰陽藏坤中故爲隱伏也

爲矯輮

宋衷曰曲者更直爲矯直者更曲爲輮水流有曲直故爲矯輮

爲弓輪

虞翻曰可矯輮故爲弓輪坎爲月月在於庚爲弓在甲象輪故弓輪也

其於人也爲加憂

兩陰失心爲多眚故加憂

爲心病

爲勞而加憂故心病亦以坤爲心坎三折坤爲心病此上虞義也

爲耳痛

孔穎達曰坎勞卦也又主聽聽勞則耳痛

爲血卦爲赤

孔穎達曰人之有血猶地之有水赤血色也

案十一月一陽爻生在坎陽氣初生於黃泉

其色赤也

其於馬也爲美脊

宋衷曰陽在中央馬脊之象也

爲亟心

崔憬曰取其内陽剛動故爲亟心也

爲下首

荀爽曰水之流首卑下也

爲薄蹏

九家易曰薄蹏者在下水又趨下趨下則流散流散則薄故爲薄蹏也

爲曳

宋衷曰水摩地而行故曳

其於輿也爲多眚

虞翻曰眚敗也坤爲大車坎折坤體故爲車多眚也

爲通

水流瀆故通也

爲月

坤爲夜以坎陽光坤故爲月也

爲盜

水行潛竊故爲盜也

其於木也爲堅多心

陽剛在中故堅多心棘棗屬也此上虞義也

孔穎達曰乾震坎皆以馬喻乾至健震至動坎至行故皆可以馬爲喻坤則順艮則止巽亦順離文明而柔順兑柔説皆無健故不以馬爲喻也唯坤卦彖利牝馬取其行不取其

健故曰牝也坎亦取其行不取其健皆外柔故爲下首薄蹄曳也

離爲火

崔憬曰取卦陽在外象火之外照也

爲日

荀爽曰陽外光也

爲電

鄭玄曰取火明也久明似日暫明似電也

爲中女

荀爽曰柔在中也

爲甲胄

虞翻曰外剛故爲甲乾爲首巽繩貫甲而在首上故爲胄胄兜鍪也

爲戈兵

乾爲金離火斷乾燥而鍊之故爲戈兵也

其於人也爲大腹

象曰常滿如姙身婦故爲大腹乾爲大也

爲乾卦

火曰熯燥物故爲乾卦也

爲鼈爲蟹爲蠃爲蚌爲龜

此五者皆取外剛内柔也

其於木也爲科上槁

巽木在離中體大過死巽蟲食心則折也蠹蟲食口木故上槁或以離火燒巽故於折槁

此上虞義○宋衷曰陰在内則空中木中空則上科槁也

艮爲山

宋衷曰二陰在下一陽在上陰爲土陽爲木土積於下木生其上山之象也

爲徑路

虞翻曰艮爲山中徑路震陽在初則爲大塗艮陽小故爲徑路也

爲小石

陸績曰艮剛卦之小故爲小石者也

爲門闕

虞翻曰艮爲門艮陽在門外故爲門闕兩小山闕之象也

爲果蓏

宋衷曰木實謂之果草實謂之蓏桃李瓜瓞之屬皆出山谷也

爲閽寺

宋衷曰閽人主門寺人主巷艮爲止此職皆掌禁止者也

爲指

虞翻曰艮手多節故爲指

爲拘

虞翻曰指屈伸制物故爲拘拘舊作狗上已爲狗字之誤

爲鼠

虞翻曰似狗而小在坎穴中故鼠晉九四也

爲黔喙之屬

馬融曰黔喙肉食之獸謂豺狼之屬黔黑也

陽玄在前也

其於木也爲堅多節

虞翻曰陽剛在外故多節松柏之屬

兌爲澤

虞翻曰坎水半見故爲澤○宋衷曰陰在上令下濕故爲澤也

爲少女

虞翻曰坤三索位在末故少也

爲巫

乾爲神兊爲通與神通氣女故爲巫

爲口舌

兊得震聲故爲口舌

爲毁折

二折震足故爲毁折

爲附決

乾體末圜故附決也

其於地也爲剛鹵

乾二陽在下故剛澤水潤下故鹹此上虞義

朱仰之曰取金之剛不生也剛鹵之地不生物故爲剛鹵者也

爲妾

三少女位賤故爲妾

爲羔

羔女使皆取位賤故爲羔羔舊讀以震駹爲龍艮拘爲狗兑羔爲羊皆已見上此爲再出非孔子意也震已爲長男又言長子謂以當繼世守宗廟主祭祀故詳舉之三女皆言長中少明女子各當外成故别見之此其大例者

也此上虞義

周易序卦

有天地然後有萬物生焉

干寶曰物有先天地而生者矣今正取始於天地天地之先聖人弗之論也故其所法象必自天地而還○老子曰有物混成先天地生吾不知其名彊字之曰道上繫曰法象莫大乎天地○莊子曰六合之外聖人存而不

論春秋穀梁傳曰不求知所不可知者智也而今後世浮華之學彊支離道義之門求入虛誕之域以傷政害民豈非讒說殄行大舜之所疾者乎

盈天地之間者唯萬物故受之以屯屯者盈也

荀爽曰謂陽動在下造生萬物於冥昧之中也

屯者物之始生也

韓康伯曰屯剛柔始交故爲萬物之始生也

崔憬曰此仲尼序文王次卦之意不序乾坤之次者以一生二二生三三生萬物則天地次第可知而萬物之先後宜序也萬物之始生者言剛柔始交故萬物資始於乾而資生於坤也

物生必蒙故受之以蒙蒙者蒙也物之穉

崔憬曰萬物始生之後漸以長穉故言物生

必蒙○鄭玄曰蒙幼小之貌齊人謂萌爲蒙也

物穉不可不養也故受之以需需者飲食之道也

荀爽曰坎在乾上中有離蒙水火交和故爲飲食之道○鄭玄曰言孩穉不養則不長也

飲食必有訟故受之以訟

韓康伯曰夫有生則有資有資則爭興也○

鄭玄曰訟猶爭也言飲食之會恒多爭也訟必有衆起故受之以師師者衆也

九家易曰坤爲衆物坎爲衆水上下皆衆故曰師也凡制軍萬有二千五百人爲軍天子六軍大國三軍次國二軍小國一軍軍有將皆命卿也二千五百人爲師師帥皆中大夫五百人爲旅旅帥皆下大夫也○崔憬曰因爭必起相攻故受之以師也

衆必有所比故受之以比

韓康伯曰衆起而不比則爭无息必相親比而後得寧也

比者比也比必有所畜故受之以小畜

韓康伯曰比非大通之道則各有所畜以相濟也由比而畜故曰小畜而不能大也

物畜然後有禮故受之以履

韓康伯曰履禮也禮所以適時用也故既畜

則須用有用須禮也

履而泰然後安故受之以泰泰者通也

荀爽曰謂乾來下降以陽通陰也○姚信曰安上治民莫過於禮有禮然後泰泰然後安也

物不可以終通故受之以否

崔憬曰物極則反故不終泰通而否矣所謂城復于隍

物不可以終否故受之以同人

韓康伯曰否則思通人人同志故可出門同人不謀而合

與人同者物必歸焉故受之以大有

崔憬曰以欲從人人必歸已所以成大有

有大者不可以盈故受之以謙

崔憬曰富貴而自遺其咎故有大者不可盈當須謙退天之道也

有大而能謙必豫故受之以豫

鄭玄曰言同旣大而有謙德則於政事恬逸

雷出地奮逸逸行出而喜樂之意

豫必有隨故受之以隨

韓康伯曰順以動者衆之所隨也

以喜隨人者必有事故受之以蠱蠱者事也

九家易曰子行父事備物致用而天下治也

備物致用立成器以爲天下利莫大於聖人

子脩聖道行父之事以臨天下無爲而治有事然後可大故受之以臨臨者大也

荀爽曰陽稱大謂二陽動升故曰大也○宋衷曰事立功成可推而大也

物大然後可觀故受之以觀

虞翻曰臨反成觀二陽在上故可觀也○崔憬曰言德業大者可以觀政於人也

可觀而後有所合故受之以噬嗑嗑者合也

虞翻曰頤中有物食故口含也○韓康伯曰可觀則異方合會也

物不可以苟合而已故受之以賁賁者飾也

虞翻曰分剛上文柔故飾○韓康伯曰物相合則須飾以脩外也

致飾而後亨則盡矣故受之以剝剝者剝也

荀爽曰極飾反素文章敗故爲剝也

物不可以終盡剝窮上反下

虞翻曰陽四月窮上消遘至坤者也

故受之以復

崔憬曰夫易窮則有變物極則反於初故剝之爲道不可終盡而使之於復也

復則不妄矣故受之以无妄

崔憬曰物復其本則爲誠實故言復則无妄也

有无妄然後可畜故受之以大畜

荀爽曰物不妄者畜之大也畜積不敗故大畜也

物畜然後可養故受之以頤頤者養也

虞翻曰天地養萬物聖人養賢以及萬民○崔憬曰大畜剛健輝光日新則可觀其所養故言物畜然後可養也

不養則不可動故受之以大過

虞翻曰人頤不動則死故受之以大過大過

否卦棺椁之象也

物不可以終過故受之以坎坎者陷也

韓康伯曰過而不已則陷沒也

陷必有所麗故受之以離離者麗也

韓康伯曰物極則變極陷則反所麗

有天地

虞翻曰謂天地否也

然後有萬物

謂否反成泰天地氤氲萬物化醇故有萬物也

有萬物然後有男女

謂泰已有否否三上反正成咸艮爲男兑爲女故有男女

有男女然後有夫婦

咸反成恒震爲夫巽爲婦故有夫婦也

有夫婦然後有父子

謂咸上復乾成遯爲父艮爲子故有父子

有父子然後有君臣

謂遯三復坤成否乾爲君坤爲臣故有君臣

也

有君臣然後有上下

否乾君尊上坤臣卑下天尊地卑故有上下

也

有上下然後禮義有所錯

錯置也謂天君父夫象尊錯上地婦臣子禮卑錯下坤地道妻道臣道故禮義有所錯者也此上虞義○干寶曰錯施也此詳言人道三綱六紀有自來也人有男女陰陽之性則自然有夫婦配合之道有夫婦配合之道則自然有剛柔尊卑之義陰陽化生血體相傳則自然有父子之親以父立君以子資臣則必有君臣之位有君臣之位故有上下之序

有上下之序則必禮以定其體義以制其宜明先王制作蓋取之於情者也上經始於乾坤有生之本也下經始於咸恒人道之首也易之興也當殷之末世有妲己之禍當周之盛德有三母之功以言天不地不生夫不婦不成相須之至王教之端故詩以關雎爲國風之始而易於咸恒備論禮義所由生也

夫婦之道不可以不久也故受之以恒恒者久

也

鄭玄曰言夫婦當有終身之義夫婦之道謂咸恒也

物不可以久居其所故受之以遯遯者退也

韓康伯曰夫婦之道以恒爲貴而物之所居不可以恒宜與時升降有時而遯者也

物不可以終遯故受之以大壯

韓康伯曰遯君也以遠小人遯而後通何可

終邪陽盛陰消君子道勝也

物不可以終壯故受之以晉晉者進也

崔憬曰不可以終壯於陽盛自取觸藩宜柔進而上行受茲錫馬

進必有所傷故受之以明夷夷者傷也

九家易曰日在坤下其明傷也言晉極當降復入于地故曰明夷也

傷於外者必及於家故受之以家人

虞翻曰晉時在外家人在内故反家人○韓康伯曰傷於外必反諸内矣

家道窮必乖故受之以睽睽者乖也

韓康伯曰室家至親過在失節故家人之義唯嚴與敬樂勝則流禮勝則離家人尚嚴其弊必乖者也

乖必有難故受之以蹇蹇者難也

崔憬曰二女同居其志乖而難生故曰乖必

有難也

物不可以終難故受之以解解者緩也

崔憬曰蹇終則來碩吉利見大人故言不可終難故受之以解者也

緩必有所失故受之以損

崔憬曰宥罪緩死失之則僥倖有損於政刑故言緩必有所失受之以損

損而不已必益故受之以益

崔憬曰損終則弗損益之故言損而不已必

益

益而不已必決故受之以夬夬者決也

韓康伯曰益而不已則盈故必決也

決必有遇故受之以姤姤者遇也

韓康伯曰以正決邪必有喜遇

物相遇而後聚故受之以萃萃者聚也

崔憬曰天地相遇品物咸章故言物相遇而

後聚也

聚而上者謂之升故受之以升

崔憬曰用大牲而致孝享故順天命而升爲王矣故言聚而上者謂之升

升而不已必困故受之以困

崔憬曰冥升在上以消不富則窮故言升而不已必困也

困乎上者必反下故受之以井

崔憬曰困極於䮕卼則反下以求安故言困乎上必反下

井道不可不革故受之以革

韓康伯曰井久則濁穢宜革易其故

革物者莫若鼎故受之以鼎

韓康伯曰革去故鼎取新既以去故則宜制器立法以治新也鼎所以和齊生物成新之器也故取象焉

主器者莫若長子故受之以震震者動也

崔憬曰鬯所烹飪享于上帝主此器者莫若家嫡以爲其祭主也故言主器者莫若長子

物不可以終動止之故受之以艮艮者止也

崔憬曰震極則征凶婚媾有言當須止之故言物不可以終動故止之也

物不可以終止故受之以漸漸者進也

虞翻曰否三進之四巽爲進也

進必有所歸故受之以歸妹

虞翻曰震嫁兊兊爲妹嫁歸也

得其所歸者必大故受之以豐豐者大也

崔憬曰歸妹者姪娣媵國三人九女爲大援

故言得其所歸者必大也

窮大者必失其居故受之以旅

崔憬曰諺云作者不居况窮大甚而能處乎

故必獲罪去邦羈旅於外也

旅而无所容故受之以巽巽者入也

韓康伯曰旅而無所容以巽則得所入也

入而後說之故受之以兊兊者說也

虞翻曰兊爲講習故學而時習之不亦說乎

說而後散之故受之以渙渙者離也

虞翻曰風以散物故離也

物不可以終離故受之以節

韓康伯曰夫事有其節則物之所同守而不

散越也

節而信之故受之以中孚

韓康伯曰孚信也既已有節宜信以守之矣

有其信者必行之故受之以小過

韓康伯曰守其信者則失貞而不諒之道而以信爲過也故曰小過

有過物者必濟故受之以既濟

韓康伯曰行過乎恭禮過乎儉可以矯世勵

俗有所濟也

物不可窮也故受之以未濟終焉

韓康伯曰有爲而能濟者以已窮物物窮則乖功極則亂其可濟乎故受之以未濟

周易雜卦

韓康伯曰雜卦者雜糅衆卦錯綜其義或以同相類或以異相明矣

乾剛坤柔

虞翻曰乾剛金堅故剛坤陰和順故柔也

比樂師憂

虞翻曰比五得位建萬國故樂師三失位輿尸故憂

臨觀之義或與或求

荀爽曰臨者教思无窮故爲與觀者觀民設教故爲求也

屯見而不失其居蒙雜而著

虞翻曰陰出初震故見盤桓利居貞故不失其居蒙二陽在陰位故雜初雜爲交故著

震起也艮止也

震陽動行故起艮陽終止故止

損益衰盛之始也

損泰初益上衰之始損否上益初盛之始

大畜時也无妄災也

大畜五之復二成臨時捨坤二故時也无妄

上之遯初子弑父故災者也

萃聚而升不來也

坤衆在内故聚升五不來之二故不來之内曰來也

謙輕而豫怠也

謙位三賤故輕豫薦樂祖考故怡怡或言怠也

噬嗑食也賁无色也

頤中有物故食賁離日在上五動巽白故无色也

兊見而巽伏也

兊陽息二故見則見龍在田巽乾初入陰故伏也

隨无故也蠱則飭也

否上之初君子弗用故无故也蠱泰初上飭坤故則飭也

剝爛也復反也

剝生於進陽得陰孰故爛復剛反初

晉晝也明夷誅也

誅傷也離日在上故晝也明入地中故誅也

此上並虞義○干寶曰日上中君道明也明

君在上罪惡必刑也

井通而困相遇也

虞翻曰泰初之五爲坎故通也困三遇四故

相遇也

咸速也恒久也

相感者不行而至故速也日月久照四時久

成故久也

渙離也節止也

渙散故離節制數度故止

解緩也蹇難也

雷動出物故緩蹇險在前故難

睽外也家人内也

離女在上故外也家人女正位乎内故内者也

否泰反其類也

否反成泰泰反成否故反其類終日乾乾反覆之道

大壯則止遯則退也

大壯止陽陽故止遯陰息陽陽故退巽爲退

者也

大有衆也同人親也

五陽並應故衆也夫婦同心故親也

革去故也鼎取新也

革更故去鼎亨飪故取新也

小過過也中孚信也

五以陰過陽故過信及豚魚故信也

豐多故也親寡旅也

豐大故多旅无容故親寡六十四象皆先言
卦及道其指至旅體離四焚棄之行又在旅
家故獨先言親寡而後言旅此上虞義
離上而坎下也
韓康伯曰火炎上水潤下也
小畜寡也履不處也
虞翻曰乾四之坤初成震一陽在下故寡也
乾三之坤上成剝剝窮上失位故不處

需不進也訟不親也

險在前故不進天水違行故不親也

大過顛也

顛殞也頂載澤中故顛也

姤遇也柔遇剛也

坤遇乾也

漸女歸待男行也

兑爲女艮爲男反成歸妹巽成兑故女歸待

艮成震乃行故待男行也

頤養正也

謂養三五五之正爲功三出坎爲聖故曰頤養正與蒙以養正聖功同義也

既濟定也

濟成六爻得位定也

歸妹女之終也

歸妹人之終始女終於嫁從一而終故之終

也

未濟男之竆也

否艮爲男位否五之二六爻失正而來下陰

未濟主月晦乾道消滅故男之竆也

夬決也剛決柔也君子道長小人道憂也

以乾決坤故剛決柔也乾爲君子坤爲小人

乾息故君子道長坤體消滅故小人道憂諭

武王伐紂自大過至此八卦不復兩卦對說

大過死象兩體姤決故次以姤而終於夬言君子之決小人故君子道長小人道憂此上虞義○干寶曰凡易既分爲六十四卦以爲上下經天人之事各有始終夫子又爲序卦以明其相承受之義然則文王周公所遭遇之運武王成王所先後之政蒼精受命短長之期備於此矣而夫子又重爲雜卦以易其次第雜卦之末又改其例不以兩卦反覆相

酬者以示來聖後王明道非常道事非常事也化而裁之者存乎變是以終之以浚言能浚斷其中唯陽德之主也故曰易窮則變通則久總而觀之伏羲黃帝皆繫世象賢欲使天下世有常君也而堯舜禪代非黃農之化朱均頑也湯武逆取非唐虞之迹桀紂之不君也伊尹廢立非從順之節使太甲思愆也周公攝政非湯武之典成王幼年也凡此皆

聖賢所遭遇異時者也夏政尚忠忠之弊野故殷自野以敎敬敬之弊鬼故周自鬼以敎文文弊薄故春秋闕諸三代而損益之顔回問爲邦子曰行夏之時乘殷之輅服周之冕弟子問政者數矣而夫子不與言三代損益以非其任也回則備言王者之佐伊尹之人也故夫子及之焉是以聖人之於天下也同不是異不非百世以俟聖人而不惑一以貫

之矣

周易集解卷第十七

周易集解略例

王弼

明象

夫象者何也

將釋其義故假設問端故曰何

統論一卦之體明其所由之主者也

統論一卦功用之體明辯卦體所由之主立主之義義在一爻明辯也

夫衆不能治衆治衆者至寡者也

萬物是衆一是寡衆不能理衆理衆者至少以理之也

夫動不能制動制天下之動者貞夫一者也

天下之動動則不能自制制其動者貞正之一者也老子曰王侯得一以爲天下貞然則一爲君體合道動是衆由一制也制衆歸一故靜爲躁君安爲動主

故衆之所以得咸存者主必致一也

致猶歸也衆皆所以得其存者必歸於一也

動之所以得咸運者原必无二也

動所以運運不已者謂无二動故无心於動而動不息也

物无妄然必由其理

物衆也妄虛妄也天下之衆皆无妄无妄之理必由君主統之也

統之有宗會之有元

統領之以宗主會合之以元首

故繁而不亂衆而不惑

統之以宗主雖繁而不亂會之以元首雖衆而不惑

故六爻相錯可舉一以明也

錯雜也六爻或陰或陽錯雜交亂舉貞一之主以明其用

剛柔相承可立主以定也

六爻有剛有柔或乘或據有逆有順可立主以定之

是故雜物撰德

撰數也雜聚也聚其物體數其德行

辯是與非

辯明也得位而承之是也失位而據之非也

則非其中爻莫之備矣

然則非是中之一爻莫之能備訟彖曰訟有孚窒惕中吉剛來而得中也困彖云見大人吉以剛中也之例是也

故自統而尋之物雖衆則知可以執一御也

統而推尋萬物雖殊一之以神道百姓雖衆御之以君主也

由本以觀之義雖博則知可以一名舉也

博廣也本謂君也道也義雖廣舉之在一也

故處璇璣以觀大運則天地之動未足怪也據會要以觀方來則六合輻湊未足多也

天地雖大覩之以璇璣六合雖廣據之以要會天地大運不足怪其大六合輻湊不足稱其多

故舉卦之名義有主矣觀其象辭則思過半矣

象總卦義義主中爻簡易者道也君也道能化物君能御民智者觀之思過其半矣

夫古今雖殊軍國異容中之爲用故未可遠也

古今革變軍國殊別中正之用終无踈遠

品制萬變宗主存焉彖之所尚斯爲盛矣

品變積萬存之在一

夫少者多之所貴也寡者衆之所宗也

首此以下明至少者多之所主嘗直指其中爻而已

一卦五陽而一陰則一陰爲之主矣

同人履小畜大有之例是也

五陰而一陽則一陽爲之主矣

師比謙豫復剝之例是也

夫陰之所求者陽也陽之所求者陰也

王弼曰夫陰陽之物以所求者貴也

陽苟一焉五陰何得不同而歸之陰苟隻焉五陽何得不同而從之故陰爻雖賤而爲一卦之主者處其至少之地也

王弼曰陽貴而陰賤以至少處至多之地爻雖賤衆亦從之小畜彖云柔得位而上下應之是也

或有遺爻而舉二體者卦體不由乎爻也

遺棄也棄此中之一爻而舉二體以明其義卦體之義不在一爻豐歸妹之類是也

繁而不憂亂變而不憂惑約以存博簡以濟衆其唯彖乎

簡易者道也君也萬物是衆道能生物君能養人物雖繁不憂錯亂爻雖變不憂迷惑亂而不能惑變而不能渝非天下之至賾其孰能與於此

萬物雖雜不能惑其君六爻雖變不能渝其主非天下之至賾其誰能與於此言不能也

故觀象以斯義可見矣

觀象以斯其義可見

明文通變

夫爻者何也

將釋其義假設問辭

言乎變者也

爻者效也物剛效剛物柔效柔遇物而變動

有所之故云言乎變者也

變者何也情僞之所爲也

變之所生生於情僞情僞所適巧詐多端故

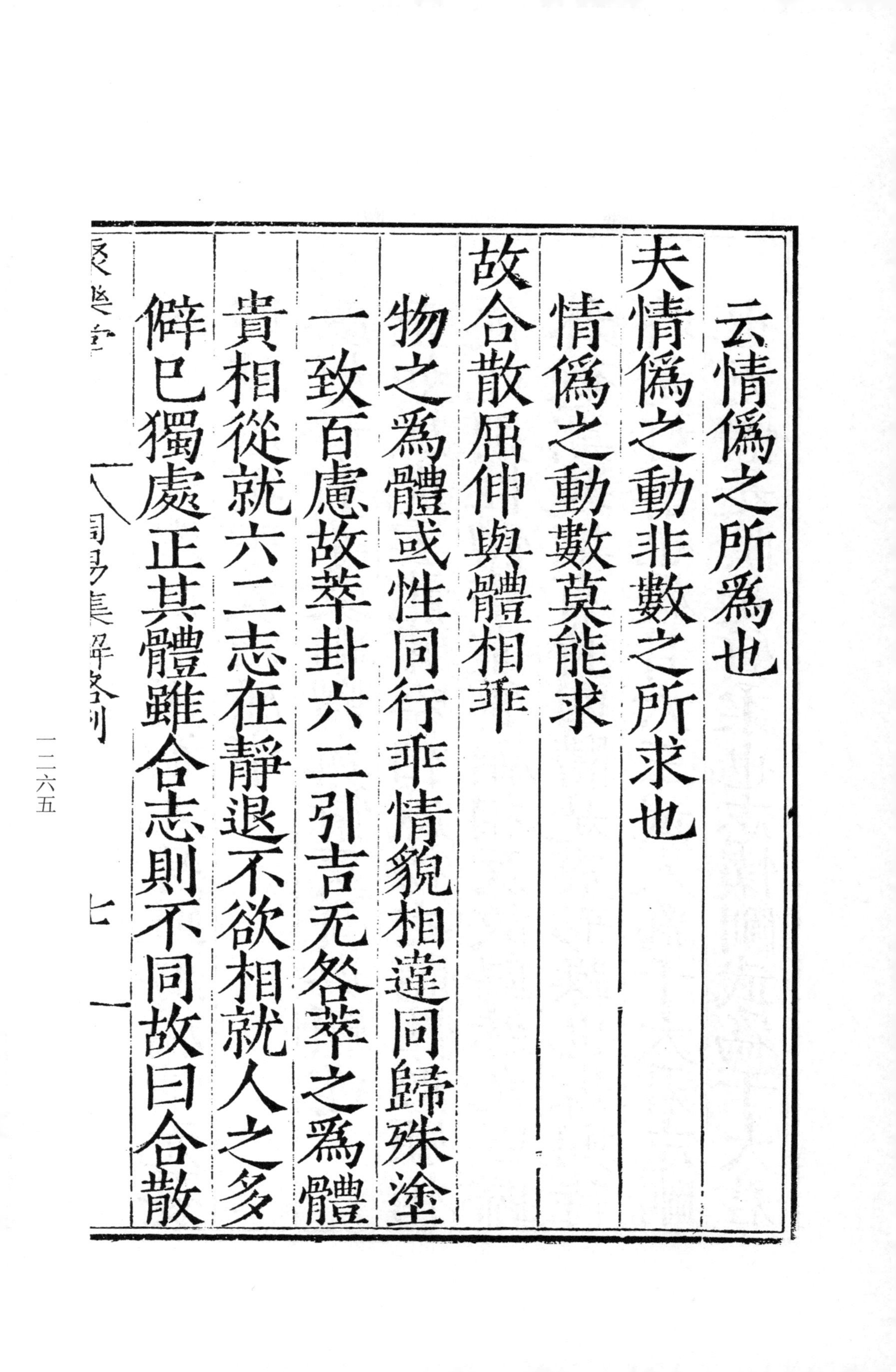

云情僞之所爲也
夫情僞之動非數之所求也
情僞之動數莫能求
故合散屈伸與體相乖
物之爲體或性同行乖情貌相違同歸殊塗
一致百慮故萃卦六二引吉无咎萃之爲體
貴相從就六二志在靜退不欲相就人之多
僻巳獨處正其體雖合志則不同故曰合散

乾之初九潛龍勿用初九身雖潛屈情无憂悶其志則申故曰屈申

形躁好靜質柔愛剛體與情反質與願違

至如風虎雲龍嘯吟相感物之體性形願相從此則性體乖違質願相反故歸妹九四歸妹愆期遲期有時四體是震形躁也愆期待時是好靜也履卦六三武人爲于大君志剛也兌體是陰是質柔也志懷剛武爲于大君

是愛剛也

巧歷不能定其筭數聖明不能爲之典要

萬物之情動變多端雖復巧歷聖明不能定筭數制典法立要會也

法制所不能齊度量所不能均也

雖復法制度量不能均齊詐僞長短也

爲之乎豈在乎大哉

情有巧僞變動相乖不在於大而聖明巧歷

尚不測知豈在乎大哉

陵三軍者或懼於朝廷之儀暴威武者或困於

酒色之娛

陵三軍暴威武視死如歸若獻酬揖讓反戚

蹙霖此皆體質剛猛懼在微小故大畜初九

有厲利巳九二輿說輻雖復剛健怯於柔弱

也

近不必比遠不必乖

近爻不必親比遠爻不必乖離屯六二初九爻雖相近守貞不從九五雖遠十年乃字此例是也

同聲相應高下不必均也同氣相求體質不必齊也

初四二五三上同聲相應不必限高下同氣相求不必齊形質也

召雲者龍命呂者律

雲水氣也龍水畜也召水氣者水畜此明有識感无識命陰呂者陽律此明无識感有識

故二女相違而剛柔合體

二女俱是陰類而相違剛柔雖異而合體此明異類相應

隆墀永歎遠壑必盈

隆高也墀水中墀也永長也處高墀而長歎遠壑之中盈響而應九五尊高喻於隆墀六

二卑下同於遠聲唱和相應也

投戈散地則六親不能相保

投置也散逃也置兵戈於逃散之地雖是至親不能相保守也遯卦九四好遯君子吉處身於外難在於內處外則超然遠遯初六至親不能相保守也

同舟而濟則胡越何患乎異心

同在一舟而俱濟彼岸胡越雖殊其心皆同

若漸卦三四異體和好物莫能間順而相保似若同在一舟上下殊體猶若胡越利用禦寇何患乎異心

故苟識其情不憂乖遠苟明其趣不煩彊武苟識同志之情何憂胡越也苟明外散之趣不勞用其威武也

能說諸心能研諸慮

諸物之心憂其凶患爻變示之則物心皆說

諸侯之慮在於有物爻變告之其慮益精

睽而知其類異而知其通

睽彖曰萬物睽而其事類也男女睽而其志通也

其唯明爻者乎

知取舍察安危辯吉凶知變化其唯明爻者乎

故有善邇而遠至命宮而商應

善脩治也邇近也近脩治言語千里遠應若中孚九二鳴鶴在陰其子和之鳴於此和於彼聲同則應有若宮商也

脩下而高者降與彼而取此者服矣

處下脩正高必命之否之初六拔茅貞吉九四有命疇離祉也與謂上也取謂下也君上福祿不獨有之下人服者感君之德大有六五厥孚交如威如吉之例是也

是故情僞相感遠近相追

正應相感是實情蹇之二五之例不正相感是僞情頤之三上之例有應雖遠相追睽之三上之例无應近則相取賁之二三之例是也

愛惡相攻屈伸相推

同人三四有愛有惡迭相攻伐否泰二卦一屈一伸更相推謝

見情者獲直往則違

獲得也見彼之情往必得志屯之六四求婚媾往吉无不利之例不揆則往彼必相違之六三即鹿无虞惟入于林中君子幾不如舍往吝之例是也

故擬議以成其變化語成而後有格

格作括括結也動則擬議極於變化語成器而後无結閡之患也

不知其所以爲主鼓舞而天下從見乎其情者也

鼓舞猶變化也易道變化應人如響退藏於密不知爲主也其爲變化萬物莫不從之而變是顯見其情繫辭曰聖人之情見乎辭又曰鼓之舞之以盡神

是故範圍天地之化而不過曲成萬物而不遺

範法也圍周圍也模範周圍天地變化之道

而無過差委曲成就萬物而不有遺失
通乎晝夜之道而無體一陰一陽而无窮
陽通晝陰通夜晝夜猶變化也極神妙之道
而无體可明一者道也道者虛也在陰之時
不以生長而爲功在陽之時不以生長而爲
力是以生長无窮若以生長爲功各盡於有
物之功極豈得無窮乎
非天下之至變其孰能與於此哉

非六爻至極通變以應萬物則不能與於此

也

是故卦以存時爻以示變

卦以存時爻以應變

明卦適變通爻

夫卦者時也爻者適時之變者也

卦者統一時之大義爻者適時中之通變

夫時有否泰故用行藏

泰時則行否時則藏

卦有小大故辭有險易

陰長則小陽生則大否卦辭險泰卦辭易

一時之制可反而用也一時之吉可反而凶也

一時有大畜之制反有天衢之用一時有豐

亨之用反有羈旅之凶也

故卦有反對而爻亦皆變

諸卦之體兩相反正其爻隨卦而變泰之初

九拔茅彙征否初六拔茅彙貞卦既隨時爻變示準也

是故用無常道事無軌度動靜屈伸唯變所適

卦既推移道用无常爻逐時變故事無軌度動出靜入屈往伸來唯變所適也

故名其卦則吉凶從其類存其時則動靜應其用

名其謙比則吉從其類名其蹇剝則凶從其

類震時則動應其用艮時則靜應其用

尋名以觀其吉凶舉時以觀其動靜

尋謙比蹇剝則觀知吉凶也舉艮震則觀知動靜

則一體之變由斯見矣夫應者同志之象也位者爻所處之象也

得應則志同相和陰位小人所處陽位君子所處

承乘者逆順之象也遠近者險易之象也陰承陽則順陽承陰則逆故小過六五乘剛逆也六二乘陽順也遠難則易近難則險需卦九三近坎險也初九遠險易矣

内外者出處之象也初上者終始之象也

内卦是處外卦爲出初爲始上爲終也

是故雖遠而可以動者得其應也雖險而可以處者得其時也

上下雖遠而動者有其應革六二去五雖遠陰陽相應往者无咎也雖險可以處者得其時也需上六居險之上不憂出穴得其時也弱而不懼於敵者得所據也憂而不懼於亂者得所附也

師之六五爲師之主體是陰柔禽來犯田執言往討處得尊位所以不懼也遯九五嘉遯貞吉處遯之時小人浸長君子道消逃遯於

外附著尊位率正小人不敢爲亂也

柔而不憂於斷者得所御也雖後而敢爲之先者應其始也

體雖柔弱不憂斷制艮由柔御於陽終得剛勝則噬嗑六五噬乾肉得黃金之例初爻處下有應於四者卽是體後而敢爲之先泰初九拔茅茹以其彙征吉之例是也

物競而獨安於靜者要其終也

物甚爭競已獨安靜會其終也大有上九自天祐之吉无不利餘並乘剛競其豐富已獨安靜不處於位由居上極要其終也

故觀變動者存乎應察安危者存乎位

爻有變動在乎應而動動則不失若謙之九三勞謙君子有終吉之例爻之安危在乎位則安若節之六四安節亨之例也失位則危晉之九四晉如鼫鼠貞厲之類是也

辯逆順者存乎承乘

陽乘於陰逆也師之六三師或輿尸凶陰承於陽順也噬嗑六三小吝无咎承於九四雖失其正小吝无咎也

明出處者存乎外內

遯君子處外臨君子處內

遠近終始各存其會

適得其時則吉失其要會則凶

辟險尚遠趣時貴近

遯之上九肥遯无不利此尚遠也觀之六四

觀國之光利用賓于王此貴近也

比復好先乾壯惡首

比初六有孚无咎上六比之无首凶復初九

不遠復无祇悔元吉上六迷復凶乾上九亢

龍有悔大壯上六羝羊觸藩不能退不能遂

无攸利是也

明夷務闇豐尚光大

明夷彖云利艱貞晦其明也豐彖云勿憂宜日中

吉凶有時不可犯也

時有吉凶不可越分輕犯也

動靜有適不可過也

動靜適時不可過越而動

犯時之忌罪不在大失其所適過不在深

若夬之九三壯于頄有凶得位有應時方陽長同浚小人三獨應之犯時之忌凶其宜也大過九四棟隆吉有他吝大過之時陽處陰位爲美九四陽處陰位能隆其棟良由應初則有他吝此所適違時也

動天下滅君主而不可危也

事之大者震動宇宙誅滅君主違於臣道不可傾危若離之九四突如其來如焚如死如

棄如之例是也

侮妻子用顏色而不可易也

事之小者侮慢妻子用顏色若家人尚嚴不可慢易家人九三家人嗃嗃悔厲吉婦子嘻嘻終吝

故當其列貴賤之時其位不可犯也

位有貴賤爻有尊卑職分既定不可觸犯

遇其憂悔吝之時其介不可慢也

吉凶之始彰也存乎微兆悔吝纖介雖細不可慢易而不慎也

觀爻思變變斯盡矣

明象

夫象者出意者也言者明象者也

立象所以表出其意作其言者顯明其象若乾能變化龍是變物欲明乾象假龍以明乾欲明龍者假言以象龍龍則象意者也

盡意莫若象盡象莫若言

象以表意言以盡象

言生於象故可尋言以觀象

若言能生龍尋言可以觀龍

象生於意故可尋象以觀意

乾能明意尋乾以觀其意也

意以象盡象以言著

意之盡也象以盡之象之著也言以著之

故言者所以明象得象而忘言象者所以存意

得意而忘象

既得龍象其言可忘既得乾象其龍可捨

猶蹄者所以在兔得兔而忘蹄

蹄以喻言兔以喻象存蹄得兔得兔忘蹄

筌者所以在魚得魚而忘筌也

求魚在筌得魚棄筌

然則言者象之蹄也象者意之筌也

蹄以喻言筌以比象
是故存言者非得象者也存象者非得意者也
未得象者存言則非象未得意者存象象
則非意
象生於意而存象焉則所存者乃非其象也
所存者在意也
言生於象而存言焉則所存者乃非其言也
所存者在象也

然則忘象者乃得意者也忘言者乃得象者也

忘象得意忘言得象

得意在忘象得象在忘言

棄執而後得之

故立象以盡意而象可忘也重畫以盡情而畫可忘也

盡意可遺象盡情可遺畫若盡和同之意忘其天火之象得同志之心拔茅之畫盡可棄

也

是故觸類可爲其象合義可爲其徵

徵驗也觸逢事類則爲象魚龍牛馬鹿狐鼠之類大人君子義同爲驗也

義苟在健何必馬乎類苟在順何必牛乎

大壯九三有乾亦云羝羊坤卦无乾彖亦云牝馬

爻苟合順何必坤乃爲牛義苟應健何必乾乃

爲馬

遯无坤六二亦稱牛明夷无乾六二亦稱馬而或者定馬於乾

唯執乾爲馬其象未弘也

案文責卦有馬无乾則僞説滋漫難可紀矣互體不足遂及卦變變又不足推致五行

廣推金木水火土爲象也

一失其原巧愈彌甚

一失聖人之原旨廣爲譬喻失之甚也

縱復或值而義无所取蓋存象忘意之由也

失魚兎則空守筌蹄也遺健順則空說龍馬也

忘象以求其意義斯見也

辯位

案象无初上得位失位之文

陰陽居之不云得失

又繫辭但論三五二四同功異位亦不及初上何乎

同其義也

唯乾上九文言云貴而无位

陽居之也

需上六云雖不當位

陰居之也

若以上爲陰位邪則需上六不得云不當位也

若以上爲陽位邪則乾上九不得云貴而无位也陰陽處之皆云非位而初亦不説當位失位也

不論當位失位凶吉之由

然則初上者是事之終始无陰陽定位也

初爲始上爲終施之於人爲終始非祿位之地也

故乾初謂之潛過五謂之无位未有處其位而

云潛上有位而云无者也歷觀衆卦盡亦如之初上无陰陽定位亦以明矣夫位者列貴賤之地待才用之宅也

宅居也二四陰賤小人居之三五陽貴君子居之

爻者守位分之任應貴賤之序者也

各守其位應之以序

位有尊卑爻有陰陽尊者陽之所處卑者陰之

所履也故以尊爲陽位卑爲陰位去初上而論位分則三五各在一卦之上亦何得不謂之陽位二四各在一卦之下亦何得不謂之陰位初上者體之終始事之先後也故位无常分事无常所非可以陰陽定也尊卑有常序終始无常主

四爻有尊卑之序終始无陰陽之恒主也

故繫辭但論四爻功位之通例而不及初上之

定位也然事不可无終始卦不可无六爻初上雖无陰陽本位是終始之地也統而論之爻之所處則謂之位卦以六爻爲成則不得不謂之六位時成也

略例下

凡體具四德者則轉以勝者爲先故曰元亨利貞也

元生上初之始春也亨爲會聚於物夏也利

爲和諧品物秋也貞能幹濟於物冬也乾用
此四德以成君子大人之法也
其有先貞而後亨者亨由於貞也
離卦云利貞亨
凡陰陽者相求之物也近而不相得者志各有
所存也
既濟六二與初三相近而不相得是志各有
所存也

故凡陰陽二爻率相比而无應則近而不相得

比之六三无應於上三四皆非己親是无應

則近而不相得之例

有應則雖遠而相得

同人六二志在乎五是有應則雖遠而相得

之例

然時有險易卦有小大

否險泰易遯小臨大

同救以相親同辟以相疏

睽之初九九四陰陽非應俱是睽孤同處體下交孚相救而得悔亡是同救相親困之初六有應於四潛身幽谷九四有應於初來徐徐志意懷疑同避金車兩相疏遠也

故或有違斯例者也然存時以考之義可得也

或有情僞生違此例者存其時考其驗莫不得之

凡彖者統論一卦之體者也象者各辯一爻之義者也

彖統論卦體象各明一爻之義也

故履卦六三爲兊之主以應於乾成卦之體在斯一爻故彖敘其應雖危而亨也

彖云柔履剛説而應乎乾是以履虎尾不咥人亨也

象則各言六爻之義明其吉凶之行去六三成

卦之體而指說一爻之德故危不獲亨而見咥也

六三履虎尾咥人凶彖言不咥象言見咥明爻彖其義各異也

訟之九二亦同斯義

訟彖云有孚窒惕中吉剛來而得中注云其二乎以剛而來正夫羣小斷不失中應斯任矣九二不克訟歸而逋其邑人三百戶无眚

凡彖者通論一卦之體者也一卦之體必由一爻爲主則指明一爻之美以統一卦之義大有之類是也卦體不由乎一爻則全以二體之義明之豐卦之類是也

凡言无咎者本皆有咎者也防得其道故得无咎也

乾之九三君子終日乾乾无咎若防失其道則有過咎也

吉无咎者本亦有咎由吉故得免也

師貞丈人吉无咎注云興役動衆无功罪也

故吉乃免咎

无咎吉者先免於咎而後吉從之也

比初六有孚比之无咎終來有他吉之例也

或亦處得其時言不待功不犯於咎則獲吉也

需之九二需于沙小有言終吉注云近不逼

難遠不後時履健居中以待其會雖小有言

以吉終也

或有罪自己招无所怨咎亦曰无咎故節六三曰不節若則嗟若无咎象曰不節之嗟又誰咎也此之謂矣

卦略

䷂屯此一卦皆陰爻求陽也屯難之世弱者不能自濟必依於彊民思其主之時也故陰爻皆先求陽不召自往馬雖班如而猶不廢不得

其主无所馮也初體陽爻處首居下應民所求合其所望故大得民也

江海處下百川歸之君能下物萬人歸之

䷃蒙此一卦陰爻亦先求陽夫陰昧而陽明陰困童蒙陽能發之凡不識者求問識者識者不求所闇闇者求明明者不諮於闇故童蒙求我匪我求童蒙也故六三先唱則犯於爲女四遠於陽則困蒙吝初比於陽則發蒙也

䷉履雜卦曰履不處也又曰履者禮也謙以制禮陽處陰位謙也故此一卦皆以陽處陰爲美也

九五夬履貞厲履道惡盈而五處尊位三居陽位則見咥也

䷒臨此剛長之卦也剛勝則柔危矣柔有其德乃得免咎故此一卦陰爻雖美莫過无咎也

䷓觀之爲義以所見爲美者也故以近尊爲

尚遠之爲吝

遠爲童觀近爲觀國

䷛大過者棟橈之世也本末皆弱棟已橈矣而守其常則是危而弗扶凶之道也以陽居陰拯弱之義也故陽爻皆以居陰位爲美濟衰救危唯在同好則所贍褊矣故九四有應則有他吝九二無應則无不利也

大過之時陽處陰位心无係應爲吉陽得位

有應則凶也

䷠遯小人浸長難在於内亨在於外與臨卦相對者也臨剛長則柔危遯柔長故剛遯也遯以遠時爲吉不係爲美上則肥遯初則有厲

䷡大壯未有違謙越禮能全其壯者也故陽爻皆以處陰位爲美用壯處謙壯乃全也用壯處壯則觸藩矣

周易集解略例 終

明嘉靖聚樂堂本周易集解

第二册

唐 李鼎祚撰

中國國家圖書館藏明嘉靖三十六年朱睦㮮聚樂堂刻本

山東人民出版社·濟南

周易集解卷第四

資州李鼎祚

序卦曰履而泰然後安故受之以泰泰者通也

崔憬曰以禮導之必通通然後安所謂君子以辯上下定民志通而安也

☷☰乾下坤上泰小往大來吉亨

虞翻曰陽息坤反否也坤陰詘外爲小往乾陽信内稱大來天地交萬物通故吉亨

彖曰泰小往大來吉亨

蜀才曰此本坤卦小謂陰也大謂陽也天氣下地氣上陰陽交萬物通故吉亨

則是天地交而萬物通也

何妥曰此明天道泰也夫泰之爲道本以通生萬物若天氣上騰地氣下降各自閉塞不能相交則萬物無由得生明萬物生由天地交也

上下交而其志同也

何妥曰此明人事泰也上之與下猶君之與臣君臣相交感乃可以濟養民也天地以氣通君臣以志同也

内陽而外陰内健而外順

何妥曰此明天道也陰陽之名就爻爲語健順之稱指卦爲言順而陰居外故曰小往健而陽在内故曰大來

内君子而外小人

崔憬曰此明人事也陽爲君子在内健於行事陰爲小人在外順以聽命

君子道長小人道消也

九家易曰謂陽息而升陰消而降也陽稱息者長也起復成巽萬物盛長也陰言消者起姤終乾萬物成熟成熟則給用給用則分散故陰用特言消也

象曰天地交泰

荀爽曰坤氣上升以成天道乾氣下降以成地道天地二氣若時不交則爲閉塞今既相交乃通泰

后以財成天地之道

虞翻曰后君也隂升乾位坤女主故稱后坤富稱財守位以人聚人以財故曰成天地之道

輔相天地之宜以左右民

虞翻曰相贊左右助之震爲左兌爲右坤爲民謂以陰輔陽詩曰宜民宜人受祿于天○鄭玄曰財節也輔相左右助也以者取其順陰陽之節爲出内之政春崇寬仁夏以長養秋教收斂冬勑蓋藏皆可以成物助民也

初九拔茅茹以其彙征吉

王弼曰茅之爲物拔其根而相牽引也茹相

牽引之貌也三陽同志俱志在外初爲類首已舉則從若茅茹也上順而應不爲違距進皆得志故以其類征吉也

象曰拔茅征吉志在外也

虞翻曰否泰反其類否巽爲茅茹茅根艮爲手彙類也初應四故拔茅茹以彙震爲征得位應四征吉志在外外謂四也

九二包荒

翟玄曰：荒虛也二五相應五虛无陽二上包之

用馮河不遐遺

荀爽曰河出於乾行於地中陽性欲升陰性欲承馮河而上不用舟航自地升天道雖遼遠三體俱上不能止之故曰不遐遺

朋亡得尚于中行

荀爽曰中謂坤一朋朋亡而下則二得上居

五而行中和矣

象曰包荒得尚于中行以光大也

虞翻曰在中稱包荒大川也馮河涉河遐遠遺亡也失位變得正體坎坎爲大川爲河震爲足故用馮河乾爲遠故不遐遺兑爲用坤虛无君欲使二上故朋亡二與五易位故得上于中行震爲行故光大也

九三无平不陂无往不復

虞翻曰陂傾謂否上也平謂三天地分故平天成地平謂危者使傾往謂消外復謂息內從三至上體復象終日乾乾反復道故无平不陂无往不復也

艱貞无咎勿恤其孚于食有福

虞翻曰艱險貞正恤憂孚信也二之五得正在坎中故艱貞坎爲憂故勿恤陽在五孚險坎爲孚故有孚體噬嗑食也二上之五據四

則三乘二故于食有福也

象曰无往不復天地際也

宋衷曰位在乾極應在坤極天地之際也地平極則險陂天行極則還復故曰无平不陂无往不復也

六四翩翩不富以其鄰

虞翻曰二五變時四體離飛故翩翩坤虛无陽故不富兌西震東故稱其鄰三陰乘陽不

得之應象曰皆失實也

不戒以孚

虞翻曰謂坤邑人不戒故使二升五信來孚邑故不戒以孚二上體坎中正象曰中心願也與比邑人不戒同義也

象曰翩翩不富皆失實也

宋衷曰四互體震翩翩之象也陰虛陽實坤今居上故言失實也

戒以孚中心願也
九家易曰乾升坤降各得其正陰得承陽皆
陰心之所願也
六五帝乙歸妹以祉元吉
九家易曰五者帝位震象稱乙是爲帝乙六
五以陰處尊位帝者之姊妹五在震後明其
爲妹也五應於二當下嫁二婦人謂嫁曰歸
故言帝乙歸妹謂下居二以中和相承故元

吉也○虞翻曰震爲帝坤爲乙帝乙紂父歸嫁也震爲兄兑妹故嫁妹祉福也謂五變體離離爲大腹則妹嫁而孕得位正中故以祉元吉也

象曰以祉元吉中以行願也

九家易曰五下於二而得中正故言中以行願也

六城復于隍

虞翻曰否艮爲城故稱城坤爲積土隍城下

溝無水稱隍有水稱池今泰反否乾壞爲土

艮城不見而體復象故城復于隍也

勿用師自邑告命貞吝

虞翻曰謂二動時體師陰皆乘陽行不順故

勿用師坤爲自邑震爲言兑爲口否巽爲命

今逆陵陽故自邑告命命逆不順陰道先迷

失實遠應故貞吝

象曰城復于隍其命亂也

九家易曰乾當來上不可用師而拒之也自邑者謂從坤往而降也告命者謂下爲巽宣布君之命令也三陰自相告語俱不服順承乾也城復于隍國政崩也坤爲亂否巽爲命交在泰上故其命亂也

序卦曰物不可以終通故受之以否

崔憬曰物極則反故不終通而否矣所謂城

復于隍者也

䷋坤下乾上否之匪人不利君子貞大往小來

虞翻曰陰消乾又反泰也謂三比坤滅乾以臣弒其君子弒其父故曰匪人陰來滅陽君子道消故不利君子貞陰信陽詘故大往小來則是天地不交而萬物不通與比三同義也

彖曰否之匪人不利君子貞

崔憬曰否不通也於不通之時小人道長故云匪人君子道消故不利君子貞也

大往小來

蜀才曰此本乾卦大往陽往而消小來陰來而息也

則是天地不交而萬物不通也

何妥曰此明天道否也

上下不交而天下无邦也

何妥曰此明人事否也泰中言志同否中云无邦者言人志不同必致離散而亂邦國○崔憬曰君臣乖阻取亂之道故言无邦

内陰而外陽内柔而外剛

崔憬曰陰柔謂坤陽剛謂乾也

内小人而外君子小人道長君子道消也

崔憬曰君子在野小人在位之義也

象曰天地不交否

宋衷曰天地不交猶君臣不接天氣上升而不下降地氣沈下又不上升二氣特隔故云否也

君子以儉德辟難不可榮以祿

虞翻曰君子謂乾坤爲營乾爲祿難謂坤爲弑君故以儉德辟難巽爲入伏乾爲遠艮爲山體遁象謂辟難遠遁入山故不可營以祿營或作榮儉或作險○孔穎達曰言君子於

此否時以節儉爲德辟其危難不可榮華其
身以居祿位若據諸侯公卿而言是辟時羣
小之難不可重受官爵也若據王者言之謂
節儉爲德辟陰陽厄運之難不可自重榮貴
而驕逸也
初六拔茅茹以其彙貞吉亨
荀爽曰拔茅茹取其相連彙者類也合體同
包謂坤三爻同類相遭欲在下也貞者正也

謂正居其所則吉也

象曰拔茅貞吉志在君也

九家易曰陰志在下欲承君也　案初六巽

爻巽爲草木陽爻爲木陰爻爲草初六陰爻

草茅之象也

六二包承小人吉大人否亨

荀爽曰二與四同功爲四所包故曰包承也

小人二也謂二爻獨居閒象相承得繫於陽

故吉也大人謂五乾坤分體天地否隔故曰大人否也二五相應否義得通故曰否亨矣

象曰大人否亨不亂羣也

虞翻曰否不也物三稱羣謂坤三陰亂弑君大人不從故不亂羣也

六三包羞象曰包羞位不當也

荀爽曰卦性爲否其義否隔今以不正與陽相承爲四所包違義失正而可羞者以位不

當故也

九四有命无咎疇離祉

九家易曰巽爲命謂受五之命以據三陰故无咎无命而據則有咎也疇者類也謂四應初據三與二同功故陰類皆離祉也離附祉福也陰皆附之故曰有福謂下三陰離受五四之福也

象曰有命无咎志行也

荀爽曰謂志行於羣陰也

九五休否大人吉

九家易曰否者消卦陰欲消陽故五處和居正以否絕之乾坤異體升降殊隔卑不犯尊故大人吉也

其亡其亡

荀爽曰陰欲消陽由四及五故曰其亡其亡謂坤性順從不能消乾使亡也

繫于包桑

荀爽曰包者乾坤相包也桑者上玄下黄以象乾坤也乾職在上坤體在下雖欲消乾繫其本體不能亡也○京房曰桑有衣食人之功聖人亦有天覆地載之德故以喻○陸績曰包本也言其堅固不亡如以巽繩繫也案其亡其亡近死之嗟也其與幾同幾者近也九五居否之時下包初二三互坤艮艮山

坤地地上即田也五互巽木田上有木莫過於桑故曰其亡其亡繫於包桑言五二包繫根深蔕固若山之堅如地之厚者也雖遭危亂物莫能害矣○鄭玄曰猶紂囚文王於羑里之獄四臣獻珍異之物而終免於難繫於包桑之謂

象曰大人之吉位正當也

崔憬曰得位居中也

上九傾否先否後喜

侯果曰傾爲覆也否窮則傾矣傾猶否故先否也傾畢則通故後喜也

象曰否終則傾何可長也

虞翻曰否終必傾盈不可久故先否下反於初成益體震民說无疆故後喜以陰剝陽故不可久也

序卦曰物不可以終否故受之以同人

崔憬曰否終則傾故同於人通而利涉矣

☰☲ 離下乾上 同人于野亨

鄭玄曰乾爲天離爲火卦體有巽巽爲風天在上火炎上而從之是其性同於天也火得風然後炎上益熾是猶人君在上施政教使天下之人和同而事之以是爲人和同者君之所爲也故謂之同人風行无所不遍遍則會通之德大行故曰同人于野亨

利涉大川利君子貞

崔憬曰以離文明而合乾健九五中正同人於二爲能通天下之志故能利涉大川利君子之貞

彖曰同人

九家易曰謂乾舍於離同而爲日天日同明以照于下君子則之上下同心故曰同人

柔得位得中而應乎乾曰同人

蜀才曰此本夬卦九二升上上六降二則柔得位得中而應乎乾下奉上之象義同於人故曰同人

同人曰同人于野亨利涉大川乾行也

虞翻曰旁通師卦巽爲同乾爲野師震爲人二得中應乾故曰同人于野亨此孔子所以明嫌表微師震爲夫巽爲婦所謂二人同心故不稱君臣父子兄弟朋友而故言人耳乾

四上失位變而體坎故曰利涉大川乾行也

侯果曰九二升上上爲郊野是同人于野而

得通者由乾爻上行耳故特曰乾行也

文明以健中正而應君子正也

何妥曰離爲文明乾爲剛健健非尚武乃以

文明應不以邪乃以中正故曰利君子貞也

唯君子爲能通天下之志

虞翻曰唯獨也四變成坎坎爲通爲志故能

通天下之志謂五以類族辯物聖人作而萬物覩○崔憬曰君子謂九五能捨己同人以通天下之志若九三九四以其人臣則不當矣故爻辭不言同人也

象曰天與火同人

荀爽曰乾舍於離相與同居故曰同人也

君子以類族辯物

虞翻曰君子謂乾師坤爲類乾爲族辯別也

乾陽物坤陰物體姤天地相遇品物咸章以乾照坤故以類族辯物謂方以類聚物以羣分孔子曰君子和而不同故於同人家見以類族辯物也

初九同人于門无咎

虞翻曰乾爲門謂同於四四變應初故无咎也

象曰出門同人又誰咎也

崔憬曰剛而无應比二以柔近同於人出門之象又誰咎矣　案初九震爻帝出乎震震爲大塗又爲日門出門之象也

六二同人于宗吝

荀爽曰宗者衆也三據二陰二與四同功五相應初相近上下衆陽皆欲與二爲同故曰同人于宗也陰道貞靜從一而終今宗同之故吝也

象曰同人于宗吝道也

侯果曰宗謂五也二爲同人之主和同者之所仰也有應在五唯同於五過五則否不能大同於人則爲主之德吝狹矣所同雖吝亦妻臣之道也

九三伏戎于莽升其高陵三歲不興

虞翻曰巽爲伏震爲草莽離爲戎謂四變時三在坎中隱伏自藏故伏戎于莽也巽爲高

師震爲陵以巽股升其高陵爻在三乾爲歲

興起也動不失位故三歲不興也

象曰伏戎于莽敵剛也三歲不興安行也

崔憬曰與二相比欲同人焉盜憎其主而忌

於五所以隱兵于野將以襲之故曰伏戎於

莽五旣居上故曰升其高陵一爻爲一年自

三至五頻遇剛敵故三歲不興安可行也

案三互離巽巽爲草木離爲戈兵伏戎于莽

之象也

九四乘其墉弗克攻吉

虞翻曰巽爲墉四在巽上故乘其墉變而承五體訟乾剛在上故弗克攻則吉也

象曰乘其墉義弗克也其吉則困而反則也

王弼曰處上攻下力能乘墉者也履非其位與三爭二二自應五三非犯巳攻三求二尤而效之違義傷禮衆所不與勢雖乘墉義終

不克而得吉者以困而反正則也

九五同人先號咷而後笑大師克相遇

虞翻曰應在二巽爲號咷乾爲先故先號咷師震在下故後笑震爲後笑也乾爲大同人反師故大師二至五體姤遇也故相遇

象曰同人之先以中直也大師相遇言相克也

侯果曰乾德中直不私於物欲天下大同方始同二矣三四失義而近據之未獲同心故

先號咷也時須同好寇阻其途以言相克然後始相遇故笑也○九家易曰乾爲言

上九同人于郊无悔

虞翻曰乾爲郊失位无應與乾上九同義當有悔同心之家故无悔

象曰同人于郊志未得也

侯果曰獨處於外同人于郊也不與內爭无悔吝也同人之時唯同于郊志未得也

序卦曰與人同者物必歸焉故受之以大有

崔憬曰以欲從人人必歸已所以成大有

☰☲ 乾下離上 大有元亨

虞翻曰與比旁通柔得尊位大中應天而時行故元亨也○姚規曰互體有兑兑爲澤位在秋也乾則施生澤則流潤離則長茂秋則成收大富有也大有則元亨矣○鄭玄曰六五體離處乾之上猶大臣有聖明之德代君

爲政處其位有其事而理之也元亨者又能長羣臣以善使嘉會禮通若周公攝政朝諸侯於明堂是也

彖曰大有柔得尊位大中而上下應之曰大有

王弼曰處尊以柔居中以大體無二陰以分其應上下應之靡所不納大有之義也

其德剛健而文明應乎天而時行是以元亨

虞翻曰謂五以日應乾而行於天也時謂四

時也大有亨比初動成震爲春至二兑爲秋至三離爲夏坎爲冬故曰時行以乾亨坤是以元亨

象曰火在天上大有

荀爽曰謂夏火王在天萬物並生故曰大有也

君子以遏惡揚善順天休命

虞翻曰遏絶揚舉也乾爲揚善坤爲遏惡爲

順以乾滅坤體支揚于王庭故過惡揚善乾爲天休二變時巽爲命故順天休命

初九无交害匪咎艱則无咎

虞翻曰害謂四四離火爲惡人故无交害初動震爲交比坤爲害匪非也艱難謂陽動比初成屯屯難也變得位艱則无咎

象曰大有初九无交害也

虞翻曰害謂四

九二大車以載有攸往无咎

虞翻曰比坤爲大車乾來積上故大車以載往謂之五二失位變得正應五故有攸往无咎矣

象曰大車以載積中不敗也

虞翻曰乾爲大車故曰大車以載體剛履中可以任重有應於五故所積皆中而不敗也

九三公用亨于天子小人弗克

虞翻曰天子謂五三公位也小人謂四二變得位體咼象故公用亨于天子四折咼足覆公餗故小人不克也

象曰公用亨于天子小人害也

虞翻曰小人謂四也

九四匪其彭无咎

虞翻曰匪非也其位尫足尫體行不正四失位折震足故尫變而得正故无咎尫或作彭

作旁聲字之誤

象曰匪其彭无咎明辯晢也

虞翻曰晢之離故明辯晢也四在乾則尫在坤爲鼠在震噬胏得金矢在巽折鼎足在坎爲鬼方在離焚死在艮旅于處言无所容在兌睽孤孚厲三百八十四爻獨无所容也

六五厥孚交如威如吉

虞翻曰孚信也發而孚二故交如乾稱威發

得位故威如吉

象曰厥孚交如信以發志也威如之吉易而无備也

侯果曰其體文明其德中順信發乎志以覃於物物懷其德以信應於君物信交厥孚交如也爲卦之主有威不用唯行簡易无所防備物感其德翻更畏威威如之吉也

上九自天祐之吉无不利

虞翻曰：謂乾也。祐，助也。大有通比，坤爲自，乾爲天，兊爲祐，故自天祐之。比坤爲順，乾爲信。天之所助者順，人之所助者信，履信思順，又以尚賢，故自天祐之，吉无不利。○王弼曰：餘爻皆乘剛，已獨乘柔順也。五爲信德而已履焉，履信者也。居豐富之代，物不累心，高尚其志，尚賢者也。爻有三德，盡夫助道，故繫辭具焉也。

象曰大有上吉自天祐也

九家易曰上九悅五以柔處尊而自謙損尚賢奉已上下應之爲乾所祐故吉且和也

序卦曰有大者不可以盈故受之以謙

崔憬曰富貴而自遺其咎故有大者不可盈當須謙天之道也

䷎ 艮下坤上 謙亨

虞翻曰乾上九來之坤與履旁通天道下濟

故亨○彭城蔡景君説剝上來之三

君子有終

虞翻曰君子爲三艮終萬物故君子有終○

鄭玄曰艮爲山坤爲地山體高今在地下其

於人道高能下下謙之象亨者嘉會之禮以

謙而爲主謙者自貶損以下人唯艮之堅固

坤之厚順乃能終之故君子之人有終也

彖曰謙亨

九家易曰艮山坤地山至高地至卑以至高下至卑故曰謙也謙者兊世艮與兊合故亨

天道下濟而光明

荀爽曰乾來之坤故下濟陰去爲離陽來成坎日月之象故光明也

地道卑而上行

侯果曰此本剝卦乾之上九來居坤三是天道下濟而光明也坤之六三上升乾位是地

道卑而上行者也

天道虧盈而益謙

虞翻曰謂乾盈履上虧之坤三故虧盈貴處賤位故盈謙○崔憬曰若日中則昃月滿則虧損有餘以補不足天之道也

地道變盈而流謙

虞翻曰謙二以坤變乾盈坎動而潤下水流濕故流謙也○崔憬曰高岸爲谷深谷爲陵

是爲變盈而流謙地之道也

鬼神害盈而福謙

虞翻曰鬼謂四神謂三坤爲鬼害乾爲神福故鬼神害盈而福謙也○崔憬曰朱門之家鬼闞其室黍稷非馨明德惟馨是其義矣

人道惡盈而好謙

虞翻曰乾爲好爲人坤爲惡也故人道惡盈從上之三故好謙矣○崔憬曰滿招損謙受

益人之道也

謙尊而光卑而不可踰

虞翻曰天道遠故尊光三位賤故卑坎水就

下險弱難勝故不可踰

君子之終也

孔穎達曰尊者有謙而更光明盛大卑者有

謙而不踰越是君子之終也言君子能終其

謙之善而又獲謙之福故曰君子之終也

象曰地中有山謙

劉表曰地中有山以高下下故曰謙謙之爲道降巳升人山本地上今居地中亦降體之義故爲謙象也

君子以裒多益寡稱物平施

虞翻曰君子謂三裒取也艮爲多坤爲寡乾爲物爲施坎爲平謙乾盈益謙故以裒多益寡稱物平施○侯果曰裒聚也彖云天道益

謙則謙之大者天益之以大福謙之小者天益之以小福故君子則之以大益施大德以小益施小德是稱物平施也

初六謙謙君子用涉大川吉

荀爽曰初最在下爲謙二陰承陽亦爲謙故曰謙謙也二陰一陽相與成體故曰君子也

九三體坎故用涉大川吉也

象曰謙謙君子卑以自牧也

九家易曰承陽卑謙以陽自牧養也

六二鳴謙貞吉

姚信曰三體震爲善鳴二親承之故曰鳴謙得正處中故貞吉

象曰鳴謙貞吉中心得也

崔憬曰言中正心與謙相得○虞翻曰中正謂二坎爲心也

九三勞謙君子有終吉

荀爽曰體坎爲勞終下二陰君子有終故吉也

象曰勞謙君子萬民服也

荀爽曰陽當居五自卑下衆降居下體君有下國之意也衆陰皆欲撝陽上居五位羣陰順陽故萬民服也

六四无不利撝謙

荀爽曰四得位處正家性爲謙故无不利陰

欲撝三使上居五故曰撝謙撝猶舉也

象曰无不利撝謙不違則也

九家易曰陰撝上陽不違法則

六五不富以其鄰

荀爽曰鄰謂四與上也自四以上乘陽乘陽失實故皆不富五居中有體故總言之

利用侵伐无不利

荀爽曰謂陽利侵伐來上无敢不利之者

象曰利用侵伐征不服也

荀爽曰不服謂五也　案六五離爻離爲戈兵侵伐之象也

上六鳴謙利用行師征邑國

虞翻曰應在震故曰鳴謙體師象震爲行坤爲邑國利五之正已得從征故利用行師征邑國

象曰鳴謙志未得也可用行師征邑國也

九家易曰陰陽相應故鳴善也雖應不承故志未得謂下九三可行師來上坤爲邑國也三應上上呼三征來居五位故曰利用行師征邑國也　案上六兊爻兊爲口舌鳴謙之象也

序卦曰有大而能謙必豫故受之以豫

鄭玄曰言國既大而能謙則於政事恬逸雷出地奮逸豫行出而喜樂之意

䷏坤下震上豫利建侯行師

鄭玄曰坤順也震動也順其性而動者莫不得其所故謂之逸逸喜逸恱樂之貌也震又爲雷諸侯之象坤又爲衆師役之象故利建侯行師矣○虞翻曰復初之四與小畜旁通坤爲邦國震爲諸侯初至五體比象四利復初故利建侯三至上體師象故行師

彖曰豫剛應而志行

侯果曰四爲卦主五陰應之剛志大行故曰剛應而志行

順以動豫

崔憬曰坤下震上順以動也

豫順以動故天地如之

虞翻曰小畜乾爲天坤爲地如之者謂天地亦動以成四時而況建侯行師言其皆應而逸豫也

而況建侯行師乎

九家易曰震爲建侯坤爲行師建侯所以興利行師所以除害利興害除民所逸樂也天地有生殺萬物有始終王者盛衰亦有迭更猶武王承亂而應天地建侯行師奉詞除害民得逸悅君得安樂也

天地以順動

虞翻曰豫變通小畜坤爲地動初至三成乾

故天地以順動也

故日月不過而四時不忒

虞翻曰過謂失度忒差迭也謂變初至需離爲日坎爲月皆得其正故日月不過動初時震爲春至四兌爲秋至五坎爲離爲夏四時位正故四時不忒通變之謂事蓋此之類

聖人以順動則刑罰清而民服

虞翻曰清猶明也動初至四兌爲刑至坎爲

罰坎兊體正故刑罰清坤爲民乾爲清以乾乘坤故民服　案帝出乎震聖人也坎爲法律刑罰也坤爲衆順而民服也

豫之時義大矣哉

虞翻曰順動天地使日月四時皆不過差刑罰清而民服故義大也

象曰雷出地奮豫

崔憬曰震在坤上故言雷出地雷陽氣亦謂

龍也夏至後陽氣極而一陰爻生陰陽相擊而成雷聲雷聲之疾有龍奮迅豫躍之象故曰奮豫

先王以作樂崇德殷薦之上帝以配祖考

鄭玄曰奮動也雷動於地上萬物乃豫也以者取其喜佚動搖猶人至樂則手欲鼓之足欲舞之也崇充也殷盛也薦進也上帝天也王者功成作樂以文得之者作籥舞以武得

之者作萬舞各充其德而爲制祀天帝以配祖考者使與天同饗其功也故孝經云郊祀后稷以配天宗祀文王於明堂以配上帝也

初六鳴豫凶

虞翻曰應震善鳴失位故鳴豫凶也

象曰初六鳴豫志窮凶也

虞翻曰體剝蒙貞故志窮凶也

六二介于石

虞翻曰介纖也與四爲艮艮爲石故介于石

不終日貞吉

虞翻曰與小畜通應在五終變成離離爲日得位欲四急復初巳得休之故不終日貞吉

象曰不終日貞吉以中正也

侯果曰得位居中柔順正一明豫動之可否辯趣舍之權宜假如堅石不可移變應時則改不待終日故曰豫之正吉

六三盱豫悔遲有悔象曰盱豫有悔位不當也王弼曰履非其位承動逸之主若其睢盱而逸悔亦至焉遲而不從逸之所疾進退離悔位不當也○向秀曰睢盱小人喜悅佞媚之貌也

九四由豫大有得勿疑朋盍簪侯果曰為豫之主衆陰所宗莫不由之以得其逸體剛心直志不懷疑故得羣物依歸朋

從大合若以簪篸之固括也○虞翻曰由自從也據有五陰坤以衆順故大有得得羣陰也坎爲疑故勿疑小畜兑爲朋盇合也坤爲盇盇聚會也坎爲聚坤爲衆衆陰竝應故朋盇簪簪舊讀作撍作宗也

象曰由豫大有得志大行也

崔憬曰以一陽而衆陰從巳合簪交歡故其志大行也

六五貞疾恒不死

虞翻曰恒常也坎爲疾應在坤坤爲死震爲反生位在震中與坤體絶故貞疾恒不死也

象曰六五貞疾乘剛也恒不死中未亡也

侯果曰六五居尊而乘於四四以剛動非己所乘乘剛爲政終亦病若恒不死者以其中也

上六冥豫成有渝无咎

虞翻曰應在三坤爲冥渝變也三失位无應多凶變乃得正體艮成故成有渝无咎

象曰冥豫在上何可長也

荀爽曰陰性冥昧居尊在上而猶逸豫悅故不可長

周易集解卷第四

周易集解卷第五

資州李鼎祚

序卦曰豫必有隨也故受之以隨

韓康伯曰順以動者衆之所隨

☱☳ 震下兌上 隨元亨利貞无咎

虞翻曰否上之初剛來下柔初上得正故元亨利貞无咎○鄭玄曰震動也兌悅也内動之以德外悅之以言則天下之人咸慕其行

而隨從之故謂隨也既見隨從能長之以善通其嘉禮和之以義幹之以正則功成而有福若无此四德則有凶咎焉○焦貢曰漢高帝與項籍其明徵也

彖曰隨剛來而下柔動而說隨

虞翻曰否乾上來之坤初故剛來而下柔動震說兌也

大亨貞无咎

荀爽曰隨者震之歸魂震歸從巽故大通動爻得正故利貞陽降陰升嫌於有咎動而得正故无咎

而天下隨時

虞翻曰乾爲天坤爲下震春兌秋三四之正坎冬離夏四時位正時行則行故天下隨時矣

隨時之義大矣哉

蜀才曰此本否卦剛自上來居初柔自初而升上則內動而外悅是動而悅隨也相隨而大亨无咎得於時也得時則天下隨之矣故曰隨時之義大矣哉

象曰澤中有雷隨

九家易曰兑澤震雷八月之時雷藏於澤則天下隨時之象也

君子以嚮晦入宴息

翟玄曰晦者冥也雷者陽氣春夏用事今在澤中秋冬時也故君子象之日出視事其將晦冥退入宴寢而休息也○侯果曰坤爲晦乾之上九來入坤初嚮晦者也坤初升兌兌爲休息入宴者也欲君民者晦德息物動悅黎庶則萬方歸隨也

初九官有渝貞吉出門交有功

九家易曰渝變也謂陽來居初德正爲震震

爲子得土之位故曰官也陰陽出門相與交通陰往之上亦不失正故曰貞吉而交有功

象曰官有渝從正吉也出門交有功不失也

鄭玄曰震爲大塗又爲日門當春分陰陽之所交也是臣出君門與四方賢人交有成功之象也昔舜愼徽五典五典克從納于百揆百揆時序賓于四門四門穆穆是其義也

六二係小子失丈夫

虞翻曰應在巽巽爲繩故稱係小子謂五兑爲少故曰小子丈夫謂四體大過老夫故稱丈夫承四隔三故失丈夫三至上有大過象故與老婦士夫同義體咸象夫死大過故每有欲嫁之義也

象曰係小子弗兼與也

虞翻曰已係於五不兼與四也

六三係丈夫失小子隨有求得利居貞

虞翻曰隨家陰隨陽三之上无應上係於四失初小子故係丈夫失小子艮爲居爲求謂求之正得位遠應利上承四故利居貞矣

象曰係丈夫志舍下也

王弼曰雖體下卦二已據初將何所附故捨初係四志在丈夫也四俱无應亦欲於已隨之則得其求矣故曰隨有求得也應非其正以係於人何可以妄故利居貞也初處已下

四處巳上故曰係丈夫失小子

九四隨有獲貞凶有孚在道以明何咎

虞翻曰謂獲三也失位相據在大過死象故貞凶象曰其義凶矣孚謂五初震爲道三巳之正四變應初得位在離故有孚在道以明何咎象曰明功也

象曰隨有獲其義凶也

虞翻曰死在大過故凶也

有孚在道明功也

虞翻曰功謂五也三四之正離爲明故明功也

九五孚于嘉吉

虞翻曰坎爲孚陽稱嘉位五正故吉也

象曰孚于嘉吉位正中也

虞翻曰凡五言中正中正皆陽得其正以此爲例矣

上六拘係之乃從維之

虞翻曰應在艮艮手爲拘巽爲繩兩係稱維故拘係之乃從維之在隨之上而無所隨故維之象曰上窮

王用亨于西山

虞翻曰否乾爲王謂五也有觀象故亨兌爲西艮爲山故王用亨於西山也

象曰拘係之上窮也

虞翻曰乘剛无應故上窮也

序卦曰以喜隨人者必有事故受之以蠱蠱者事也

九家易曰子行父事備物致用而天下治也備物致用立成器以爲天下利莫大於聖人子脩聖道行父之事以臨天下无爲而治也

䷑ 巽下艮上 蠱元亨

虞翻曰泰初之上而與隨旁通剛上柔下乾

坤交故元亨也○伏曼容曰蠱惑亂也萬事從惑而起故以蠱爲事也案尚書大傳云乃命五史以書五帝之蠱事然爲訓者正以太古之時无爲无事也今言蠱者是卦之惑亂也時既漸澆物情惑亂故事業因之而起惑矣故左傳云女惑男風落山謂之蠱是其義也

利涉大川

虞翻曰謂二失位動而之坎也故利涉大川

也

先甲三日後甲三日

子夏傳云先甲三日者辛壬癸也後甲三日者乙丙丁也○馬融曰甲在東方艮在東北故云先甲巽在東南故云後甲所以十日之中唯稱甲者甲爲十日之首蠱是造事之端故舉初而明事始也言所以三日者不令而誅謂之暴故令先後各三日欲使百姓遍習

行而不犯也

彖曰蠱剛上而柔下巽而止蠱

虞翻曰泰初之上故剛上坤上之初故柔下上艮下巽故巽而止蠱也

蠱元亨而天下治也

荀爽曰蠱者巽也巽歸合震故元亨也蠱者事也備物致用故天下治也

利涉大川往有事也

九家易曰陽往據陰陰來乘陽故有事也此卦本泰乾天有河坤地有水二爻升降出入乾坤利涉大川也陽往求五陰來求二未得正位戎事不息故有事

先甲三日後甲三日終則有始天行也

虞翻曰謂初變成乾乾爲甲至二成離離爲日謂乾三爻在前故先甲三日賁時也變三至四體離至五成乾乾三爻在後故後甲三

日无妄時也易出震消息歷乾坤象乾爲始坤爲終故終則有始乾爲天震爲行故天行也

象曰山下有風蠱

何妥曰山者高而靜風者宣而疾有似君處上而安靜臣在下而行令也

君子以振民育德

虞翻曰君子謂泰乾也坤爲民初上撫坤故

振民乾稱德體大畜須養故以育德也

初六幹父之蠱有子考无咎厲終吉

虞翻曰幹正蠱事也泰乾爲父坤爲事故幹父之蠱初上易位艮爲子父死大過稱考故有子考變而得正故无咎厲終吉也　案位陽令首父之事也爻陰柔順子之質也

象曰幹父之蠱意承考也

王弼曰幹事之首時有損益不可盡承故意

承而已也

九二幹母之蠱不可貞象曰幹母之蠱得中道也

虞翻曰應在五泰坤爲母故幹母之蠱失位故不可貞變而得正故貞而得中道也 案位陰居內母之象也

九三幹父之蠱小有悔无大咎象曰幹父之蠱終无咎也

王弼曰以剛幹事而无其應故有悔也履得其位以正幹父雖小有悔終无大咎矣　案爻位俱陽父之事

六四裕父之蠱往見吝

虞翻曰裕不能爭也孔子曰父有爭子則身不陷於不義四陰體大過本末弱故裕父之蠱兑爲見變而失正故往見吝象曰往未得是其義也

象曰裕父之蠱往未得也

虞翻曰往失位折鼎足致未得

六五幹父之蠱用譽

荀爽曰體和應中承陽有實用斯幹事榮譽之道也

象曰幹父用譽承以德也

虞翻曰譽謂二也二五失位變而得正故用譽變二使承五故承以德二乾爻故稱德矣

上九不事王侯

虞翻曰泰乾爲王坤爲事應在於三震爲侯坤象不見故不事王侯

高尚其事

虞翻曰謂五已變巽爲高艮陽升在坤上故高尚其事

象曰不事王侯志可則也

荀爽曰年老事終不當其位體艮爲止故不

事王侯據上臨下重陰累實故志可則

序卦曰有事而後可大故受之以臨臨者大也

崔憬曰有蠱元亨則可大之業成故曰有事

然後可大也

䷒ 兌下坤上 臨元亨利貞

虞翻曰陽息至二與遯旁通剛浸而長乾來

交坤動則成乾故元亨利貞

至于八月有凶

虞翻曰：與遯旁通臨消於遯六月卦也於周爲八月遯弑君父故至于八月有凶荀公以兌爲八月兌於周爲十月言八月失之甚矣鄭玄曰臨大也陽氣自此浸而長大陽浸長矣而有四德齊功於乾盛之極也人之情盛則奢淫奢淫則將亡故戒以凶臨卦斗建丑而用事殷之正月也當文王之時紂爲无道故於是卦爲殷家著興衰之戒以見周改殷

正之數云臨自周二月用事訖其七月至八月而遯卦受之此終而復始王命然矣

彖曰臨剛浸而長

虞翻曰剛謂二也兑爲水澤自下侵上故浸而長也

説而順剛中而應大亨以正天之道也

虞翻曰説兑也順坤也剛中謂二也四陰皆應之故曰而應大亨以正謂三動成乾天得正

爲泰天地交通故亨以正天之道也

至于八月有凶消不久也

蜀才曰此本坤卦剛長而柔削故大亨利正也案臨十二月卦也自建丑之月至建申之月凡歷八月則成否也否則天地不交萬物不通是至于八月有凶斯之謂也

象曰澤上有地臨

荀爽曰澤卑地高高下相臨之象也

君子以教思无窮容保民无疆

虞翻曰君子謂二也震爲言兑口講習學以聚之問以辯之坤爲思剛浸長故以教思无窮容寬也二寬以居之仁以行之坤爲容爲民故保民无疆矣

初九咸臨貞吉

虞翻曰咸感也得正應四故貞吉也

象曰咸臨貞吉志行正也

荀爽曰陽始咸升以剛臨柔得其正位而居

是吉故曰志行正

九二咸臨吉无不利

虞翻曰得中多譽兼有四陰體復初元吉故

无不利

象曰咸臨吉无不利未順命也

荀爽曰陽感至二當升居五羣陰相承故无

不利也陽當居五陰當順從今尚在二故曰

未順命也

六三甘臨无攸利既憂之无咎象曰甘臨位不當也既憂之咎不長也

虞翻曰兑爲口坤爲土土爰稼穡作甘兑口銜坤故曰甘臨失位乘陽故无攸利言三失位无應故憂之動而成泰故咎不可長也

六四至臨无咎

虞翻曰至下也謂下至初應當位有實故无

咎

象曰至臨无咎當位實也

荀爽曰四與二同功欲升二至五巳得承順之故曰至臨也陽雖未乘處位居正故得无咎是當位實也

六五知臨大君之宜吉象曰大君之宜行中之謂也

荀爽曰五者帝位大君謂二也宜升上居五

位吉故曰知臨大君之宜也二者處中行升居五五亦處中故曰行中之謂也

上六敦臨吉无咎

荀爽曰上應於三欲因三升二過應於陽敦厚之意故曰敦臨吉无咎

象曰敦臨之吉志在内也

九家易曰志在外二也陰以陽爲主故志在内也

序卦曰物大然後可觀也故受之以觀

崔憬曰言德業大者可以觀政於人故受之以觀也

䷓坤下巽上觀盥而不薦有孚顒若

鄭玄曰坤爲地爲衆巽爲木爲風九五天子之爻互體有艮艮爲鬼門又爲宫闕地上有木而爲鬼門宫闕者天子宗廟之象也○王弼曰王道之可觀者莫盛乎宗廟宗廟之可

觀者莫盛乎盥也至薦簡略不足復觀故觀盥而不薦也○馬融曰盥者進爵灌地以降神也此是祭祀盛時及神降薦牲其禮簡略不足觀也國之大事唯祀與戎王道可觀在於祭祀祭祀之盛莫過初盥降神故孔子禘自既灌而往者吾不欲觀之矣此言及薦簡略則不足觀也以下觀上見其至盛之禮萬民信敬故云有孚顒若孚信顒敬也　案鬼

神害盈禍淫福善若人君脩德至誠感神則黍稷非馨明德惟馨故觀盥而不觀薦饗其誠信者也斯卽東鄰殺牛不如西鄰之禴祭實受其福是其義也

彖曰大觀在上

蜀才曰此本乾卦案柔小浸長剛大在上其德可觀故曰大觀在上也

順而巽中正以觀天下

虞翻曰謂陽息臨二直方大臨者大也在觀上故稱大觀順坤也中正謂五五以天神道觀示天下咸服其化賓于王庭

觀盥而不薦有孚顒若下觀而化也

虞翻曰觀反臨也以五陽觀示坤民故稱觀盥沃盥薦羞牲也孚信謂五顒顒君德有威容貌若順也坎爲水坤爲器艮手臨坤坎水沃之盥之象也故觀盥而不薦孔子曰禘自

旣灌吾不欲觀之矣巽爲進退容止可觀進退可度則下觀其德而順其化上之三五在坎中故孚顒若下觀而化詩曰顒顒卬卬如珪如璋君德之義也

觀天之神道而四時不忒

虞翻曰忒差也神道謂五臨震兌爲春秋三上易位坎冬離夏日月象正故四時不忒也

聖人以神道設教而天下服矣

虞翻曰聖人謂乾退藏於密而齊于巽以神
明其德教故聖人設教坤民順從而天下服矣
象曰風行地上觀先王以省方觀民設教
九家易曰先王謂五應天順民受命之王也
風行地上草木必偃枯槁朽腐獨不從風謂
應外之爻天地氣絕陰陽所去象不化之民
五刑所加故以省察四方觀視民俗而設其
教也言先王德化光被四表有不賓之民不

從法令以五刑加之以齊德教也

初六童觀小人无咎君子吝

虞翻曰艮爲童陰小人陽君子初位賤以小人乘君子故无咎陽伏陰下故君子吝矣

象曰初六童觀小人道也

王弼曰失位處下最遠朝美无所鑒見故曰童觀處大觀之時而爲童觀趣順而已小人爲之无可咎責君子爲之鄙吝之道

六二闚觀利女貞

虞翻曰臨兌爲女竊觀稱闚兌女反成巽巽四五得正故利女貞艮爲宮室坤爲闔戸小人而應五故闚觀女貞利不滛視也

象曰闚觀女貞亦可醜也

侯果曰得位居中上應於五闚視朝美不能大觀處大觀之時而爲闚觀女正則利君子則醜也　案六二離爻離爲目又爲中女外

互體艮艮爲門闕女目近門闚觀之象也

六三觀我生進退

虞翻曰坤爲我臨震爲生生謂坤生民也巽爲進退故觀我生進退臨震進之五得正居

中故象曰未失道

象曰觀我生進退未失道也

荀爽曰我謂五也生者教化生也三欲進觀

於五四既在前而三故退未失道也

六四觀國之光利用賓于王

虞翻曰坤爲國臨陽至二天下文明反上成觀進顯天位故觀國之光王謂五陽陽尊賓坤坤爲用爲臣四在王庭賓事於五故利用賓于王矣詩曰莫敢不來賓莫敢不來王是其義也

象曰觀國之光尚賓也

崔憬曰得位比尊承於王者職在搜揚國俊

賓薦王庭故以進賢爲尚賓也

九五觀我生君子无咎

虞翻曰我身也謂我生生謂生民震生象反坤爲死喪嫌非生民故明而不言民也陽爲君子在臨二失位之五得道處中故君子无咎矣

象曰觀我生觀民也

王弼曰觀我生自觀其道也爲衆觀之主當

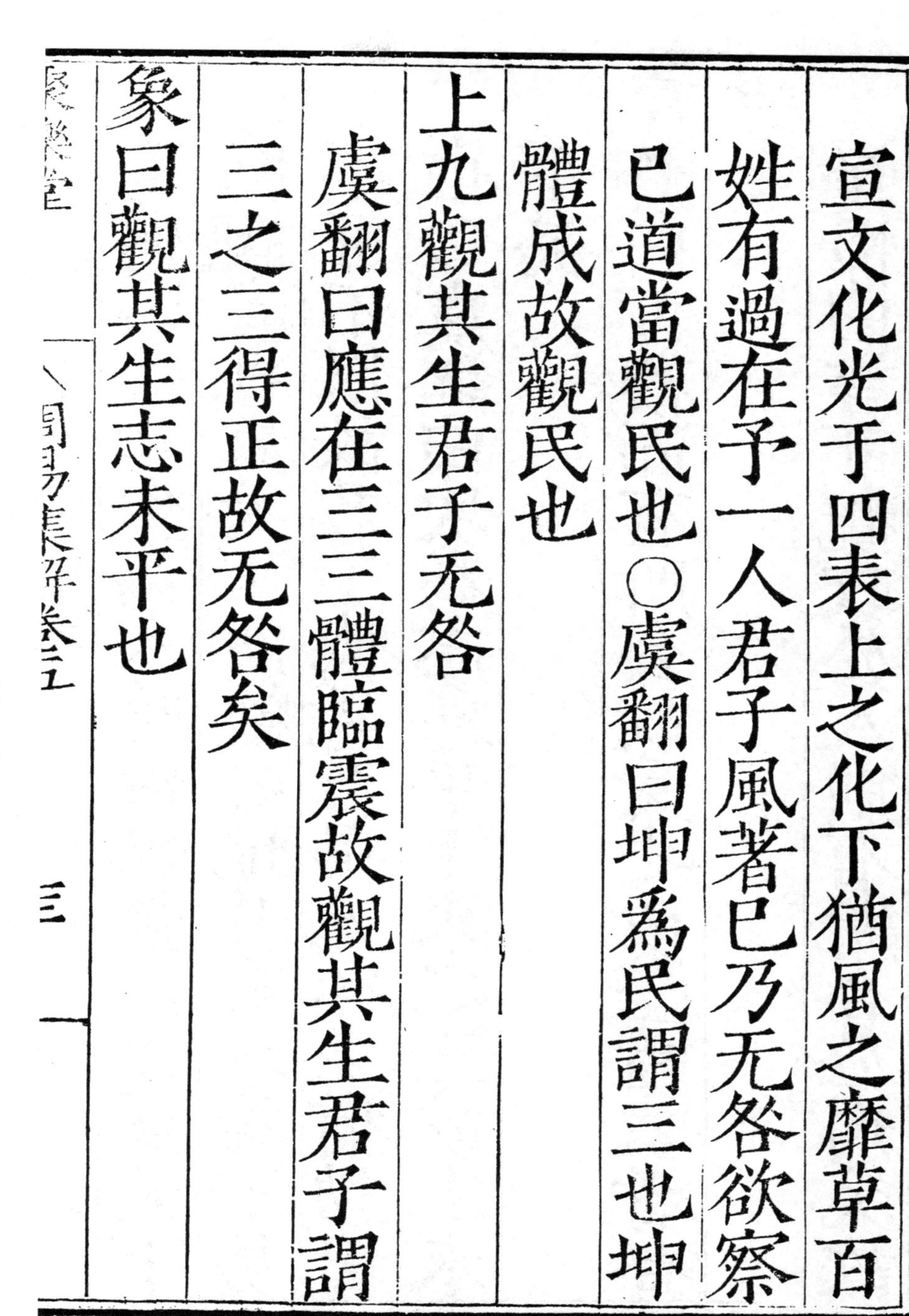
宣文化光于四表上之化下猶風之靡草百姓有過在予一人君子風著已乃无咎欲察已道當觀民也○虞翻曰坤爲民謂三也坤體成故觀民也

上九觀其生君子无咎

虞翻曰應在三三體臨震故觀其生君子謂三之三得正故无咎矣

象曰觀其生志未平也

王弼曰觀其生爲人所觀也最處上極天下所觀者也處天下所觀之地其志未爲平易不可不慎故君子德見乃得无咎生猶動出也○虞翻曰坎爲志爲平上來之三故志未平矣

序卦曰可觀而有所合故受之以噬嗑嗑者合也

崔憬曰言可觀政扵人則有所合扵刑矣故

曰可觀而有所合

䷔ 震下離上 噬嗑亨利用獄

虞翻曰否五之坤初坤初之五剛柔交故亨也坎爲獄艮爲手離爲明四以不正而係於獄上當之三蔽四成豐折獄致刑故利用獄坤爲用也　案頤中有物曰噬嗑謂九四也四互體坎坎爲法律又爲刑獄四在頤中齧而後亨故利用獄也

彖曰頤中有物曰噬嗑

虞翻曰物謂四則所噬乾脯也頤中无物則口不噬故先舉頤中有物曰噬嗑也

噬嗑而亨

崔憬曰物在頤中隔其上下因齧而合乃得亨焉以喻人於上下之間有亂羣者當用刑去之故言利用獄

剛柔分動而明雷電合而章

盧氏曰此本否卦乾之九五分降坤初坤之初六分升乾五是剛柔分也分則雷動於下電照於上合成天威故曰雷電合而成章也柔得中而上行雖不當位利用獄也

侯果曰坤之初六上升乾五是柔得中而上行雖則失位文明以中斷制枉直不失情理故利用獄

象曰雷電噬嗑

宋衷曰雷動而威電動而明二者合而其道彰也用刑之道威明相兼若威而不明恐致淫濫明而无威不能伏物故須雷電竝合而噬嗑備

先王以明罰勑法

侯果曰雷所以動物電所以照物雷電震照則萬物不能懷邪故先王則之明罰勑法以示萬物欲萬方一心也

初九屨校滅趾无咎

侯果曰屨貫趾足也震爲足坎爲校震没坎下故屨校滅趾初位得正故无咎○干寶曰趾足也屨校貫械也初居剛躁之家體貪狠之性以震掩巽強暴之男也行侵陵之罪以陷屨校之刑故曰屨校滅趾得位於初顧震知懼小懲大戒以免刑戮故曰无咎矣

象曰屨校滅趾不行也

虞翻曰否坤小人以陰消陽其亡其亡故五變滅初否殺不行也○干寶曰不敢遂行强也

六二噬膚滅鼻无咎

或曰噬食也艮爲膚爲鼻鼻没水坎中隱藏不見故噬膚滅鼻乘剛又得正多譽故无咎

象曰噬膚滅鼻乘剛也

侯果曰居中履正用刑者也二互體艮艮爲

鼻又爲黔喙噬膚滅鼻之象也乘剛噬必深

噬過其分故滅鼻也刑剠雖峻得所疾也雖

則滅鼻而无咎矣

六三噬腊肉遇毒小吝无咎

虞翻曰三在膚裏故稱肉離日熯之爲腊坎

爲毒故噬腊肉遇毒毒謂矢毒也失位承四

故小吝與上易位利用獄成豐故无咎也

象曰遇毒位不當也

荀爽曰腊肉謂四也三以不正噬取異家法當遇罪故曰遇毒爲艮所止所欲不得故小吝也所欲不得則免於罪故无咎矣

九四噬乾胏得金矢利艱貞吉象曰利艱貞吉未光也

陸績曰肉有骨謂之胏離爲乾肉又爲兵矢失位用刑物亦不服若噬有骨之乾胏也金矢者取其剛直也噬胏雖復艱難終得申其

剛直雖獲正吉未爲光大也

六五噬乾肉得黄金貞厲无咎

虞翻曰陰稱肉位當離日中烈故乾肉也乾金黄故得黄金貞正厲危也變而得正故无咎○王弼曰乾肉堅也黄中金剛也以陰處陽以柔承剛以噬於物物亦不服故曰噬乾肉也然處得尊位而居於中能行其戮也履不正而能行其戮剛勝者也噬不服得中而

勝故曰噬乾肉得黃金也已雖不正而刑戮得當故雖厲而无咎也

象曰貞厲无咎得當也

荀爽曰謂陰來正居是而厲陽也以陰厲陽正居其處而无咎者以從下明上不失其中所言得當

上九何校滅耳凶

荀爽曰爲五所何故曰何校據五應三欲盡

滅坎上體坎爲耳故曰滅耳凶上以不正侵

欲无已奪取異家惡積而不可掩罪大而不

可解故宜凶矣○鄭玄曰離爲槁木坎爲耳

木在耳上何校滅耳之象也

象曰何校滅耳聰不明也

九家易曰當據離坎以爲聰明坎旣不正今

欲滅之故云聰不明也

序卦曰物不可以合而已故受之以賁賁者飾

也

崔憬曰言物不可苟合於刑當須以文飾之

故受之以賁

䷕ 離下艮上 賁亨

虞翻曰泰上之乾二乾二之坤上柔來文剛

陰陽交故亨也

小利有攸往

虞翻曰小謂五五失正動得位體離以剛文

柔故小利有攸往○鄭玄曰賁文飾也離爲日天文也艮爲石地文也天文在下地文在上天地二文相飾成賁者也猶人君以剛柔仁義之道飾成其德也剛柔雜仁義合然後嘉會禮通故亨也卦互體坎艮艮止於上坎險於下夾震在中故不利大行小有所之則可矣

彖曰賁亨柔來而文剛故亨分剛上而文柔故

小利有攸往

荀爽曰此本泰卦謂陰從上來居乾之中文飾剛道交於中和故亨也分乾之二居坤之上上飾柔道兼據二陰故小利有攸往矣

天文也

虞翻曰謂五利變之正成巽體離艮爲星離日坎月巽爲高五天位離爲文明日月星辰高麗於上故稱天之文也

文明以止人文也

虞翻曰人謂三乾爲人文明離止艮也震動離明五變據四二五分則止文三故以三爲人文也

觀乎天文以察時變

虞翻曰日月星辰爲天文也泰震春兌秋賁坎冬離夏巽爲進退日月星辰進退盈縮謂朓側朏也歷象在天成變故以察時變矣

觀乎人文以化成天下

虞翻曰泰乾爲人五二動體既濟賁離象重明麗正故以化成天下也○干寶曰四時之變懸乎日月聖人之化成乎文章觀日月而要其會通觀文明而化成天下

象曰山下有火賁

王廙曰山下有火文相照也夫山之爲體層峰峻嶺峭嶮參差直置其形已如彫飾復加

火照彌見文章賁之象也

君子以明庶政无敢折獄

虞翻曰君子謂乾離爲明坤爲庶政故明庶政坎爲獄三在獄得正故无敢折獄噬嗑四不正故利用獄也

初九賁其趾

虞翻曰應在震震爲足故賁其趾也

舍車而徒

虞翻曰：應在艮，艮爲舍，坎爲車，徒，步行也。位在下，故舍車而徒。

象曰：舍車而徒，義弗乘也。

崔憬曰：剛柔相交，以成飾義者也。今近四，棄於二比，故曰舍車。車，士大夫所乘，謂二也。四乘於剛，艮止其應，初全其義，故曰而徒。徒，塵賤之事也。自飾其行，故曰賁其趾。趾謂初也。

王肅曰：在下故稱趾，既舍其車，又飾其趾，是

徒步也

六二賁其須象曰賁其須與上興也

侯果曰自三至上有頤之象也二在頤下須之象也上无其應三亦无應若能上承於三與之同德雖俱无應可相與而興起也

九三賁如濡如永貞吉象曰永貞之吉終莫之陵也

虞翻曰有離之文以自飾故曰賁如也有坎

之水以自潤故曰濡如也體剛履正故永貞吉與二同德故終莫之陵也

六四賁如皤如白馬翰如匪寇婚媾

王弼曰有應在初三爲寇難二志相感不獲交通欲靜則失初之應欲進則懼三之難故或飾或素内懷疑懼鮮絜其馬翰如以待履正位未果其志匪緣寇隔乃爲婚媾則終无尤也○陸績曰震爲馬爲白故曰白馬翰如

賁皤亦白素之貌也

象曰六四當位疑也

案坎爲盜故疑當位乘三悖禮難飾應初遠

陽故曰當位疑也

匪寇婚媾終无尤也

崔憬曰以其守正待應故終无尤也

六五賁于丘園束帛戔戔吝終吉

虞翻曰艮爲山五半山故稱丘木果曰園故

賁于丘園也六五失正動之成巽巽爲帛爲繩艮手持故束帛以艮斷巽故戔戔失位无應故吝變而得正故終吉矣

象曰六五之吉有喜也

荀爽曰艮山震林失其正位在山林之閒賁飾丘陵以爲園圃隱士之象也五爲王位體中履和勤賢之主尊道之君也故曰賁于丘園束帛戔戔君臣失正故吝能以中和飾上

成功故終吉而有喜也○虞翻曰五變之陽故有喜凡言喜慶皆陽爻束帛戔戔委積之貌　案六五離爻離爲中女午爲蠶絲束帛之象

上九白賁无咎

虞翻曰在巽上故曰白賁乘五陰變而得位故无咎矣

象曰白賁无咎上得志也

干寶曰白素也延山林之人采素士之言以飾其政故上得志也○虞翻曰上之正得位體成既濟故曰得志坎爲志也

序卦曰致飾然後通則盡矣故受之以剝剝者剝也

崔憬曰以文致飾則上下情通故曰致飾然後通也文者致理極而无救則盡矣盡猶剝也

䷖坤下艮上剝不利有攸往

虞翻曰陰消乾也與夬旁通以柔變剛小人道長子弒其父臣弒其君故不利有攸往也

彖曰剝剝也

盧氏曰此本乾卦羣陰剝陽故曰爲剝也

柔變剛也

荀爽曰謂陰外變五五者至尊爲陰所變故曰剝也

不利有攸往小人長也

鄭玄曰陰氣侵陽上至於五萬物零落故謂之剝也五陰一陽小人極盛君子不可有所之故不利有攸往也

順而止之觀象也

虞翻曰坤順艮止謂五消觀成剝故觀象也

君子尚消息盈虛天行也

虞翻曰乾爲君子乾息爲盈坤息爲虛故君

子尚消息盈虚天行也則出入无疾反復其道易虧巽消艮出震息兑盈乾虚坤故於是見之耳

象曰山附於地剥

陸績曰艮爲山坤爲地山附於地謂高附於卑貴附於賤君不能制臣也

上以厚下安宅

虞翻曰上君也宅居也山高絶於地今附地

者明被剝矣屬地時也君當厚錫於下賢當卑降於愚然後得安其居

初六剝牀以足蔑貞凶

虞翻曰此卦坤變乾也動初成巽巽木爲牀復震在下爲足故剝牀以足蔑无貞正也失位无應故蔑貞凶震在陰下象曰以滅下也

象曰剝牀以足以滅下也

虞翻曰蔑滅也坤所以載物牀所以安人在

下故稱足先從下剝漸及於上則君政崩滅故曰以滅下也

六二剝牀以辯蔑貞凶

虞翻曰指間稱辯剝剝二成艮艮爲指二在指間故剝牀以辯无應在剝故蔑貞凶也

象曰剝牀以辯未有與也

鄭玄曰足上稱辯謂近膝之下屈則相近申則相遠故謂之辯辯分也○崔憬曰今以牀

言之則辯當在笫足之間是牀桱也未有與者言至三則應故二未有與也

六三剝之无咎象曰剝之无咎失上下也

荀爽曰衆皆剝陽三獨應上无剝害意是以无咎故曰失上下也

六四剝牀以膚凶

虞翻曰辯上稱膚艮爲膚以陰變陽至四乾毁故剝牀以膚臣弑君子弑父故凶矣〇王

蕭曰在下而安人者牀也在上而處牀者人也坤以象牀艮以象人牀剝盡以及人身爲敗滋深害莫甚焉故曰剝牀以膚凶也

象曰剝牀以膚切近災也

崔憬曰牀之膚謂薦席若獸之有皮毛也牀以剝盡次及其膚剝以大臣之象言近身與君也

六五貫魚以宮人寵无不利

虞翻曰剝消觀五巽爲魚爲繩艮手持繩貫巽故貫魚也艮爲宫室人謂乾五以隂代陽五貫乾爲寵人隂得麗之故以宫人寵動得正成觀故无不利也○何妥曰夫剝之爲卦下比五隂騈頭相次似貫魚也魚爲隂物以喻衆隂也夫宫人者后夫人嬪妾各有次序不相瀆亂此則貴賤有章寵御有序六五既爲衆隂之主能有貫魚之次第故得无不利

矣

象曰以宮人寵終无尤也

崔憬曰魚與宮人皆陰類以比小人焉魚大小一貫若后夫人嬪婦御女小大雖殊寵御則一故終无尤也

上九碩果不食君子得輿小人剝廬

虞翻曰艮爲碩果謂三[illegible]復位有頤象頤中无物故不食也夬乾爲君子爲德坤爲車爲

民乾在坤故以德爲車小人謂坤艮爲廬上變滅艮坤陰迷亂故小人剝廬也

象曰君子得輿民所載也小人剝廬終不可用也

侯果曰艮爲果爲廬坤爲輿處剝之上有剛直之德羣小人不能傷害也故果至碩大不被剝食矣君子居此萬姓賴安若得乘其車輿也小人處之則庶方无控被剝其廬舍故

曰小人剥廬終不可用矣

周易集解卷第五

周易集解卷第六

資州李鼎祚

序卦曰物不可以終盡剥窮上反下故受之以復也

崔憬曰夫易窮則有變物極則反於初故剥之爲道不可終盡而受之於復也

䷗震下坤上復亨

何妥曰復者歸本之名羣陰剥陽至于幾盡

一陽來下，故稱反復。陽氣復反，而得交通，故云復亨也。

出入无疾，朋來无咎。

虞翻曰：謂出震成乾，入巽成坤。爲疾，十二消息不見坎象，故出入无疾。兑爲朋，在内稱來，五陰從初，初陽正，息而成兑，故朋來无咎矣。

反復其道，七日來復。

案：《易軌》一歲十二月，三百六十五日四分日之一以坎震離兑四方正卦卦别六爻爻生一氣其餘六十卦三百六十爻爻主一日當周天之數餘五日四分日之一以通閏餘者也剥卦陽氣盡於九月之終至十月末純坤用事坤卦將盡則復陽來隔坤之一卦六爻爲六日復來成震一陽爻生爲七日故言反復其道七日來復是其義也天道玄邈理絶希慕先儒已論雖各指於日月後學尋討猶

未測其端倪今舉約文略陳梗概以候來悊

如積薪者也

利有攸往

虞翻曰陽息臨成乾小人消坤君子道長故

利有攸往矣

彖曰復亨

虞翻曰陽息坤與姤旁通剛反交初故亨

剛反動而以順行

虞翻曰剛從艮入坤從反震故曰反動坤順震行故而以順行陽不從上來反初故不言剛自外來是以明不遠之復入坤出震義也

是以出入无疾朋來无咎

侯果曰陽上出君子道長也陰下入小人道消也動而以行故出入无疾朋來无咎矣

反復其道七日來復天行也

虞翻曰謂乾成坤反出於震而來攻陽其道

剛爲晝日消乾六爻爲六日剛來反初故七日來復天行也○侯果曰五月天行至午陽復而陰升也十一月天行至子陰復而陽升也天地運往陰陽升復凡歷七月故曰七日來復此天之運行也豳詩曰一之日觱發二之日栗烈一之日周之正月也二之日周之二月也則古人呼月爲日明矣

利有攸往剛長也

荀爽曰利往居五剛道浸長也

復其見天地之心乎

虞翻曰坤爲腹謂三復位時離爲見坎爲心陽息臨成泰乾天坤地故見天地之心也○荀爽曰復者冬至之卦陽起初九爲天地心萬物所始吉凶之先故曰見天地之心矣

象曰雷在地中復先王以至日閉關商旅不行后不省方

虞翻曰先王謂乾初至日冬至之日坤闔爲閉關巽爲商旅爲近利市三倍姤巽伏初故商旅不行姤象曰后以施命誥四方今隱復下故后不省方復爲陽始姤則陰始天地之始陰陽之首已言先王又更言后后君也六十四卦唯此重耳○宋衷曰商旅不行自天子至公侯不省四方之事將以輔遂陽體成致君道也制之者王者之事奉之者爲君之

業也故上言先王而下言后也

初九不遠復无祇悔元吉

崔憬曰從坤反震而變此爻不遠復也復而有應故獲元吉也

象曰不遠之復以脩身也

侯果曰祇大也往被陰剝所以有悔覺非遠復故无大咎以此脩身顏子之分矣

六二休復吉象曰休復之吉以下仁也

王弼曰得位居中比初之上而附順之下仁之謂也既處中位親仁善鄰復之休也

六三頻復厲无咎

虞翻曰頻蹙也三失位故頻復厲動而之正故无咎也

象曰頻復之厲義无咎也

侯果曰處震之極以陰居陽懼其將危頻蹙而復履危反道義亦无咎也

六四中行獨復象曰中行獨復以從道也
虞翻曰中謂初震爲行初一陽爻故稱獨四得正應初故曰中行獨復以從道也俗說以四位在五陰之中而獨應復非也四在外體又非内象不在二五何得稱中行耳
六五敦復无悔象曰敦復无悔中以自考也
侯果曰坤謂厚載故曰敦復體柔居剛无應失位所以有悔能自考省動不失中故曰无

悔矣

上六迷復凶有災眚

虞翻曰坤冥爲迷高而无應故凶五變正時坎爲災眚故有災眚也

用行師終有大敗以其國君凶

虞翻曰三復位時而體師象故用行師陰逆不順坤爲死喪坎流血故終有大敗姤乾爲君滅藏於坤坤爲異邦故國君凶矣○荀爽

曰坤爲衆故曰行師也謂上行師而距於初陽息上升必消羣陰故終有大敗國君謂初也受命復道當從下升今上六行師王誅必加故以其國君凶也

至于十年不克征

虞翻曰坤爲至爲十年陰逆坎臨故不克征謂五變設險故帥師敗喪君而无征也○何妥曰理國之道須進善納諫迷而不復安可

牧民以此行師必敗績矣敗乃思復失道已遠雖復十年乃征无所克矣　案坤爲先迷故曰迷復坤又爲師象故曰行師坤主數十十年之象也

象曰迷復之凶反君道也

虞翻曰姤乾爲君坤陰滅之以國君凶故曰反君道也

序卦曰復則不妄矣故受之以无妄

崔憬曰物復其本則爲成實故言復則无妄矣

☰☳震下乾上无妄

何妥曰乾上震下天威下行物皆絜齊不敢虚妄也

元亨利貞

遁上之初此所謂四陽二陰非大壯則遁來也剛來交初體乾故元亨三四失位故利貞

也

其匪正有眚不利有攸往

虞翻曰非正謂上也四已之正上動成坎故有眚變而逆乘天命不祐故不利有攸往矣

彖曰无妄剛自外來而爲主於内

蜀才曰此本遯卦案剛自上降爲主於初故動而健剛中而應也於是乎邪妄之道消大通以正矣无妄大亨乃天道恒命也

動而健剛中而應大亨以正天之命也其匪正
有眚不利有攸往
虞翻曰動震也健大亨謂乾剛中謂五而應
二大亨以正變四承五乾爲天巽爲命故曰
大亨以正天之命也
无妄之往何之矣
虞翻曰謂四已變上動體屯坎爲泣血漣如
故何之矣

天命不祐行矣哉

虞翻曰天五也巽爲命祐助也四已變成坤天道助順上動逆服巽命故天命不祐行矣哉言不可行也馬君云天命不祐行非矣

象曰天下雷行物與无妄

九家易曰天下雷行陽氣普遍無物不與故曰物與也物受之以生无有災妄故曰物與无妄也○虞翻曰與謂舉妄亡也謂雷以動

之震爲反生萬物出震无妄者也故曰物與无妄序卦曰復則不妄矣故受之以无妄而京氏及俗儒以爲大旱之卦萬物皆死无所復妄失之遠矣有无妄然後可畜不死明矣若物皆死將何畜聚以此疑也

先王以茂對時育萬物

虞翻曰先王謂乾乾盈爲茂艮爲對時體頤養象萬物出震故以茂對時育萬物言物皆

死違此甚矣○侯果曰雷震天下物不敢妄威震驚洽无物不與故先王以茂養萬物乃對時而育矣時泰則威之以无妄時否則利之以嘉遯是對時而化育也

初九无妄往吉

虞翻曰謂應四也四失位故命變之正四變得位承五應初故往吉矣在外稱往也

象曰无妄之往得志也

虞翻曰四變應初夫妻體正故往得志矣

六二不耕穫不菑畬則利有攸往

虞翻曰有益耕象无坤田故不耨震爲禾稼艮爲手禾在手中故稱穫田在初一歲曰菑在二三歲曰畬初爻非坤故不菑而畬也得位應五利四變之益則坤體成有耒耨之利故利有攸往往應五也

象曰不耕穫未富也

虞翻曰四動坤虛故未富也

六三无妄之災或繫之牛行人之得邑人之災

象曰行人得牛邑人災也

虞翻曰體道終坎故稱災也四動之正坤爲牛艮爲鼻爲止巽爲桑爲繩係牛鼻而止桑下故或繫之牛也乾爲行人坤爲邑人乾四據三故行人之得三係於四故邑人之災或說以四變則牛應初震坤爲死喪故曰行人

得牛邑人災也

九四可貞无咎

虞翻曰動則正故可貞承五應初故无咎也

象曰可貞无咎固有之也

虞翻曰動陰承陽故固有之也

九五无妄之疾勿藥有喜

虞翻曰謂四以之正上動體坎坎爲疾病故曰无妄之疾也巽爲木艮爲石故稱藥矣坎

爲多眚藥不可試故勿藥有喜康子饋藥丘未達故不嘗此之謂也

象曰无妄之藥不可試也

侯果曰位正居尊爲无妄貴主百姓有過在予一人三四妄處五乃憂疾非乖攝則藥不可試若下皆不妄則不治自愈故曰勿藥有喜也

上九无妄行有眚无攸利

虞翻曰：動而成坎，故行有眚。乘剛逆命，故无攸利，天命不祐，行矣哉。

象曰：无妄之行，窮之災也。

崔憬曰：居无妄之中，有妄者也。妄而應三，上下非正，窮而反妄，故爲災也。

序卦曰：有无妄然後可畜也，故受之以大畜。

崔憬曰：有誠實則可以中心藏之，故言有无妄然後可畜也。

䷙乾下艮上大畜利貞

虞翻曰大壯初之上其德剛上也與萃旁通二五失位故利貞此萃五之復二成臨臨者大也至上有頤養之象故名大畜也

不家食吉利涉大川

虞翻曰二稱家謂二五易位成家人家人體噬嗑食故利涉大川應乎天也

彖曰大畜剛健篤實輝光日新

虞翻曰剛剛健謂乾篤實謂艮二已之五利涉大川互體離坎離爲日故輝光日新也

其德剛上而尚賢

蜀才曰此本大壯卦案剛自初升爲主於外剛陽居上尊尚賢也

能止健大正也

虞翻曰健乾止艮也二五易位故大正舊讀言能止健誤也

不家食吉養賢也

虞翻曰：二五易位成家人，今體頤養象，故不家食吉養賢也。案：乾爲賢人也，艮爲宫闕也。令賢人居於闕下，不家食之象。

利涉大川應乎天也

京房曰：謂二變五體坎，故利涉大川。五天位，故曰應乎天。

象曰：天在山中，大畜

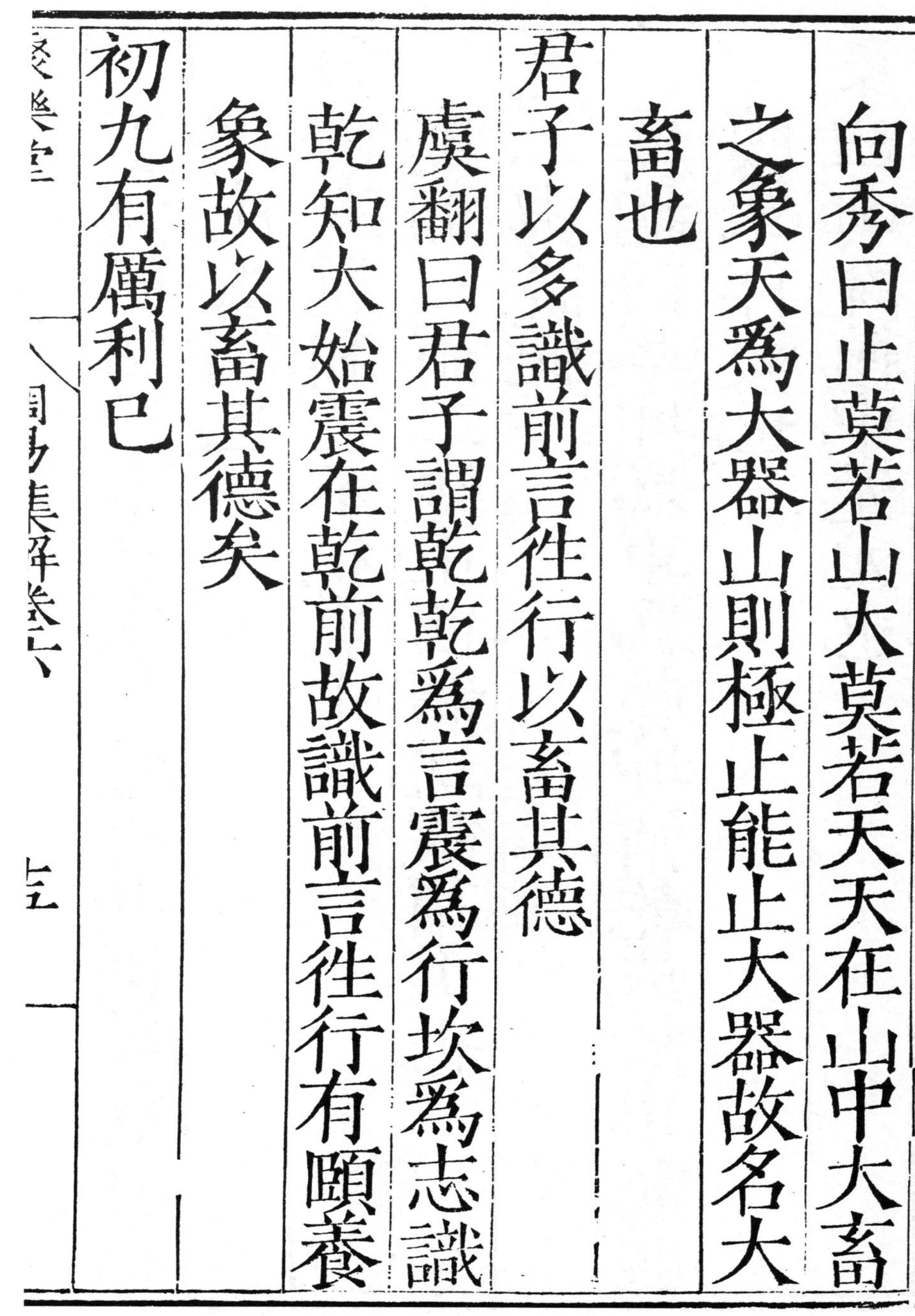
向秀曰止莫若山大莫若天天在山中大畜之象天爲大器山則極止能止大器故名大畜也

君子以多識前言往行以畜其德

虞翻曰君子謂乾乾爲言震爲行坎爲志識乾知大始震在乾前故識前言往行有頤養象故以畜其德矣

初九有厲利已

王弼曰四乃畜已未可犯也進則災危有厲則止故利已

象曰有厲利已不犯災也

虞翻曰謂二變正四體坎故稱災也

九二輿說輹

虞翻曰萃坤爲車爲輹坤消乾成故車說腹腹或作輹也

象曰輿說輹中无尤也

盧氏曰乾爲輿案輹車之鉤心夾軸之物處失其正上應於五五居畜盛止不我升故且脫輹停留待時而進退得正故无尤也

九三良馬逐利艱貞日閑輿衛

虞翻曰乾爲良馬震爲驚走故稱逐也謂二已變三在坎中故利艱貞吉離爲日二至五體師象坎爲閑習坤爲車輿乾人在上震爲驚衛講武閑兵故曰日閑輿衛也

利有攸往象曰利有攸往上合志也

虞翻曰謂上應也五已變正上動成坎坎爲志故利有攸往與上合志也

六四童牛之牿元吉

虞翻曰艮爲童五已之正萃坤爲牛牿謂以木楅其角大畜畜物之家惡其觸害艮爲手爲小木巽爲繩繩縛小木横著牛角故曰童牛之牿得位承五故元吉而喜喜謂五也

象曰六四元吉有喜也

侯果曰坤爲輿故有牛矣牿楅也以木爲之横施於角止其觝之威也初欲上進而四牿之角既被牿則不能觸四是四童初之角也四能牿初與无角同所以元吉而有喜矣童牛无角之牛也封人職曰設其楅衡注云楅設於角衡設於鼻止其觝觸也

六五豶豕之牙吉

虞翻曰二變時坎爲豕劇豕稱亦令不害物三至上體頤象五變之剛巽爲白震爲出剛白從頤中出牙之象也動而得位豶豕之牙吉

象曰六五之吉有慶也

虞翻曰五變得正故有慶也○崔憬曰說文豶劇豕今俗猶呼劇豬是也然以豕本剛突劇乃性和雖有其牙不足害物是制於人也

以喻九二之剛健失位若豕之劇不足畏也而六五應止之易故吉有慶矣　案九二坎爻坎爲豕也以陽居陰而失其位若豕被劇之象也

上九何天之衢亨

虞翻曰何當也衢四交道乾爲天震艮爲道以震交艮故何天之衢亨上變坎爲亨也○王弼曰處畜之極畜極則亨何辭也猶可畜

也乃天之衢亨道大行也

象曰何天之衢道大行也

虞翻曰謂上據二陰乾爲天道震爲行故道大行矣

序卦曰物畜然後可養也故受之以頤頤者養也

崔憬曰大畜剛健煇光日新可以觀其所養故言物畜然後可養

䷚震下艮上頤貞吉

虞翻曰晉四之初與大過旁通養正則吉謂三爻之正五上易位故頤貞吉反覆不衰與乾坤坎離大過小過中孚同義故不從臨觀四陰二陽之例或以臨二之上兑爲口故有口實也

觀頤

虞翻曰離爲目故觀頤觀其所養也

自求口實

虞翻曰則口或以大過兌爲口或以臨兌爲口坤爲目艮爲求口實頤中物謂其自養○鄭玄曰頤者口車之名也震動於下艮止於上口車動而上因輔嚼物以養人故謂之頤頤養也能行養則其幹事故吉矣二五離爻皆得中離爲目觀象也觀頤觀其養賢與不肖也頤中有物曰口實自二至五有二坤坤

載養物而人所食之物皆存焉觀其求可食之物則貪廉之情可別也

彖曰頤貞吉養正則吉也

姚信曰以陽養陰動於下止於上各得其正則吉也○宋衷曰頤者所由飲食自養也君子割不正不食況非其食乎是故所養必得賢明自求口實必得體宜是謂養正也

觀頤觀其所養也

侯果曰王者所養養賢則吉也

自求口實觀其自養也

侯果曰此本觀卦初六升五九五降初則成頤也是自求口實觀其自養　窠口實謂頤口中也實事可言震聲也實物可食艮其成也

天地養萬物

翟玄曰天上地初也萬物衆陰也天地以元

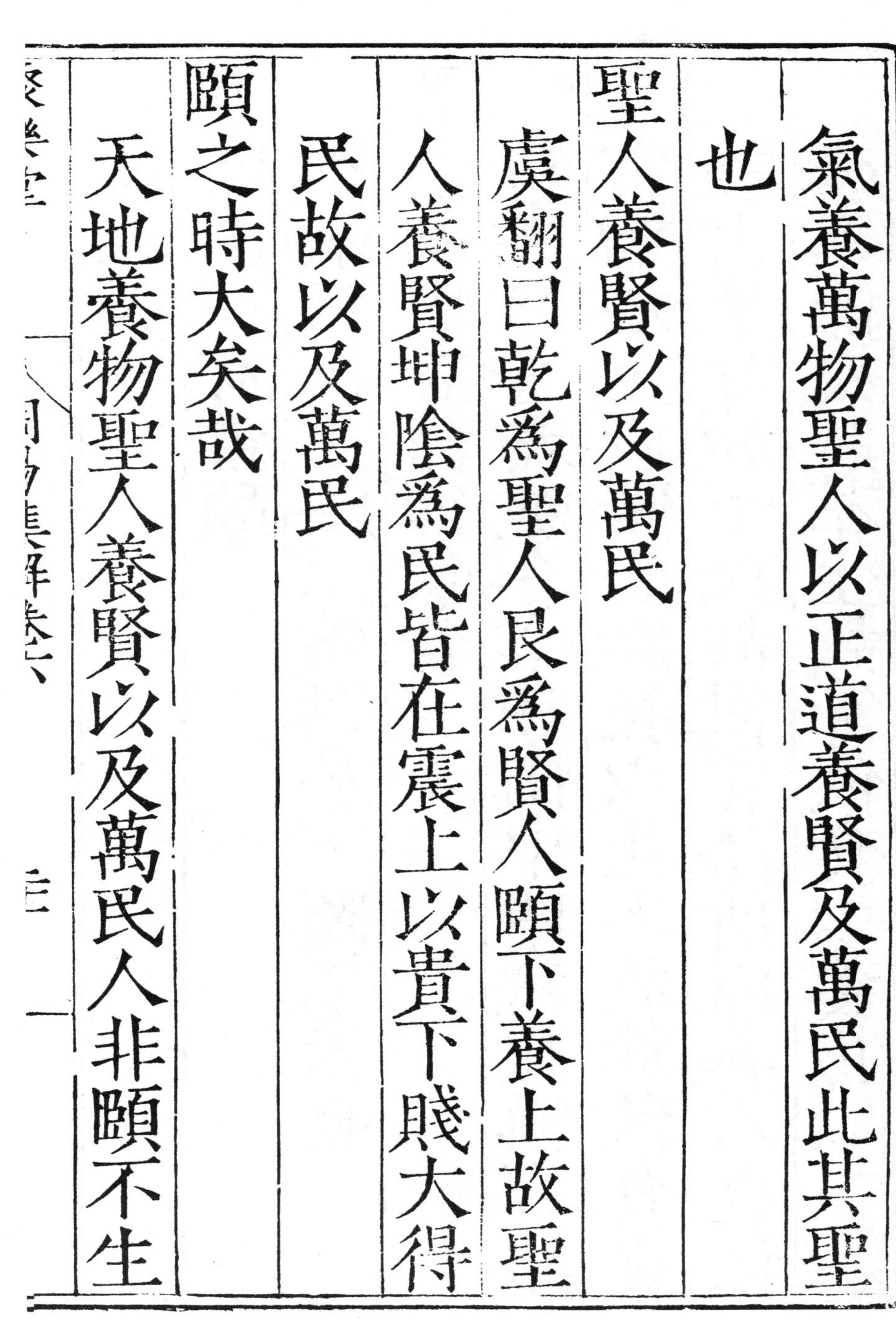

氣養萬物聖人以正道養賢及萬民此其聖也

聖人養賢以及萬民

虞翻曰乾爲聖人艮爲賢人頤下養上故聖人養賢坤陰爲民皆在震上以貴下賤大得民故以及萬民

頤之時大矣哉

天地養物聖人養賢以及萬民人非頤不生

故大矣

象曰山下有雷頤

劉表曰山止於上雷動於下頤之象也

君子以愼言語節飲食

荀爽曰雷爲號令令在山中閉藏故愼言語雷動於上以陽食陰艮以止之故節飲食也言出乎身加乎民故愼言語所以養人也飲食不節殘賊羣生故節飲食以養物

初九舍爾靈龜觀我朶頤凶

虞翻曰晉離爲龜四之初故舍爾靈龜艮爲我震爲動謂四失離入坤遠應多懼故凶矣

象曰觀我朶頤亦不足貴也

侯果曰初本五也五互體艮艮爲山龜自五降初則爲頤矣是舍爾靈龜之德來觀朶頤之饌貪祿致凶故不足貴　案朶頤垂下動之貌也

六二顛頤拂經于丘頤征凶

王肅曰養下曰顛拂違也經常也丘小山謂六五也二宜應五反下養初豈非顛頤違常於五也故曰拂經于丘矣拂丘雖阻常理養下故謂養賢上既无應征必凶矣故曰征凶

象曰六二征凶行失類也

侯果曰正則失養之類

六三拂頤貞凶十年勿用无攸利

虞翻曰三失位體剝不正相應弒父弒君故貞凶坤爲十年動无所應故十年勿用无攸利也

象曰十年勿用道大悖也

虞翻曰弒父弒君故大悖也

六四顛頤吉虎視眈眈其欲逐逐无咎

王弼曰履得其位而應於初以上養下得頤之義故曰顛頤吉下交近瀆則咎矣故虎視

耽耽威而不猛其欲逐逐而尚敦實脩此二者乃得全其吉而无咎矣觀其自養則養正察其所養則養陽頤爻之貴斯爲盛矣

象曰顛頤之吉上施光也

虞翻曰晉四之初謂三已變故頤與屯四乘坎馬同義坤爲虎離爲目耽耽下眡貌逐逐心煩類坤爲吝嗇坎水爲欲故其欲逐逐得位應初故无咎謂上已反三成離故上施光

也

六五拂經居貞吉不可涉大川

虞翻曰失位故拂經无應順上故居貞吉艮爲居也涉上成坎承陽无應故不可涉大川矣

象曰居貞之吉順以從上也

王弼曰以陰居陽拂頤之義也无應於下而比於上故宜居貞順而從上則吉

上九由頤厲吉

虞翻曰由自從也體剝居上衆陰順承故由頤失位故厲以坤艮自輔故吉也

利涉大川象曰由頤厲吉大有慶也

虞翻曰失位厲危之五得正成坎坎爲大川故利涉大川變陽得位故大有慶也

序卦曰不養則不可動故受之以大過

崔憬曰養則可動動則過厚故受之以大過

也

䷛巽下兌上大過棟橈

虞翻曰大壯五之三或說三之五棟橈謂三巽爲長木稱棟初上陰柔本末弱故棟橈也

利有攸往亨

虞翻曰謂二也剛過而中失位无應利變應五之外稱往故利有攸往乃亨也

彖曰大過大者過也

虞翻曰陽稱大謂二也二失位故大者過也

棟橈本末弱也

向秀曰棟橈則屋壞主弱則國荒所以橈由於初上兩陰爻也初爲善始末是令終始終皆弱所以棟橈○王弼曰初爲本而上爲末也侯果曰本君也末臣也君臣俱弱棟橈者也

剛過而中巽而說行利有攸往乃亨

虞翻曰剛過而中謂二說兌也故利有攸往

大壯震五之初故亨與遁而同義
大過之時大矣哉
虞翻曰國之大事在祀與戎籍用白茅女妻
有子繼世承祀故大矣哉
象曰澤滅木大過
案兌澤也巽木也凡木生近水者楊也遇
澤太過木則漫滅焉二五枯楊是其義
君子以獨立不懼遯世无悶

虞翻曰君子謂乾初陽伏巽中體復一爻潛龍之德故稱獨立不懼憂則違之乾初因義故遯世无悶也

初六藉用白茅无咎

虞翻曰位在下稱藉巽柔白爲茅故藉用白茅失位咎也承二過四應五士夫故无咎矣

象曰藉用白茅柔在下也

侯果曰以柔處下履非其正咎也苟能絜誠

肅恭不怠雖置藉於地可以薦奉況藉用白茅重慎之至何咎之有矣

九二枯楊生稊老夫得其女妻无不利

虞翻曰稊稺也楊葉未舒稱稊巽爲楊乾爲老老楊故枯楊在二也十二月時周之二月兑爲雨澤枯楊得澤復生稊二體乾老故稱老夫女妻謂上兑兑爲少女故曰女妻大過之家過以相與老夫得其女妻故无不利

象曰老夫女妻過以相與也

虞翻曰謂二過初與五五過上與二獨大過之爻得過其應故過以相與也

九三棟橈凶象曰棟橈之凶不可以有輔也

虞翻曰本末弱故橈輔之益橈故不可以有輔陽以陰爲輔也

九四棟隆吉有他吝

虞翻曰隆上也應在於初巳與五意在於上

故棟隆吉失位動入險而陷於井故有他吝
象曰棟隆之吉不橈乎下也
虞翻曰乾爲動直遠初近上故不橈下也
九五枯楊生華老婦得其士夫无咎无譽
虞翻曰陽在五也夬三月時周之五月枯楊
得澤故生華矣老婦謂初巽爲婦乾爲老故
稱老婦也士夫謂五大壯震爲夫兊爲少故
稱士夫五過二使應上二過五使取初五得

位故无咎陰在二多譽今退伏初故无譽體
姤淫女故過以相與使應少夫象曰亦可醜
也舊說以初爲女妻上爲老婦誤矣馬君亦
然荀公以初陰失正當變數六爲女妻二陽
失正數九爲老夫以五陽得正位不變數七
爲士夫上陰得正數八爲老婦此何異俗說
也悲夫學之難而以初本爲小反以上末爲
老後之達者詳其義焉

象曰枯楊生華何可久也老婦士夫亦可醜也
虞翻曰乾爲久枯而生華故不可久也婦體遘淫故可醜也

上六過涉滅頂凶无咎
虞翻曰大壯震爲足兑爲水澤震足没水故過涉也頂首也乾爲頂頂没兑水中故滅頂凶乘剛咎也得位故无咎與滅耳同義也

象曰過涉之凶不可咎也

九家易曰君子以禮義爲法小人以畏慎爲宜至於大過之世不復遵常故君子犯義小人犯刑而家家有誅絶之罪不可咎也大過之世君子遜遯不行禮義謂當不義則爭之若比干諫而死是也桀紂之民可比屋而誅上化致然亦不可咎曾子曰上失其道民散久矣如得其情則哀矜而勿喜是其義也

序卦曰物不可以終過故受之以坎坎者陷也

崔憬曰大過不可以極極則過涉滅頂故曰物不可以終過故受之以坎也

☵☵ 坎下坎上 習坎有孚

虞翻曰乾二五之坤與離旁通於爻觀上之二習常也孚信謂二五水行往來朝宗于海不失其時如月行天故習坎爲孚也

維心亨

虞翻曰坎爲心乾二五旁行流坤陰陽會合

故亨也

行有尚

虞翻曰行謂二尚謂五也二位震爲行動得正應五故行有尚往有功也

彖曰習坎重險也

虞翻曰兩象也天險地險故曰重險也

水流而不盈

荀爽曰陽動陰中故流陽陷陰中故不盈也

陸績曰水性趨下不盈溢崖岸也月者水精月在天滿則虧不盈溢之義也

行險而不失其信

荀爽曰謂陽來爲險而不失中中稱信也○虞翻曰信謂二也震爲行水性有常消息與月相應故不失其信矣

維心亨乃以剛中也

侯果曰二五剛而居中則心亨也

行有尚往有功也

虞翻曰功謂五二動應五故往有功也

天險不可升也

虞翻曰謂五在天位五從乾來體屯難故天險不可升也

地險山川丘陵也

虞翻曰坤爲地乾二之坤故曰地險艮爲山坎爲川半山稱丘丘下稱陵故曰地險山川

丘陵也

王公設險以守其國

虞翻曰王公大人謂乾五坤爲邦乾二之坤成坎險震爲守有屯難象故王公設險以守其國離言王用出征以正邦是也　案九五王也六三三公也艮爲山城坎爲水也王公設險之象也

險之時用大矣哉

王肅曰守險以德據險以時成功大矣

象曰水洊至習坎君子以常德行習教事

陸績曰洊再重習也水再至而益通流不捨晝夜重重習相隨以爲常有似於習故君子象之以常習教事如水不息也○虞翻曰君子謂乾五在乾稱大人在坎爲君子坎爲習爲常乾爲德震爲行巽爲教令坤爲事故以常德行習教事也

初六習坎入于坎窞凶

干寶曰坎窞之深者也江河淮濟百川之流行乎地中水之正也及其爲災則泛溢平地而入于坎窞是水失其道也刑獄之用必當于理刑之正也及其不平則枉濫无辜是法失其道也故曰入于坎窞凶矣

象曰習坎入坎失道凶也

虞翻曰習積也位下故習坎爲入坎中小穴

稱窞上无其應初二失正故曰失道凶矣

九二坎有險求小得

虞翻曰陽陷陰中故有險據陰有實故求小得也

象曰求小得未出中也

荀爽曰處中而比物三未足爲援雖求小得未出於險中

六三來之坎坎險且枕入于坎窞勿用

虞翻曰坎在内稱來在坎終坎故來之坎坎枕止也艮爲止三失位乘二則險承五隔四故險且枕入于坎窞體師三輿故勿用

象曰來之坎坎終无功也

干寶曰坎十一月卦也又失其位喻殷之執法者失中之象也來之坎者斥周人觀釁於殷也枕安也險且枕者言安忍以暴政加民而无哀矜之心淫刑濫罰百姓无所措手足

故曰來之坎坎終无功也

六四樽酒簋貳用缶

虞翻曰震主祭器故有樽簋坎爲酒簋黍稷器三至五有頤口象震獻在中故爲簋坎爲木震爲足坎酒在上樽酒之象貳副也坤爲缶禮有副樽故貳用缶耳

納約自牖終无咎

虞翻曰坎爲納也四陰小故約艮爲牖坤爲

戶艮小光照戶牖之象貳用缶故納約自牖得位承五故无咎○崔憬曰於重險之時居多懼之地近三而得位比五而承陽脩其絜誠進共忠信則雖祭祀省薄明德惟馨故曰樽酒簋貳用缶納約文王於紂時行此道從羑里納約卒免於難故曰自牖終无咎也

象曰樽酒簋貳剛柔際也

虞翻曰乾剛坤柔震爲交故曰剛柔際也

九五坎不盈祇既平无咎

虞翻曰盈溢也艮爲止謂水流而不盈坎爲平祇安也艮止坤安故祇既平得位正中故无咎

象曰坎不盈中未大也

虞翻曰體屯五中故未光大也

上六係用徽纆寘于叢棘三歲不得凶

虞翻曰徽纆黑索也觀巽爲繩艮爲手上變

入坎故係用徽纆寘置也坎多心故叢棘獄外種九棘故稱叢棘二一變則五體剝剝傷坤殺故寘于叢棘也不得謂不得出獄艮止坎獄乾爲歲五從乾來三非其應故曰三歲不得凶矣

象曰上六失道凶三歲也

九家易曰坎爲叢棘又爲法律案周禮王之外朝左九棘右九棘面三槐司寇公卿議獄

於其下害人者加明刑任之以事上罪三年舍中罪二年而舍下罪一年而舍也　案坎於木堅而多心叢棘之象也坎下巽爻巽爲纆直係用徽纆也馬融云徽纆索也劉表云三股爲徽兩股爲纆皆索名以繫縛其罪人矣

序卦曰陷必有所麗故受之以離離者麗也

崔憬曰物極則反坎雖陷於地必有所麗於

天而受之以離也

䷝離下離上 離利貞亨

虞翻曰坤二五之乾與坎旁通於爻遯初之五柔麗中正故利貞亨

畜牝牛吉

虞翻曰畜養也坤爲牝牛乾二五之坤成坎體頤養象故畜牝牛吉俗說皆以離爲牝牛失之矣

彖曰離麗也

荀爽曰陰麗於陽相附麗也亦爲別離以陰隔陽也離者火也託於木是其附麗也煙燄飛升炭灰降滯是其別離也

日月麗乎天

虞翻曰乾五之坤成坎爲月離爲日日月麗天也

百穀草木麗乎土

虞翻曰震爲百穀巽爲草木坤爲土乾二五之坤成坎震體屯屯者盈也盈天地之間者唯萬物萬物出震故百穀草木麗乎土

重明以麗乎正乃化成天下

虞翻曰兩象故重明正謂五陽陽變之坤來化乾以成萬物謂離日化成天下也

柔麗乎中正故亨

虞翻曰柔謂五陰中正謂五伏陽出在坤中

畜牝牛故中正而亨也

是以畜牝牛吉也

荀爽曰牛者土也生土於火離者陰卦牝者陰性故曰畜牝牛吉矣

象曰明兩作離

虞翻曰兩謂日與月也乾五之坤成坎坤二之乾成離離坎日月之象故明兩作離作成也日月在天動成萬物故稱作矣或以日與

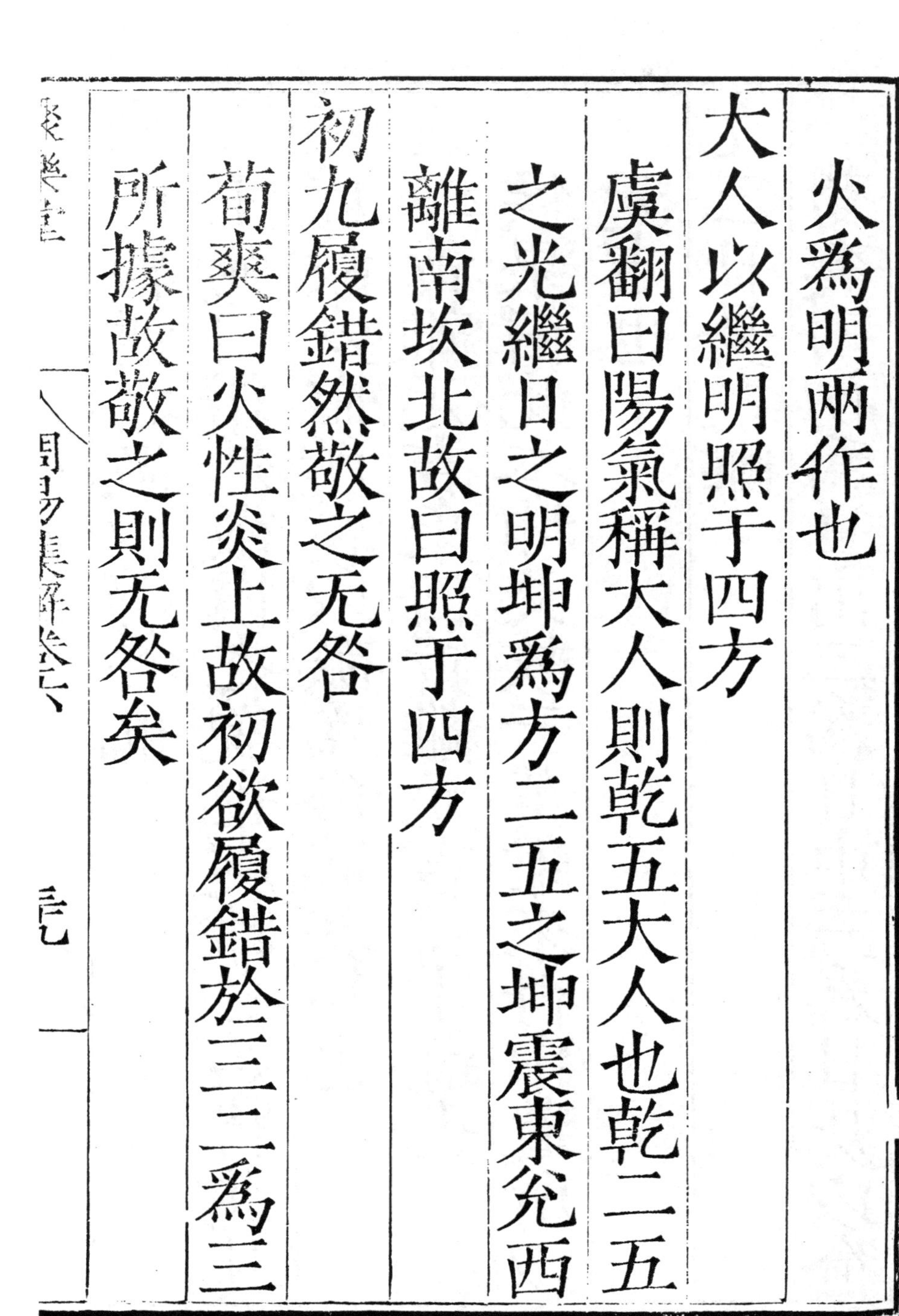

火爲明兩作也

大人以繼明照于四方

虞翻曰陽氣稱大人則乾五大人也乾二五之光繼日之明坤爲方二五之坤震東兌西離南坎北故曰照于四方

初九履錯然敬之无咎

荀爽曰火性炎上故初欲履錯於三三爲三所據故敬之則无咎矣

象曰履錯之敬以辟咎也

王弼曰錯然敬慎之貌也處離之始將進其盛故宜慎所履以敬為務辟其咎也

六二黃離元吉象曰黃離元吉得中道也

侯果曰此本坤爻故云黃離來得中道所以元吉也

九三日昃之離

荀爽曰初為日出二為日中三為日昃以喻

君道衰也

不鼓缶而歌則大耋之嗟凶

九家易曰鼓缶者以目下視離爲大腹瓦缶之象謂不取二也歌者口仰向上謂兑爲口而向上取五也日昃者向下也今不取二而上取五則上九耋之陽稱大也嗟者謂上被三奪五憂嗟窮凶也火性炎上故三欲取五也

象曰日昃之離何可久也

九家易曰日昃當降何可久長三當據二以爲鼓缶而今與四同取於五故曰不鼓缶而歌也

九四突如其來如焚如死如棄如

荀爽曰陽升居五光炎宣揚故突如也陰退居四灰炭降墜故其來如也陰以不正居尊乘陽曆盡數終天命所誅位喪民畔下離所

害故焚如也以離入坎故死如也火息灰損
故棄如也
象曰突如其來如无所容也
九家易曰在五見奪在四見棄故无所容也
六五出涕沱若
荀爽曰六五陰柔退居於四出離爲坎故出
涕沱嗟而下以順陰陽也
戚嗟若吉

虞翻曰坎爲心震爲聲兌爲口故戚嗟若動而得正尊麗陽故吉也

象曰六五之吉離王公也

九家易曰戚嗟順陽附麗於五故曰離王公也陽當居五陰退還四五當爲王三則公也四處其中附上下矣

上九王用出征有嘉折首獲匪其醜无咎

虞翻曰王謂乾乾二五之坤成坎體師象震

爲出故王用出征首謂坤二五來折乾故有嘉折首醜類也乾征得坤陰類乾陽物故獲非其醜无咎矣

象曰王用出征以正邦也

虞翻曰乾五出征坤故正邦也

周易集解卷第六

周易集解卷第七

資州李鼎祚

序卦曰有天地然後有萬物有萬物然後有男女有男女然後有夫婦有夫婦然後有父子有父子然後有君臣有君臣然後有上下有上下然後禮義有所錯

韓康伯曰言咸卦之義也咸柔上而剛下感應以相與夫婦之象莫美乎斯人倫之道莫

大夫婦故夫子殷懃深述其義以崇人倫之始而不係之於離也先儒以乾至離爲上經天道也咸至未濟爲下經人事也夫易六畫成卦三材必備錯綜天人以効變化豈有天道人事偏於上下哉斯蓋守文而不求義失之遠矣

䷞ 艮下兊上 咸亨利貞取女吉

虞翻曰咸感也坤三之上成女乾上之三成

男乾坤氣交以相與止而説男下女故通利貞娶女吉○鄭玄曰咸感也艮爲山兑爲澤山氣下澤氣上二氣通而相應以生萬物故曰咸也其於人也嘉會禮通和順於義幹事能正三十之男有此三德以下二十之女正而相親説娶之則吉也

彖曰咸感也柔上而剛下二氣感應以相與

蜀才曰此本否卦案六三升上上九降三是

柔上而剛下二氣交感以相與也

止而說男下女是以亨利貞娶女吉也

王肅曰山澤以氣通男女以禮感男而下女初婚之所以爲禮也通義正娶女之所以爲吉也

天地感而萬物化生

荀爽曰乾下感坤故萬物化生於山澤○陸績曰天地因山澤孔竅以通其氣化生萬物

也

聖人感人心而天下和平

虞翻曰乾爲聖人初四易位成既濟坎爲心爲平故聖人感人心而天下和平此保合大和品物流形也

觀其所感而天地萬物之情可見矣

虞翻曰謂四之初以離日見天坎月見地縣象著明萬物見離故天地萬物之情可見也

象曰山上有澤咸

崔憬曰山高而降澤下而升山澤通氣咸之象也

君子以虛受人

虞翻曰君子謂否乾乾爲人坤爲虛謂坤虛三受上故以虛受人艮山在地下爲謙在澤下爲虛

初六咸其拇象曰咸其拇志在外也

虞翻曰拇足大指也艮爲指坤爲拇故咸其拇失位遠應之四得正故志在外謂四也

六二咸其腓凶居吉象曰雖凶居吉順不害也

崔憬曰腓脚膞次於拇上二之象也得位居中於五有應若感應相與失艮止之禮故凶居而承比於三順止而隨於當禮故吉也

九三咸其股執其隨往吝

崔憬曰股髀而次於腓上三之象也剛而得

位雖欲感上以居艮極止而不前二隨於己志在所隨故執其隨下比二也而遂感上則失其止義故往吝窮也

象曰咸其股亦不處也志在隨人所執下也

虞翻曰巽爲股謂二也巽爲隨艮爲手故稱執三應於上初四已變歷險故往吝巽爲處女也男已下女以艮陽入兑陰故不處也凡士與女未用皆稱處矣志在於二故所執下

也

九四貞吉悔亡憧憧往來朋從爾思

虞翻曰失位悔也應初動得正故貞吉而悔亡矣憧憧懷思慮也之內爲來之外爲往欲感上隔五感初隔三故憧憧往來矣兑爲明少女也艮初變之四坎心爲思故曰朋從爾思也

象曰貞吉悔亡未感害也

虞翻曰坤爲害也今未感坤初體遯弑父故曰未感害也

憧憧往來未光大也

虞翻曰未動之離故未光大也

九五咸其脢无悔

虞翻曰脢夾脊肉也謂四已變坎爲脊故咸其脢得正故无悔

象曰咸其脢志末也

案末猶上也四感於初三隨其二五比於上

故咸其脢志末者謂五志感於上也

上六咸其輔頰舌

虞翻曰耳目之閒稱輔頰四變爲目坎爲耳

兌爲口舌故曰咸其輔頰舌

象曰咸其輔頰舌騰口說也

虞翻曰騰送也不得之三山澤通氣故騰口

說也

序卦曰夫婦之道不可不久也故受之以恒恒者久也

鄭玄曰言夫婦當有終身之義夫婦之道謂咸者也

䷟巽下震上恒亨无咎利貞

虞翻曰恒久也與益旁通乾初之坤四剛柔皆應故通无咎利貞矣○鄭玄曰恒久也巽爲風震爲雷雷風相須而養物猶長女承長

男夫婦同心而成家久長之道也夫婦以嘉會禮通故无咎其能和順幹事所行而善矣

利有攸往

虞翻曰初利往之四終變成益則初四二五皆得其正終則有始故利有攸往也

彖曰恒久也剛上柔下

王弼曰剛尊柔卑得其序也

雷風相與巽而動

蜀才曰此本泰卦案六四降初初九升四是剛上而柔下也分乾與坤雷也分坤與乾風也是雷風相與巽而動也

剛柔皆應恒

九家易曰初四二五雖不正而剛柔皆應故通无咎矣

恒亨无咎利貞久於其道也

荀爽曰恒震世也巽來乘之陰陽合會故通

无咎長男在上長女在下夫婦道正故利貞

久於其道也

天地之道恒久而不已也

虞翻曰泰乾坤爲天地謂終則復始有親則

可久也

利有攸往終則有始也

荀爽曰謂乾氣下終始復升上居四也坤氣

上終始復降下居初者也

日月得天而能久照

虞翻曰動初成乾爲天至二離爲日至三坎爲月故日月得天而能久照也

四時變化而能久成

虞翻曰春夏爲變秋冬爲化變至二離夏至三兊秋至四震春至五坎冬至故四時變化而能久成謂乾坤化成物也

聖人久於其道而天下化成

虞翻曰聖人謂乾乾爲道初二巳正四五復位成既濟定乾道變化各正性命有兩離象重明麗正故化成天下矣

觀其所恒而天地萬物之情可見矣

虞翻曰以離日照乾坎月照坤萬物出震故天地萬物之情可見矣與咸同義也

象曰雷風恒

宋衷曰雷以動之風以散之二者常相薄而

爲萬物用故君子象之以立身守節而不易道也

君子以立不易方

虞翻曰君子謂乾三也乾爲易爲立坤爲方乾初之坤四三正不動故立不易方也

初六浚恒貞凶无攸利

侯果曰浚深恒久也初本六四自四居初始求深厚之位者也位既非正求乃涉邪以此

爲正凶之道也故曰浚恒貞凶无攸利矣

象曰浚恒之凶始求深也

虞翻曰浚深也初下稱浚故曰浚恒乾初爲淵故深矣失位變之正乾爲始故曰始求深也

九二悔亡

虞翻曰失位悔也動而得正處中多譽故悔亡也

象曰九二悔亡能久中也

荀爽曰乾爲久也能久行中和以陽據陰故曰能久中也

九三不恒其德或承之羞貞吝

荀爽曰與初同象欲據初隔二與五爲兊欲悅之隔四意无所定故不恒其德與上相應欲往承之爲陰所乘故或承之羞也貞吝者謂正居其所不與陰通也无居自容故貞吝

矣

象曰不恒其德无所容也

九家易曰言三取初隔二應上見乘是无所容无居自容故貞吝

九四田无禽象曰久非其位安得禽也

虞翻曰田謂二也地上稱田无禽謂五也九四失位利也上之五五已變承之故曰田無禽言二五皆非其位故象曰久非其位安得禽也

六五恒其德貞婦人吉夫子凶

虞翻曰動正成乾故恒其德婦人謂初巽爲婦終變成益震四復初婦得歸陽從一而終故貞婦人吉也震乾之子而爲巽夫故曰夫子終變成益震四從巽死於坤中故夫子凶也

象曰婦人貞吉從一而終也

虞翻曰一謂初終變成益以巽應初震故從

一而終也

夫子制義從婦凶也

虞翻曰震没從巽入坤故從婦凶矣

上六振恒凶象曰振恒在上大无功也

虞翻曰在震上故震恒五動乘陽故凶終在

益上五遠應故无功也

序卦曰物不可以久居其所故受之以遯

韓康伯曰夫婦之道以恒爲貴而物之所居

不可以恒安與世升降有時而遯者也

䷠艮下乾上遯亨

虞翻曰陰消姤二也艮爲山巽爲入乾爲遠遠山入藏故遯以陰消陽子弑其父小人道長避之乃通故遯而通則當位而應與時行之也

小利貞

虞翻曰小陰謂二得位浸長以柔變剛故小

利貞○鄭玄曰遯逃去之名也艮爲門闕乾有健德互體有巽巽爲進退君子出門行有進退逃去之象曰五得位而有應是用正道得禮見召聘始任他國當尚謙謙小其和順之道居小官幹小事其進以漸則遠妬忌之害昔陳敬仲奔齊辭卿是也

彖曰遯亨遯而亨也

侯果曰此本乾卦陰長剛殞君子遯避遯則

通也

剛當位而應與時行也

虞翻曰剛謂五而應二艮爲時故與時行矣

小利貞浸而長也

荀爽曰陰稱小浸而長則將消陽故利正居是與五相應也

遯之時義大矣哉

陸績曰謂陽氣退陰氣將害隨時遯避其義

大矣哉○宋衷曰太公遯殷四皓遯秦之時也

象曰天下有山遯

崔憬曰天喻君子山比小人小人浸長若山之侵天君子遯避若天之遠山故言天下有山遯也

君子以遠小人不惡而嚴

虞翻曰君子謂乾乾爲遠爲嚴小人謂陰坤

爲惡爲小人故以遠小人不惡而嚴也○侯果曰羣小浸盛剛德殞削故君子避之高尚林野但矜嚴於外亦不憎惡於内所謂吾家耄遜於荒也

初六遯尾厲勿用有攸往

陸績曰陰氣已至於二而初在其後故曰遯尾也避難當在前而在後故厲往則與災難會故勿用有攸往

象曰遯尾之厲不往何災也

虞翻曰艮爲尾也初失位動而得正故遯尾厲之應成坎爲災在艮安靜若不往於四則无災矣

六二執之用黃牛之革莫之勝說

虞翻曰艮爲手稱執否坤爲黃牛艮爲皮四變之初則坎水濡皮離日乾之故執之用黃牛之革莫无也勝能說解也乾爲堅剛巽爲

繩艮爲手持革縛三在坎中故莫之勝說也

象曰執用黄牛固志也

侯果曰六二離爻離爲黄牛體艮履正上應貴主志在輔時不隨物遯獨守中直堅如革束執此之志莫之勝說殷之父師當此爻矣

九三係遯有疾厲畜臣妾吉

虞翻曰厲危也巽爲四變時九三體坎坎爲疾故有疾厲遯陰剝陽三消成坤與上易位

坤爲臣兑爲妾上來之三據坤應兑故畜臣妾吉也

象曰係遯之厲有疾憊也

王肅曰三上係于二而獲遯故曰係遯病此係執而獲危懼故曰有疾憊也此於六二畜臣妾之象足以畜其臣妾不可施爲大事也

畜臣妾吉不可大事也

虞翻曰三動入坤坤爲事故不可大事也○

荀爽曰大事謂與五同任天下之政潛遯之世但可居家畜養臣妾不可治國之大事

九四好遯君子吉小人否

虞翻曰否乾爲好爲君子陰稱小人動之初故君子吉陰在四多懼故小人否得位承五故无凶咎矣

象曰君子好遯小人否也

侯果曰不處其位而遯於外好遯者也然有

應在初，情未能棄，君子剛斷，故能舍之。小人係戀，必不能矣。故君子吉，小人否矣。

九五：嘉遯，貞吉。

虞翻曰：乾爲嘉，剛當位應二，故貞吉，謂三已變，上來之三成坎，象曰以正志也。

象曰：嘉遯貞吉，以正志也。

侯果曰：時否德剛，雖遯中正，嘉遯者也，故曰貞吉。遯而得正，則羣小應命，所謂紐以齊之

剛正羣小之志則殷之高宗當此爻矣

上九肥遯无不利

虞翻曰乾盈爲肥二不及上故肥遯无不利

故象曰无所疑也

象曰肥遯无不利无所疑也

侯果曰最處外極无應於内心无疑戀超然高舉果行育德安時无悶遯之肥也故曰肥遯无不利則潁濱巢許當此爻矣

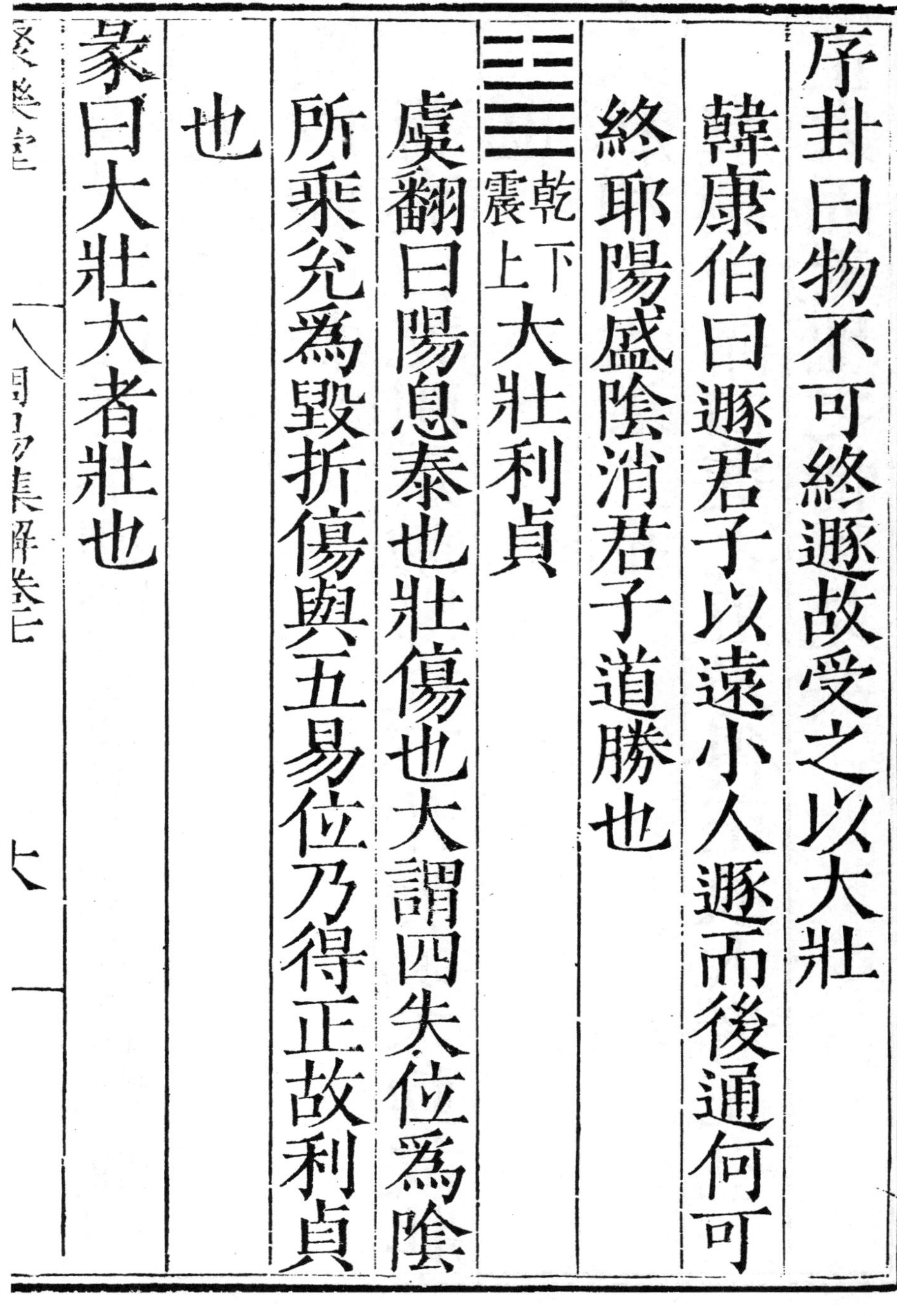

序卦曰物不可終遯故受之以大壯

韓康伯曰遯君子以遠小人遯而後通何可終耶陽盛陰消君子道勝也

䷡ 乾下震上 大壯利貞

虞翻曰陽息泰也壯傷也大謂四失位爲陰所乘兊爲毀折傷與五易位乃得正故利貞也

彖曰大壯大者壯也

侯果曰此卦本坤陰柔消弱剛大長壯故曰大壯也

剛以動故壯

荀爽曰乾剛震動陽從下升陽氣大動故壯也

大壯利貞大者正也

虞翻曰謂四進之五乃得正故大者正也

正大而天地之情可見矣

虞翻曰正大謂四之五成需以離日見天坎月見地故天地之情可見也矣

象曰雷在天上大壯

崔憬曰震下乾上故言雷在天上一曰雷陽氣也陽至于上卦能助於天威大壯之象也

君子以非禮弗履

陸績曰天尊雷卑君子見卑乘尊終必消除故象以爲戒非禮不履

初九壯于趾征凶有孚

虞翻曰趾謂四征行也震足爲趾爲征初得位四不征之五故凶坎爲孚謂四上之五成坎已得應四故有孚

象曰壯于趾其孚窮也

虞翻曰應在乾終故其孚窮也

九二貞吉象曰九二貞吉以中也

虞翻曰變得位故貞吉動體離故以中也

九三小人用壯君子用罔貞厲

虞翻曰應在震也三陽君子小人謂上上逆故用壯謂二巳變離離爲罔三乘二故君子用罔體乾夕惕故貞厲也

羝羊觸藩羸其角

荀爽曰三與五同功爲兑故曰羊終始陽位故曰羝藩謂四也三欲觸四而危之四反羸其角角謂五也

象曰小人用壯君子罔也

侯果曰藩謂四也九四體震爲竹葦故稱藩也三互乾兑乾壯兑羊故曰羝羊四藩未汥三妄勿往用壯觸藩求應於上故角被拘羸矣　案自三至五體兑爲羊四既是藩五爲羊角即羝羊觸藩羸其角用之象也

九四貞吉悔亡藩汥不羸壯于大轝之輹象曰藩汥不羸尚往也

虞翻曰失位悔也之五得中故貞吉而悔亡矣體夬象故藩決震四上處五則藩毀壞故藩決不羸坤爲大車爲腹四之五折坤故壯于大車之輹而象曰尚往者謂上之五

六五喪羊于易无悔

虞翻曰四動成泰坤爲喪也乾爲易四上之五兊還屬乾故喪羊于易動各得正而處中和故无悔矣

象曰喪羊于易位不當也

案謂四五陰陽失正陰陽失正故曰位不當

上六羝羊觸藩不能退不能遂无攸利艱則吉

虞翻曰應在三故羝羊觸藩遂進也謂四已之五體坎上能變之巽巽爲進退故不能退不能遂進則失位上則乘剛故无攸利坎爲艱得位應三利上故艱則吉

象曰不能退不能遂不祥也

虞翻曰乾善爲祥不得三應故不祥也

艱則吉咎不長也

虞翻曰巽爲長動失位爲咎不變之巽故咎不長也

序卦曰物不可以終壯故受之以晉晉者進也

崔憬曰不可以終壯於陽盛自取觸藩當宜柔進而上行受茲錫馬

䷢ 坤下離上 晉康侯用錫馬蕃庶晝日三接

虞翻曰觀四之五晉進也坤爲康康安也初動體也震爲侯故曰康侯震爲馬坤爲用故用錫馬艮爲多坤爲衆故繁庶離日在上故晝日三陰在下故三接矣

彖曰晉進也明出地上順而麗乎大明

崔憬曰渾天之義日從地出而升于天故曰明出地上坤臣道也日君德也臣以功進君以恩接是以順而麗乎大明雖一卦名晉而

五爻爲主故言柔進而上行也

柔進而上行

蜀才曰此本觀卦案九五降四六進五是柔進而上行

是以康侯用錫馬蕃庶

荀爽曰陰進居五處用事之位陽中之陰侯之象也陰性安靜故曰康侯馬謂四也五以下羣陰錫四也坤爲衆故曰蕃庶矣

晝日三接也

侯果曰康美也四爲諸侯五爲天子坤爲衆坎爲馬天子至明於上公侯謙順於下美其治物有功故蕃錫車馬一晝三覿也采菽刺幽王侮諸侯詩曰雖无與之路車乘馬大行人職曰諸公三饗三問三勞諸侯三饗再問再勞子男三饗一問一勞卽天子三接諸侯之禮也

象曰明出地上晉君子以自昭明德

鄭玄曰地雖生萬物日出於上其功乃著故君子法之而以明自昭其德○虞翻曰君子謂觀乾乾爲德坤爲離爲明乾五動以離日自照故以自昭明德也

初六晉如摧如貞吉罔孚裕无咎

虞翻曰晉進摧憂愁也應在四故晉如失位故摧如動得位故貞吉應離爲罔四坎稱孚

坤弱爲裕欲四之五成巽初受其命故无咎也

象曰晉如摧如獨行正也

虞翻曰初動震爲行初一稱獨也

裕无咎未受命也

虞翻曰五未之巽故未受命也

六二晉如愁如貞吉

虞翻曰坎爲應在坎上故愁如得位處中故

貞吉也

受兹介福于其王母

虞翻曰乾爲介福艮爲手坤爲虚故稱受介大也謂五已正中乾爲王坤爲母故受兹介福于其王母

象曰受兹介福以中正也

九家易曰五動得正中故二受大福矣大福謂馬與蕃庶之物是也

六三衆允悔亡

虞翻曰坤爲衆允信也土性信故衆允三失正與上易位則悔亡故象曰上行也此則成小過小過故有飛鳥之象焉臼杵之利見鼫鼠出入坎穴蓋取諸此也

象曰衆允之志上行也

虞翻曰坎爲志三之上成震故曰上行也

九四晉如鼫鼠貞厲

九家易曰鼫鼠喻貪謂四也體離欲升體坎欲降游不度瀆不出坎也飛不上屋不至上也緣不極木不出離也穴不掩身五坤薄也走不先足外震在下也五伎皆劣四爻當之故曰晉如鼫鼠也

象曰鼫鼠貞厲位不當也

翟玄曰鼫鼠晝伏夜行貪猥无巳謂雖進承五然潛據下陰久居不正之位故有危厲也

六五悔亡矢得勿恤往吉无不利

荀爽曰五從坤動而來爲離離者射出故曰矢得陰居尊位故有悔也以中盛明光照四海故悔亡勿恤吉无不利也

象曰矢得勿恤往有慶也

虞翻曰動之乾乾爲慶也矢古誓字誓信也勿无卹憂也五變得正坎象不見故誓得勿卹往有慶也

上九晉其角

虞翻曰五以變之乾爲首位在首上故稱角故晉其角也

維用伐邑厲吉无咎貞吝

虞翻曰坤爲邑動成震而體師象坎爲心故維用伐邑得位承五故厲吉无咎而貞吝矣

象曰維用伐邑道未光也

荀爽曰陽雖在上動入冥逸故道未光也

序卦曰進必有所傷故受之以明夷夷者傷也

九家易曰日在坤下其明傷也言進極當降復入于地故曰明夷也

䷣離下坤上明夷

虞翻曰夷傷也臨二之三而反晉也明入地中故傷矣

利艱貞

虞翻曰謂五也五失位變出成坎爲艱故利

艱貞矣○鄭玄曰夷傷也日出地上其明乃光至其入也明則傷矣故謂之明夷日之明傷猶聖人君子有明德而遭亂世抑在下位則宜自艱无幹事政以避小人之害也

彖曰明入地中明夷

蜀才曰此本臨卦也案夷滅也九二升三六三降二明入地中也明入地中則明滅也

内文明而外柔順以蒙大難

荀爽曰明在地下爲坤所蔽大難之象大難文王君臣相事故言大難也

文王以之

虞翻曰以用也三喻文王大難謂坤坤爲弑父迷亂荒淫若紂殺比干三幽坎中象文王之拘羑里震爲諸侯喻從文王者紂懼出之故以蒙大難得身全矣

利艱貞晦其明也內難而能正其志箕子以之

虞翻曰箕子紂諸父故稱内難五乾天位今化爲坤箕子之象坤爲晦箕子正之出五成坎體離重明麗正坎爲志故正其志箕子以之而紂奴之矣

象曰明入地中明夷君子以莅衆用晦而明

虞翻曰而如也君子謂三體師象以坎莅坤坤爲衆爲晦離爲明故用晦如明也

初九明夷于飛垂其翼君子于行三日不食

荀爽曰火性炎上離爲飛鳥故曰于飛爲坎所抑故曰垂其翼陽爲君子三者陽德成也日以喻君不食者不得君祿食也陽未居五陰暗在上陽有明德恥食其祿故曰君子于行三日不食也

有攸往主人有言

九家易曰四者初應衆陰在上爲主人也初欲上居五則衆陰有言言謂震也四五體震

爲雷聲故曰有攸往主人有言也

象曰君子于行義不食也

荀爽曰暗昧在上有明德者義不食祿也

六二明夷于左股用拯馬壯吉

九家易曰左股謂初爲二所夷也離爲飛鳥蓋取小過之義鳥飛舒翼而行夷者傷也今初傷垂翼在下故曰明夷于左股矣九三體坎坎爲馬也二應於五三與五同功二以中

和應天應天合衆欲升上三以壯於五故曰用拯馬壯吉　案初爲足二居足上股也二互體坎坎主左方左股之象也

象曰六二之吉順以則也

九家易曰二欲上三居五爲天子坎爲法律君有法則衆陰當順從之矣

九三明夷于南狩得其大首不可疾貞

九家易曰歲終田獵名曰狩也南者九五大

陽之位故稱南也暗昧道終三可升上而獵於五得據大陽首位故曰明夷于南狩得其大首自暗復明當以漸次不可卒正故曰不可疾貞也

象曰南狩之志乃大得也

案冬獵曰狩也三互離坎離南坎北北主於冬故曰南狩五居暗主三處明終履正順時拯難興衰者也以臣伐君故假言狩既獲五

三之大首而三志乃大得也

六四入于左腹獲明夷之心于出門庭

荀爽曰陽稱左謂九三也腹者謂五居坤坤爲腹也四得位比三處於順首欲三上居五以陽爲腹心也故曰入于左腹獲明夷之心言三明當出門庭升五君位○干寶曰一爲室二爲戶三爲庭四爲門故曰于出於門庭矣

象曰入于左腹獲心意也
九家易曰四欲外三居五爲坎坎爲心四以坤爻爲腹故曰入于左腹獲心意也
六五箕子之明夷利貞
馬融曰箕子紂之諸父明於天道洪範之九疇德可以王故以當五知紂之惡無可奈何同姓恩深不忍棄去被髮佯狂以明爲晦故曰箕子之明夷卒以全身爲武王師名傳無

窮故曰利貞矣

象曰箕子之貞明不可息也

侯果曰體柔履中内明外暗羣陰共掩以夷其明然以正爲明而不可息以爻取象箕子當之故曰箕子之貞明不可息也

上六不明晦初登于天後入于地

虞翻曰應在三離滅坤下故不明晦晉時在上麗乾故登于天照四國今反在下故後入

于地失其則

象曰初登于天照四國也後入于地失則也

侯果曰最遠於陽故曰不明晦也初登于天謂明出地上下照于坤坤爲衆國故曰照于四國也喻陽之初興也後入于地謂明入地中晝變爲夜暗晦之甚故曰失則也况紂之亂世也此之二象言晉與明夷往復不已故見暗則伐取之亂則治取之聖人因象設誡

也

周易集解卷第七

明嘉靖聚樂堂本周易集解

第一册

唐 李鼎祚撰

中國國家圖書館藏明嘉靖三十六年朱睦㮮聚樂堂刻本

山東人民出版社·濟南

圖書在版編目（CIP）數據

明嘉靖聚樂堂本周易集解 /（唐）李鼎祚撰 .— 濟南：山東人民出版社，2024.3
（儒典）
ISBN 978-7-209-14347-9

Ⅰ . ①明… Ⅱ . ①李… Ⅲ . ①《周易》- 注釋 Ⅳ . ① B221.2

中國國家版本館 CIP 數據核字（2024）第 036416 號

項目統籌：胡長青
責任編輯：劉嬌嬌
裝幀設計：武　斌
項目完成：文化藝術編輯室

明嘉靖聚樂堂本周易集解
〔唐〕李鼎祚撰

主管單位　山東出版傳媒股份有限公司
出版發行　山東人民出版社
出 版 人　胡長青
社　　址　濟南市市中區舜耕路517號
郵　　編　250003
電　　話　總編室（0531）82098914
　　　　　市場部（0531）82098027
網　　址　http://www.sd-book.com.cn
印　　裝　山東華立印務有限公司
經　　銷　新華書店

規　　格　16開（160mm×240mm）
印　　張　83.5
字　　數　668千字
版　　次　2024年3月第1版
印　　次　2024年3月第1次
ISBN　978-7-209-14347-9
定　　價　200.00圓（全五册）
　　　　　如有印裝質量問題，請與出版社總編室聯繫調換。

《儒典》選刊工作團隊

前言

中國是一個文明古國、文化大國，中華文化源遠流長，博大精深。在中國歷史上影響較大的是孔子創立的儒家思想，因此整理儒家經典、注解儒家經典，爲儒家經典的現代化闡釋提供权威、典范、精粹的典籍文本，是推進中華優秀傳統文化創造性轉化、創新性發展的奠基性工作和重要任務。

中國經學史是中國學術史的核心，歷史上創造的文本方面和經解方面的輝煌成果，大量失傳了。西漢是經學的第一個興盛期，除了當時非主流的《詩經》毛傳以外，其他經師的注釋後來全部失傳了。東漢的經解衹有鄭玄、何休等少數人的著作留存下來，其餘也大都失傳了。南北朝至隋朝興盛的義疏之學，其成果僅有皇侃《論語疏》幸存於日本。五代時期精心校刻的《九經》、北宋時期國子監重刻的《九經》以及校刻的單疏本，也全部失傳。南宋國子監刻的單疏本，我國僅存《周易正義》、《爾雅疏》、《春秋公羊疏》（三十卷殘存七卷）、《春秋穀梁疏》（十二卷殘存七卷），日本保存了《尚書正義》、《毛詩正義》、《禮記正義》（七十卷殘存八卷）、《周禮疏》（日本傳抄本）、《春秋公羊疏》（日本傳抄本）、《春秋正義》（日本傳抄本）。南宋兩浙東路茶鹽司刻八行本，我國保存下來的有《周禮疏》、《禮記正義》、《春秋左傳正義》（紹興府刻）、《論語注疏解經》（二十卷殘存十卷）、《孟子注疏解經》（存臺北『故宫』），日本保存有《周易注疏》《尚書正義》（凡兩部，其中一部被清楊守敬購歸）。南宋福建刻十行本，我國僅存《春秋穀梁注疏》、《春秋左傳注疏》（六十卷，一半在大陸，一半在臺灣），日本保存有《毛詩注疏》《春秋左傳注疏》。從這些情況可以看出，經書代表性的早期注釋和早期版本國內失傳嚴重，有的僅保存在東鄰日本。

鑒於這樣的現實，一百多年來我國學術界、出版界努力搜集影印了多種珍貴版本，但是在系統性、全面性和準確性方面都還存在一定的差距。例如唐代開成石經共十二部經典，石碑在明代嘉靖年間地震中受到損害，明代萬曆初年西安府學等學校師生曾把損失的文字補刻在另外的小石上，立於唐碑之旁。近年影印出版唐石經拓本多次，都是以唐代石刻與明代補刻割裂配補的裱本爲底本。由於明代補刻采用的是唐碑的字形，這種配補本難以區分唐刻與明代補刻，不便使用，亟需單獨影印唐碑拓本。

爲把幸存於世的、具有代表性的早期經解成果以及早期經典文本收集起來，系統地影印出版，我們規劃了《儒典》編纂出版項目。

《儒典》出版後受到文化學術界廣泛關注和好評，爲了滿足廣大讀者的需求，現陸續出版平裝單行本。共收録一百十一種元典，共計三百九十七册，收録底本大體可分爲八個系列：經注本（以開成石經、宋刊本爲主。開成石經僅有經文，無注，但它是用經注本删去注文形成的）、經注附釋文本、纂圖互注本、單疏本、八行本、十行本、宋元人經注系列、明清人經注系列。

《儒典》是王志民、杜澤遜先生主編的。本次出版單行本，特請杜澤遜、李振聚、徐泳先生幫助酌定選目。

特此説明。

二〇二四年二月二十八日

目録

第一册

第二册

第三册

第四册

第五册

周易集解序

上海潘恩撰

此唐李氏鼎祚所輯易解刻之者我亭氏也六經之道大矣而易爲之原庖犧氏之王天下始畫八卦重之爲六周文王作卦辭公旦作爻辭孔子繫之翼所以闡陰陽之秘發天地之房者斯其至哉語有之乾坤毀則無以見易言易與

天地相始終也自卜商以後傳注百家惟王
衆所宗頗行於代李氏謂鄭則多參天
乃全釋人事易之爲道豈偏滯於天人
是採摭遺言歷漢迄唐集虞翻荀爽三
刋輔嗣之野文補康成之逸象其用
矣夫二氣運行彰往察來莫賾於天道
備之消息盈虛其數不可畧也貞悔
物撰德莫辨於人事而六位窮之乘

[illegible]輩皆以爲不可自是河汾諸儒多主
[illegible]及青齊多主于王唐與孔穎達受詔
五經正義于易獨取王傳而鄭學遂廢先
[illegible]之業亦復不傳可勝嘆哉夫易有聖人
之道四焉世之言理義之學者以其辭耳象變
與占其可闕乎昔吳季札之魯觀樂見易象喜
[illegible]周禮盡在魯矣是故象者易之原也象成而
後有辭辭著而後有變變見而後有占若乃顓

尚文辭不復推原大傳天人之道岐而爲二可
乎康成去古未遠其所纂述必有所本鼎祚恐
其失墜以廣其說均之爲有裨于易者也是編
刻自宋季人間希有存者頃歲予得之李中麓
氏[illegible]用校梓以傳欲使聖人之道不致偏滯而
[illegible]述唐三十家之言亦不至埃滅弗聞也鼎
[illegible]人仕唐爲秘閣學士以經學稱于時嘗
[illegible]預察胡人叛亡日時無毫髮爽象數

□此及閱唐列傳與蜀志俱不見其人
□抑别有所載耶因附論著于此以俟
□者考焉
□□□巳冬十二月望日

權印

學□

□經堂

解序

後學汴上眭欅譔

藝文志稱李鼎祚集註周易十七卷據

序云十卷而首尾俱全初無亡失不知

之史何所據而云十七卷也崇文總目及邯鄲

書志亦稱七篇逸蓋承唐史之誤耳鼎祚解

多避唐諱又取序卦冠於各卦之首所引有

子夏孟喜焦貢京房馬融荀爽鄭玄劉表何晏

宋衷虞翻陸績干寶王肅王弼姚信王廙張璠
向秀王凱沖侯果蜀才翟玄韓康伯劉巘何妥
崔憬沈驎士盧士崔覲伏曼容孔穎達凡三十
一家又引九家易乾鑿度諸說義有未詳鼎祚
[illegible][illegible]削予嘗綜其義例蓋宗鄭學者也自商
註易者百家而鄭氏玄王氏弼爲最顯
象數王之學主名理漢晉以來二氏
劉宋初顔延之爲祭酒黜鄭置王時

其理不可遺也故曰易也者天人之一孰或合之而孰或離之李之宗鄭斥矣迨及有宋儒道章明若正叔程氏之菴朱子之本義皆淵源王學而二書大行於時近世因之立於學官凡師之教弟子所肄習獨宗朱子是故童幼而藝白首而或未能言葢安於所習毀所不見卒以自蔽此學者之通患也儒先有言

隋唐以前易家諸書逸不復傳賴李氏此書
存其一二然則是編胡可廢哉西亭氏者
忠之軼才慕河閒之大雅詞翰踔絶躋
著之塗邇年好易潛心韋編遂以所得
家善工刻之以廣傳布詎不謂知本者
夫崑崙之水其發源也漾瀁無垠演而
爲匯而爲滄海至於海而水之觀盡矣
孔之易辟則崑崙之源也李氏之集

河之衆流也程朱之傳義辟則海之是故由集解而溯四聖之微言則其可測矣由集解而徵程朱之著述則其益明矣傳云先王之祭川先河而後海或原或委之謂務本然則是編之刻其先河之義也夫刻既完授余讀之且屬余序余遂論次其略俾後之覽者有所攷焉

嘉靖丁巳夏四月既望

集解序

氣氤氳三才成象神功浹洽八索成形則日月運行潤之以風雨在地則山澤通氣鼓之以雷霆至若近取諸身四支百體合其度遠取諸物森羅萬象備其工陰陽不測之謂神一陰一陽之謂道範圍天地而不過曲成萬物而不遺仁者見之以爲仁智者見之以爲智百姓日用而不知君子之道鮮矣斯乃顯諸仁

而藏諸用神無方而易無體巍巍蕩蕩難可名焉逮乎天尊地卑君臣位列五運相繼父子道彰震巽索而男女分咸恒設而夫婦睦人倫之義既闡家國之教鬱興故繫辭云古者庖犧氏王天下也始畫八卦以通神明之德以類萬物之情作結繩而爲罔罟以佃以漁蓋取諸離庖犧氏沒神農氏作斲木爲耜揉木爲耒耒耨之利以教天下蓋取諸益日中爲市致天下之人

下之貨交易而退蓋取諸噬嗑神農氏歿
舜氏作通其變使人不倦神其化使人
之刳木爲舟剡木爲檝舟檝之利以濟不通
蓋取諸渙服牛乘馬引重致遠蓋取諸隨古者
穴居而野處後代聖人易之以宮室蓋取諸大
壯弦木爲弧剡木爲矢弧矢之利以威天下蓋
取諸睽上古結繩爲政後代易之書契百官以
理萬人以察蓋取諸夬故聖人見天下之賾而

擬諸形容象其物宜而觀其會通以行其典禮觸類而長之六十四卦三百八十四爻天下之能事畢矣其旨遠其辭文其言曲而中其事肆而隱若夫雜物撰德辯是與非終日乾乾夕惕若厲無有師保如臨父母自天祐之吉無不利迨至於損以遠害說以先之定其交而後求安身而後動履和而至謙尊而光能說諸心[illegible]慮是故君子居則觀其象而玩其辭動

爻而玩其占蓍之德圓而神卦之德方
以賾索隱鉤深致遠定天下之吉凶成天
之亹亹莫善乎蓍龜神以知來智以藏往將
有為也問之以言其受命也應之如響無有遠
邇幽深遂知來物故能窮理盡性利用安身聖
人以此洗心退藏於密自然虛室生白吉祥至
止坐忘遺照精義入神口僻焉不能言心困焉
不能知微妙玄通深不可識易有聖人之道四

焉斯之謂矣原夫權輿三教鈐鍵九流實開國承家脩身之正術也自卜商入室親授微言傳注百家緜歷千古雖競有穿鑿猶未測淵深唯王鄭相沿頗行於代鄭則多參天象王乃全釋人事且易之爲道豈偏滯於天人者哉致使後之徒紛然淆亂各脩局見莫辯源流天象遠學人事近而易習則折楊黃華嗑然而笑類聚其在兹乎臣少慕玄風遊心墳籍歷

一今巨唐採羣賢之遺言議三聖之幽
翻荀爽三十餘家刊輔嗣之野文補康
之逸象各列名義共契玄宗先儒有所未詳
然後輒加添削每至章句僉例發揮俾童蒙之
流一覽而悟達觀之士得意忘言當仁既不讓
扵師論道豈慚扵前哲至如卦爻彖象理涉重
玄經注文言書之不盡別撰索隱錯綜根萌音
義兩存詳之朙矣其王氏略例得失相叅采葑

采菲無以下體仍附經末式廣未聞凡成一十八卷以貽同好冀將來君子無所疑焉祕書省作郎臣李鼎祚序

傳集解卷第一

資州李鼎祚

☰☰ 乾下乾上 乾元亨利貞

案說卦乾健也言天之體以健爲用運行不息應化無窮故聖人則之欲使人法天之用不法天之體故名乾不名天也子夏傳曰元始也亨通也利和也貞正也言乾禀純陽之性故能首出庶物各得元始開通和諧貞固

不失其宜是以君子法乾而行四德故曰乾元亨利貞矣

初九潛龍勿用

崔憬曰九者老陽之數動之所占故陽稱焉潛隱也龍下隱地潛德不彰是以君子韜光待時未成其行故曰勿用子夏傳曰龍所以象陽也○馬融曰物莫大於龍故借龍以喻天之陽氣也初九建子之月陽氣始動於黄

泉既未萌牙猶是潛伏故曰潛龍也

沈驎士曰稱龍者假象也天地之氣有昇降君子之道有行藏龍之爲物能飛能潛故借龍比君子之德也初九既尚潛伏故言勿用

○干寶曰位始故稱初陽重故稱九陽在初九十一月之時自復來也初九甲子天正之位而乾元所始也陽處三泉之下聖德在愚俗之中此文王在羑里之爻也雖有聖明之

德未被時用故曰勿用矣

九二見龍在田利見大人

王弼曰出潛離隱故曰見龍處於地上故曰在田德施周普居中不偏雖非君位君之德也初則不彰三則乾乾四則或躍上則過亢利見大人唯二五焉○鄭玄曰二於三才爲地道地上即田故稱田也○干寶曰陽在九二十二月之時自臨來也二爲地上田在地

之表而有人功者也陽氣將施聖人將顯此文王免於羑里之日也故曰利見大人

九　君子終日乾乾夕惕若厲无咎

鄭玄曰三於三才爲人道有乾德而在人道君子之象○虞翻曰謂陽息至三二變成離離爲日坤爲夕○荀爽曰日以喻君謂三居下體之終而爲之君承乾行乾故曰乾乾夕惕以喻臣謂三臣於五則疾脩柔順危去陽

行故曰无咎○干寶曰爻以氣表繇以龍興嫌其不關人事故著君子焉陽在九三正月之時自泰來也陽氣始出地上而接動物人爲靈故以人事成天地之功者在於此爻焉故君子以之憂深思遠朝夕匪懈仰憂嘉會之不序俯懼義和之不逮反復天道謀始反終故曰終日乾乾此蓋文王反國大釐其政之日也凡无咎者憂中之喜善補過者也文

悵早耀文明之德以蒙大難增脩柔順以懷多福故曰无咎矣

九四或躍在淵无咎

崔憬曰言君子進德脩業欲及於時猶龍自試躍天疑而處淵上下進退非邪離羣故无咎○干寶曰陽氣在四二月之時自大壯來也四虛中也躍者暫起之言既不安於地而未能飛於天也四以初爲應淵謂初九甲子

龍之所由升也或之者疑之也此武王舉兵孟津觀釁而退之爻也守柔順則逆天人之應通權道則違經常之教故聖人不得已而爲之故其辭疑矣

九五飛龍在天利見大人

鄭玄曰五於三才爲天道天者清明無形而龍在焉飛之象也○虞翻曰謂四已變則五體離離爲飛五在天故飛龍在天利見大人

也謂若庖犧觀象於天造作八卦備物致用以利天下故曰飛龍在天天下之所利見也○干寶曰陽在九五三月之時自夬來也五在天位故曰龍飛此武王克紂正位之爻也聖功既就萬物既覩故曰利見大人矣

上九亢龍有悔

王肅曰窮高曰亢知進忘退故悔也○干寶曰陽在上九四月之時也亢過也乾體既備

上位旣終天之鼓物寒暑相報聖人治世威德相濟武功旣成在止戈盈而不反必陷於悔　案以人事明之若桀放於南巢湯有慚德斯類是也

用九見羣龍无首吉

劉瓛曰總六爻純九之義故曰用九也

王弼曰九天之德也能用天德乃見羣龍之義焉夫以剛健而居人之首則物之所不與

也

萬物資始

荀爽曰謂分爲六十四卦萬一千五百二十册皆受始於乾也册取始於乾猶萬物之生稟於天

乃統天

九家易曰乾之爲德乃統繼天道與天合化也

也以柔順而爲不正則佞邪之道也故乾吉在无首坤利在永貞矣

彖曰

劉瓛曰彖斷也斷一卦之才也

大哉乾元

九家易曰陽稱大六爻純陽故曰大乾者純陽衆卦所生天之象也觀乾之始以知天德惟天爲大惟乾則之故曰大哉元者氣之始

雲行雨施品物流形

虞翻曰巳成既濟上坎爲雲下坎爲雨故雲行雨施乾以雲雨流坤之形萬物化成故曰品物流形也

大明終始

荀爽曰乾起坎而終於離坤起於離而終於坎離坎者乾坤之家而陰陽之府故曰大明終始也

六位時成

荀爽曰六爻隨時而成乾

時乘六龍以御天也

侯果曰大明日也六位天地四時也六爻效彼而作也大明以晝夜爲終始六位以相竭爲時成言乾乘六氣而陶冶變化運四時而統御天也故曰時乘六龍以御天也故乾鑿度曰日月終始萬物是其義也

乾道變化各正性命保合大和乃利貞首出庶物萬國咸寧

劉瓛曰陽氣爲萬物之所始故曰首出庶物立君而天下皆寧故曰萬國咸寧也

象曰

案象者像也取其法象卦爻之德

天行健

何妥曰天體不健能行之德健也猶如地體

不順承弱之勢順也所以乾卦獨變名爲健者宋衷云晝夜不懈以健詳其名餘卦當名不假於詳矣

君子以自強不息

虞翻曰君子謂三乾健故強天一日一夜過周一度故自強不息老子曰自勝者強

干寶曰言君子通之於賢也凡勉強以德不必須在位也故堯舜一日萬機文王日昃不

暇食仲尼終夜不寢顏子欲罷不能自此以下莫敢滛心捨力故曰自強不息矣

潛龍勿用陽在下也

荀爽曰氣微位卑雖有陽德潛藏在下故曰勿用也

見龍在田德施普也

荀爽曰見者見居其位田謂坤也二當升坤五故曰見龍在田大人謂天子見據尊位臨

長羣陰德施於下故曰德施普也

終日乾乾反復道也

虞翻曰至三體復故反復道謂否泰反其類也

或躍在淵進无咎也

荀爽曰乾者君卦四者陰位故上躍居五者欲下居坤初求陽之正地下稱淵也陽道樂進故曰進无咎也

飛龍在天大人造也

荀爽曰飛者喻無所拘天者首事造制大人造法見居天位聖人作而萬物覩是其義也

亢龍有悔盈不可久也

九家易曰陽當居五今乃居上故曰盈也亢極失位當下之坤三故曰盈不可久若太上皇者也下之坤三屈爲諸侯故曰悔者也

用九見羣龍无首吉

宋衷曰用九六位皆九故曰見羣龍純陽則天德也萬物之始莫能先之不可爲首先之者凶隨之者吉故曰无首吉

文言曰

劉瓛曰依文而言其理故曰文言○姚信曰乾坤爲門戶文說乾坤六十二卦皆放焉

元者善之長也

九家易曰乾者君卦也六爻皆當爲君始而

通君德會合故元爲善之長也

嘉之會也

家易曰通者謂陽合而爲乾衆善相繼故

曰嘉之會也

者義之和也

荀爽曰陰陽相和各得其宜然後利矣

貞者事之幹也

荀爽曰陰陽正而位當則可以幹舉萬事

君子體仁足以長人

何妥曰此明聖人則天合五常也仁爲木木主春故配元爲四德之首君子體仁故有長人之義也

會足以合禮

何妥曰禮是交接會通之道故以配通五禮吉凶賓軍嘉故以嘉合於禮也

足以和義

妥曰利者裁成也君子體此利以利物足

以合於五常之義

固足以幹事

何妥曰貞信也君子堅貞正可以委任於事

故論語曰敬事而信故幹事而配信也

案此釋非也夫在天成象者乾元亨利貞也

言天運四時以生成萬物在地成形者仁義

禮智信也言君子法五常以教化於人元爲善

長故能體仁仁主春生東方木也通爲嘉會足以合禮禮主夏養南方火也利爲物宜足以和義義主秋成西方金也貞爲事幹以配於智智主冬藏北方水也故孔子云仁者樂山智者樂水則智之明證矣不言信者信主土而統屬於君故中孚卦云信及豚魚是其義也若首出庶物而四時不忒者乾之象也德載物而五行相生者土之功也土居中

宫分王四季亦由人君無爲皇極而奄有天下水火金木非土不載仁義禮智非君不弘信既統屬於君故先言乾而後不言信明矣君子行此四德者故曰乾元亨利貞

干寶曰夫純陽天之精氣四行君之懿德是故乾冠卦首辭表篇目明道義之門在於此矣猶春秋之備五始也故夫子留意焉然則體仁正己所以化物觀運知時所以順天氣

用隨宜所以利民守正一業所以定俗也逾亂則敗禮其教淫逆則拂時其功否錯則妨用其事廢忘則失正其官敗四德者文王所由興四愆者商紂所由亡

初九曰潛龍勿用何謂也

何妥曰夫子假設疑問也後五爻皆放此也

子曰龍德而隱者也

何妥曰此直答言聖人有隱顯之龍德今居

初九窮下之地隱而不見故云勿用矣

不易乎世

崔憬曰言據當潛之時不易乎世而行者龍之德也

不成乎名

鄭玄曰當隱之時以從世俗不自殊異無所成名也

遯世无悶

崔憬曰道雖不行達理无悶也

不見是而无悶

崔憬曰世人雖不已是而已知不違道故无悶

樂則行之憂則違之

虞翻曰陰出初震爲樂爲行故樂則行之坤死稱憂隱在坤中遯世无悶故憂則違之也

確乎其不可拔潛龍也

虞翻曰確剛皃也乾剛潛初坤亂於上君子弗用隱在下位確乎難拔潛龍之志也

九二曰見龍在田利見大人何謂也子曰龍德而正中者也

虞翻曰中下之中二非陽位故明言能正中也

庸言之信

荀爽曰處和應坤故曰信

庸行之謹

九家易曰以陽居陰位故曰謹也庸常也謂言常以信行常以謹矣

閑邪存其誠

宋衷曰閑防也防其邪而存誠焉二在非其位故以閑邪言之能處中和故以存誠言之

善世而不伐

九家易曰陽升居五處中居上始以美德利

天下不言所利即是不伐故老子曰上德不德是以有德此之謂也

德博而化

荀爽曰處五據坤故德博羣陰順從故物化也

易曰見龍在田利見大人君德也

虞翻曰陽始觸陰當升五爲君時舍於二宣利天下直方而大德无不利明言君德地數

始二故稱易曰

九三曰君子終日乾乾夕惕若厲无咎何謂也

子曰君子進德脩業

虞翻曰乾爲德坤爲業以乾通坤謂爲進德脩業○宋衷曰業事也三爲三公君子處公位所以進德脩業也

忠信所以進德也

翟玄曰忠於五所以脩德也○崔憬曰推忠

於人以信待物故其德日新也

脩辭立其誠所以居業也

荀爽曰脩辭謂終日乾乾立誠謂夕惕若厲居業謂居三也○翟玄曰居三脩其教令立其誠信民敬而從之

知至至之可與言幾也

翟玄曰知五可至而至之故可與行幾微之事也

知終終之可與存義也

姚信曰知終者可以知始終終謂三也義者宜也知存知亡君子之宜矣○崔憬曰君子喻文王也言文王進德脩業所以貽厥武王至於九五至於九五可與進脩意合故言知至至之可與言幾也知天下歸周三分有二以服事殷終於臣道終於臣道可與進脩意合故言知終終之可與存義

是故居上位而不驕

虞翻曰天道三才一乾而以至三乾成故爲上夕惕若厲故不驕也

在下位而不憂

虞翻曰下位謂初隱於初憂則違之故不憂故乾乾因其時而惕雖危无咎矣

王弼曰惕怵惕也處事之極失時則廢懈怠則曠故乾乾因其時而惕雖危无咎

九四曰或躍在淵无咎何謂也子曰上下无常非爲邪也

荀爽曰乾者君卦四者臣位也故欲進躍居五下者當下居坤初德陽正位故曰上下无常非爲邪也

進退无恒非離羣也

荀爽曰進謂居五退謂居三故進退无恒非離羣也

進德脩業欲及時也故无咎

崔憬曰至公欲及時濟人故无咎也

九五曰飛龍在天利見大人何謂也子曰同聲

相應

虞翻曰謂震巽也庖犧觀變而放八卦雷風

相薄故相應也○張璠曰天者陽也君者陽

也雷風者天之聲號令者君之聲明君與天

地相應合德同化動靜不違也

同氣相求

虞翻曰謂艮兌山澤通氣故相求也○崔憬曰方諸與月同有陰氣相感則水生陽燧與日同有陽氣相感則火出也

水流濕

荀爽曰陽動之坤而爲坎坤者純陰故曰濕也

火就燥

荀爽曰陰動之乾而成離乾者純陽故曰燥

也

虞翻曰離上而坎下水火不相射○崔憬曰

汥水先就燥

雲從龍

荀爽曰龍喻王者謂乾二之坤五爲坎也○

虞翻曰乾爲龍雲生天故從龍也

風從虎

荀爽曰虎喻國君謂坤之五乾二爲巽而從

三也三者下體之君故以喻國君○虞翻曰
坤爲虎風生地故從虎也
聖人作而萬物覩
虞翻曰覩見也聖人則庖犧合德乾五造作
八卦以通神明之德以類萬物之情五動成
離日出照物皆相見故曰聖人作而萬物覩
也○陸績曰陽氣至五萬物茂盛故譬以聖
人在天子之位功成制作萬物咸見之矣

本乎天者親上

荀爽曰謂乾九二本出於乾故曰本乎天而居坤五故曰親上

本乎地者親下

荀爽曰謂坤六五本出於坤故曰本乎地降居乾二故曰親下也○崔憬曰謂動物親於天之動植物親於地之靜

則各從其類也

虞翻曰方以類聚物以羣分乾道變化各正性命觸類而長故各從其類

上九曰亢龍有悔何謂也子曰貴而无位

荀爽曰在上故貴失正故无位

高而无民

何妥曰既不處九五帝王之位故无民也夫率土之濱莫非王臣既非王位則民不綠屬也

賢人在下位

荀爽曰謂上應三三陽德正故曰賢人別體

在下故曰在下位

而无輔

荀爽曰而陽无應故无輔

是以動而有悔也

荀爽曰升極當降故有悔

潛龍勿用下也

何妥曰此第二章以人事明之當帝舜耕漁之日卑賤處下未爲時用故云下

見龍在田時舍也

何妥曰此夫子洙泗之日開張業藝教授門徒自非通舍孰能如此○虞翻曰二非王位時暫舍也

終日乾乾行事也

何妥曰此當文王爲西伯之時處人臣之極

君須事上接下故言行事也

或躍在淵自試也

何妥曰欲進其道猶復疑惑此當武王觀兵之日欲以試觀物情也

飛龍在天上治也

何妥曰此當堯舜冕旒之日以聖德而居高位在上而治民也

亢龍有悔窮之災也

案此當桀紂失位之時亢極驕盈故致悔恨窮斃之災禍也

乾元用九天下治也

案此當三皇五帝禮讓之時垂拱無爲而天下治矣王弼曰此一章全以人事明之也九陽也陽剛直之物也夫能全用剛直放遠善柔非天下之至治未之能也故乾元用九則天下治也夫識物之動則其所以然之理皆

可知也龍之爲德不爲妄也潛而勿用何乎必窮處於下也見而在田必以時之通舍也以爻爲人以位爲時人不妄動則時皆可知也文王明夷則主可知矣仲尼旅人則國可知矣

潛龍勿用陽氣潛藏

何妥曰此第三章以天道明之當十一月陽氣雖動猶在地中故云潛龍也

見龍在田天下文明

案陽氣上達於地故曰見龍在田百草萌牙孚甲故曰文明○孔穎達曰先儒以爲九二當太簇之月陽氣見地則九三爲建辰之月九四爲建午之月九五爲建申之月上九爲建戌之月羣陰既盛上九不得言與時偕極先儒此說於理稍乖此乾之陽氣漸生似聖人漸進宜據十一月之後建巳之月已來此

九二爻當建丑建寅之間於時地之萌牙物有生者即是陽氣發見之義也但陰陽二氣共成歲功故陰興之時仍有陽在陽生之月尚有陰氣所以六律六呂陰陽相關取象論義與此不殊也

終日乾乾與時偕行

何妥曰此當三月陽氣浸長萬物將盛與天之運俱行不息也

或躍在淵乾道乃革

何妥曰此當五月微陰初起陽將改變故云乃革也

飛龍在天乃位乎天德

何妥曰此當七月萬物盛長天功大成故云天德也

亢龍有悔與時偕極

何妥曰此當九月陽氣大衰向將極盡故云

偕極也

乾元用九乃見天則

何妥曰陽消天氣之常天象法則自然可見

案王弼曰此一章全說天氣以明之也九剛直之物唯乾體能用之用純剛以觀天天則可見矣

乾元者始而亨者也

虞翻曰乾始開通以陽通陰故始通

利貞者性情也

干寶曰以施化利萬物之性以純一正萬物之情〇王弼曰不爲乾元何能通物之始不性其情何能久行其正是故始而亨者必乾元也利而正者必性情也

乾始能以美利利天下

虞翻曰美利謂雲行雨施品物流形故利天下也

不言所利大矣哉

虞翻曰天何言哉四時行焉百物生焉故利者大也

大哉乾乎剛健中正純粹精也

崔覲曰不雜曰純不變曰粹言乾是純粹之精故有剛健中正之四德也

六爻發揮旁通情也

陸績曰乾六爻發揮變動旁通於坤坤來入

乾以戌六十四卦故曰旁通情也

時乘六龍

九家易曰謂時之元氣以王而行履涉衆爻是乘六龍也

以御天也

荀爽曰御者行也陽升陰降天道行也

雲行雨施天下平也

荀爽曰乾升於坤曰雲行坤降於乾曰雨施

乾坤二卦成兩既濟陰陽和均而得其正故曰天下平

君子以成德爲行

干寶曰君子之行動靜可觀進退可度動以成德無所苟行也

日可見之行也

虞翻曰謂初乾稱君子陽出成爲上德雲行雨施則成離日新之謂上德故曰可見之行

潛之爲言也隱而未見行而未成是以君子弗用也

荀爽曰隱而未見謂居初也行而未成謂行之坤四陽居陰位未成爲君乾者君卦也不成爲君故不用也

君子學以聚之問以辯之

虞翻曰謂二陽在二兑爲口震爲言爲講論坤爲文故學以聚之問以辯之兑象君子以

朋友講習

寛以居之仁以行之

虞翻曰震爲寛寛仁爲行謂居寛行德博而化也

易曰見龍在田利見大人君德也

虞翻曰重言君德者大人善世不伐信有君德後天而奉天時故詳言之

九三重剛而不中

虞翻曰以乾接乾故重剛位非二五故不中也

上不在天下不在田

何妥曰上不及五故云不在天下已過二故云不在田處此之時實爲危厄也

故乾乾因其時而惕雖危无咎矣

何妥曰處危懼之地而能乾乾懷厲至夕猶惕乃得无咎矣

九四重剛而不中

案三居下卦之上四處上卦之下俱非得中故曰重剛而不中也

上不在天下不在田中不在人

侯果曰案下繫易有天道有地道有人道兼三才而兩之謂兩爻爲一才也初兼二地也三兼四人也五兼六天也四是兼才非正故言不在人也

故或之或之者疑之也故无咎

虞翻曰非其位故疑之也

夫大人者

乾鑿度曰聖明德備曰大人也

與天地合其德

荀爽曰與天合德謂居五也與地合德謂居二也　案謂撫育无私同天地之覆載也

與日月合其明

荀爽曰謂坤五之乾二成離離爲日乾二之坤五爲坎坎爲月　案威恩遠被若日月之照臨也

與四時合其序

翟玄曰乾坤有消息從四時來也　又案賞罰嚴明順四時之序也

與鬼神合其吉凶

虞翻曰謂乾神合吉坤鬼合凶以乾之坤故

與鬼神合其吉凶　案禍淫福善叶鬼神之吉凶矣

先天而天弗違

虞翻曰乾爲天爲先大人在乾五乾五之坤五天象在先故先天而天弗違○崔憬曰行人事合天心也

後天而奉天時

虞翻曰奉承行乾三之坤二成震震爲後也

震春兌秋坎冬離夏四時象具故後天而奉天時謂承天時行順也○崔憬曰奉天時布政聖政也

天且弗違而況於人乎

荀爽曰人謂三

況於鬼神乎

荀爽曰神謂天鬼謂地也　案大人惟德動天无遠不屆鬼神饗德夷狄來賓人神叶從

猶風偃草豈有違忤哉

亢之爲言也知進而不知退

荀爽曰陽位在五今乃居上故曰知進而不知退也

知存而不知亡

荀爽曰在上當陰今反爲陽故曰知存而不知亡也

知得而不知喪

荀爽曰得謂陽喪謂陰　又案此論人君驕盈過亢必有喪亡若殷紂招牧野之災太康遘洛水之怨即其類矣

其唯聖人乎知進退存亡而不失其正者其唯聖人乎

荀爽曰進謂居五退謂居二存謂五爲陽位亡謂上爲陰位也再稱聖人者上聖人謂五下聖人謂二也　案此則乾元用九天下治

也言大寶聖君若能用九天德者垂拱无爲芻狗萬物生而不有功成不居百姓日用而不知豈荷生成之德者也此則三皇五帝乃聖乃神保合大和而天下自治矣今夫子文言再稱聖人者歎美用九之君能知進退存亡而不失其正故得大明終始萬國咸寧時乘六龍以御天也斯卽有始有卒者其唯聖人乎是其義也〇崔憬曰謂失其正者若燕

喩讓位於子之之類是也案三王五伯揖讓風頹專恃干戈遞相征伐失正忘退其徒寔繁略舉宏綱斷可知矣

周易集解卷第一

周易集解卷第二

資州李鼎祚

䷁坤下坤上 坤元亨利牝馬之貞

干寶曰陰氣之始婦德之常故稱元與乾合德故稱亨行天者莫若龍行地者莫若馬故乾以龍繇坤以馬象也坤陰類故稱利牝馬之貞矣○虞翻曰謂陰極陽生乾流坤形坤含光大凝乾之元終於坤亥出乾初子品物

咸亨故元亨也坤爲牝震爲馬初動得正故

利牝馬之貞矣

君子有攸往先迷後得主利

盧氏曰坤臣道也妻道也後而不先先則迷

失道矣故曰先迷陰以陽爲主當後而順之

則利故曰後得主利○九家易曰坤爲牝爲

迷

西南得朋東北喪朋安貞吉

崔憬曰妻道也西方坤兑南方巽離二方皆陰與坤同類故曰西南得朋東方艮震北方乾坎二方皆陽與坤非類故曰東北喪朋以喻在室得朋猶迷於失道出嫁喪朋乃順而得常安於承天之正故言安貞吉也

彖曰至哉坤元

九家易曰謂乾氣至坤萬物資受而以生也坤者純陰配乾生物亦善之始地之象也故

又歎言至美

萬物資生

九家易曰謂萬一千五百二十策皆受始於乾由坤而生也策生於坤猶萬物成形出乎地也

乃順承天

劉瓛曰萬物資生於地故地承天而生也

坤厚載物

蜀才曰坤以廣厚之德載含萬物無有窮竟也

德合无疆

蜀才曰天有无疆之德而坤合之故云德合无疆也

含弘光大

荀爽曰乾二居坤五爲含坤五居乾二爲弘坤初居乾四爲光乾四居坤初爲大也

品物咸亨

荀爽曰天地交萬物生故咸亨○崔憬曰含育萬物爲弘光華萬物爲大動植各遂其性故言品物咸亨也

牝馬地類行地无疆

侯果曰地之所以含弘物者以其順而承天也馬之所以行地遠者以其柔而伏人也而又牝馬順之至也誡臣子當至順故作易者

取象焉

柔順利貞君子攸行

九家易曰謂坤爻本在柔順陰位則利正之乾則陽爻來據之故曰君子攸行

先迷失道後順得常

何妥曰陰道惡先故先致迷失後順於主則保其常慶也

西南得朋乃與類行

虞翻曰謂陽得其類月朔至望從震至乾時

偕行故乃與類行

東北喪朋乃終有慶

虞翻曰陽喪滅坤坤終復生謂月三日震象

出庚故乃終有慶此指說易道陰陽消息之

大要也謂陽月三日變而成震出庚至月八

日成兌見丁庚西丁南故西南得朋謂二陽

爲用故兌君子以朋友講習之文言曰敬義

立而德不孤彖曰乃與類行二十九日消乙入坤滅藏於癸乙東癸北故東北喪朋謂之以坤滅乾坤爲喪故也馬君云孟秋之月陰氣始著而坤之位同類相得故西南得朋孟春之月陽氣始著陰始從陽失其黨類故東北喪朋失之甚矣而荀君以爲陰起於午至申三陰得坤一體故曰西南得朋陽起於子至寅三陽喪坤一體故東北喪朋就如荀說

從午至申經當言南西得朋子至寅當言北東喪朋以乾變坤而言喪朋經以乾卦爲喪耶此何異於馬也

安貞之吉

虞翻曰坤道至靜故安復初得正故貞吉

應地无疆

虞翻曰震爲應陽正於初以承坤陰地道應故應地无疆

象曰地勢坤

王弼曰地形不順矣○宋衷曰地有上下九等之差故以形勢言其性也

君子以厚德載物

虞翻曰勢力也君子謂乾陽爲德動在坤下君子之德車故厚德載物老子曰勝人者有力也

初六履霜堅冰至

干寶曰重陰故稱六剛柔相推故生變占變故有爻繫曰爻者言乎變者也故易繫辭皆稱九六也陽數奇陰數偶是以乾用一也坤用二也陰氣在初五月之時自姤來也陰氣始動乎三泉之下言陰氣動矣則必至於履霜履霜則必至於堅冰言有漸也藏器於身貴其俟時故陽在潛龍戒以勿用防禍之原欲其先幾故陰在三泉而顯以履霜也

象曰履霜堅冰陰始凝也馴致其道至堅冰也

九家易曰霜者乾之命也堅冰者陰功成也謂坤初六之於乾四履乾命令而成堅冰也此卦本乾陰始消陽起於此爻故履霜也馴猶順也言陽順陰之性成堅冰矣初六始姤姤爲五月盛夏而言堅冰五月陰氣始生地中言始於微霜終至堅冰以明漸順至也

六二直方大

荀爽曰大者陽也二應五五下動之則應陽出直布陽於四方

不習无不利

荀爽曰物唱乃和不敢先有所習陽之所唱從而和之无不利也○干寶曰陰氣在二六之時自遯來也陰出地上佐陽成物臣道妻道也臣之事君妻之事夫義成者也臣共直義尚其方地體其大故曰直方大士

九德然後可以從王事女躬四教然後可
配君子道成於我而用之於彼不方以仕
爲政不方以嫁學爲婦故曰不習無不利
也
象曰六二之動直以方也
九家易曰謂陽下動應之則直而行布陽氣
動於四方也
不習无不利地道光也

干寶曰女德光於夫士德光於國也

六三含章可貞

虞翻曰貞正也以陰包陽故含章三失位發得正故可貞也

或從王事无成有終

虞翻曰謂三已發成泰乾爲主坤爲事震爲從故或從王事地道无成而有終故无成有

終

干寶曰陰氣在三七月之時自否來也

陽降在四三公位也陰升在三三公事也上失其權位在諸侯坤體既具陰黨成羣君弱臣強戒在二國唯文德之臣然後可以遭之運而不失其柔順之正坤爲文坤象既成故曰含章可貞此蓋平襄之王垂拱以賴晋鄭之輔也苟利社稷專之則可故曰或從王事遷都誅親疑於專命故亦或之失後順之節故曰無成終於濟國安民故曰有終

象曰含章可貞以時發也

崔憬曰陽命則發非時則含也

或從王事知光大也

干寶曰位彌高德彌廣也

六四括囊无咎无譽

虞翻曰括結也謂泰反成否坤爲囊艮爲手巽爲繩故括囊在外多咎也得位承五繫于包桑故无咎陰在二多譽而遠在四故无譽

干寶曰陰氣在四八月之時自觀來也天地將閉賢人必隱懷智苟容以觀時釁此蓋甯戚蘧瑗與時卷舒之爻也不艱其身則无咎功業不建故无譽也

象曰括囊无咎慎不害也

盧氏曰慎言則无咎也

六五黄裳元吉

干寶曰陰氣在五九月之時自剥來也剥者

反常道也黃中之色裳下之飾元善之長也中美能黃上美爲元下美則裳陰登於五柔居尊位若成昭之主周霍之臣也百官總已專斷萬機雖情體信順而貌近僭疑周公其猶病諸言必忠信行必篤敬然後可以取信於神明无尤於四海也故曰黃裳元吉也

象曰黃裳元吉文在中也

王肅曰坤爲文五在中故曰文在中也○干

寶曰當總已之任處疑僭之間而能終元吉之福者由文德在中也

上六龍戰于野

荀爽曰消息之位坤在於亥下有伏乾爲其兼於陽故稱龍也

其血玄黃

九家易曰實本坤體未離其類故稱血焉血以喻陰也玄黃天地之雜言乾坤合居也

侯果曰坤十月卦也乾位西北又當十月陰窮於亥窮陰薄陽所以戰也故說卦云戰乎乾是也六稱龍者陰盛似龍故稱龍也○干寶曰陰在上六十月之時也爻終於酉而卦成於乾乾體純剛不堪陰盛故曰龍戰戌亥乾之都也故稱龍焉陰德過度以逼乾戰郭外曰郊郊外曰野坤位未申之維而氣溢酉戌之間故曰于野未離陰類故曰血陰陽色

雜故曰玄黄言陰陽離則異氣合則同功君臣夫妻其義一也故文王之忠於殷抑參二之強以事獨夫之紂蓋欲彌縫其闕而匡救其惡以祈殷命以濟生民也紂遂長惡不悛天命殛之是以至於武王遂有牧野之事是其義也

象曰龍戰于野其道窮也

干寶曰天道窮至於陰陽相薄也君德窮至

於攻戰受誅也柔順竆至於用權變矣

用六利永貞

干寶曰陰體其順臣守其柔所以秉義之和履貞之幹唯有推變終歸於正是周公始於負扆南面以先王道卒於復子明辟以終臣節故曰利永貞也矣

象曰用六永貞以大終也

侯果曰用六妻道也臣道也利在長正矣不

長正則不能大終陽事也

文言曰

何妥曰坤文言唯一章者以一心奉順於主也

坤至柔

荀爽曰純陰至順故柔也

而動也剛

九家易曰坤一變而成震陰動生陽故動也

剛

至靜而德方

荀爽曰坤性至靜得陽而動布於四方也

後得主而有常

虞翻曰坤陰先迷後順得常陽出初震爲主

爲常也

含萬物而化光

干寶曰光大也謂坤含藏萬物須承天施然

後化光也

坤道其順乎承天而時行

荀爽曰承天之施因四時而行之也

積善之家必有餘慶

虞翻曰謂初乾爲積善以坤牝陽滅出復震爲餘慶謂東北喪朋乃終有慶也

積不善之家必有餘殃

虞翻曰坤積不善以臣弑君以乾通坤極姤

生巽爲餘殃也　案聖人設教理貴隨宜故夫子先論人事則不語怪力亂神絶四毋必今於易象闡揚天道故曰積善之家必有餘慶積不善之家必有餘殃者欲明陽生陰殺天道必然理國脩身積善爲本故於坤爻初六陰始生時著此微言永爲深誡欲使防萌杜漸災害不生開國承家君臣同德者也故繫辭云善不積不足以成名惡不積不足以

滅身是其義也

臣弑其君子弑其父

虞翻曰坤消至二艮子弑父至三成否坤臣弑君上下不交天下無邦故子弑父臣弑君也

非一朝一夕之故所由來者漸矣

虞翻曰剛爻爲朝柔爻爲夕乾爲寒坤爲暑相推而成歲焉故非一朝一夕所由來漸矣

由辯之不早辯也

孔穎達曰臣子所以久包禍心由君父不早辯明故也此文誡君父防臣子之惡也

易曰履霜堅冰至蓋言順也

荀爽曰霜者乾之命令坤下有伏乾履霜堅冰蓋言順也乾氣加之性而堅象臣順君命而成之

直其正也方其義也

虞翻曰謂二陽稱直乾其靜也專其動也直故直其正方謂闢陽開爲方坤其靜也翕其動也闢故方其義也

君子敬以直内義以方外敬義立而德不孤

虞翻曰陽息在二故敬以直内坤位在外故義以方外謂陽見兑丁西南得朋乃與類行故德不孤孔子曰必有鄰也

直方大不習无不利則不疑其所行也

荀爽曰直方大乾之唱也不習无不利坤之和也陽唱陰和而无所不利故不疑其所行也

陰雖有美含之以從王事弗敢成也

荀爽曰六三陽位下有伏陽坤陰卦也雖有伏陽含藏不顯以從王事要待乾坤不敢自成也

地道也妻道也臣道也

翟玄曰坤有此三者道也

地道无成而代有終也

宋衷曰臣子雖有才美含藏以從其上不敢有所成名也地得終天功臣得終君事婦得終夫業故曰而代有終也

天地變化草木蕃

虞翻曰謂陽息坤成泰天地反以乾變坤坤化升乾萬物出震故天地變化草木蕃矣

天地閉賢人隱

虞翻曰謂四泰反成否乾稱賢人隱藏坤中以儉德避難不榮以祿故賢人隱矣

易曰括囊无咎无譽蓋言謹也

荀爽曰令四陰位迫近於五雖有成德當括而囊之謹慎畏敬也○孔穎達曰括結也囊所以貯物以譬心藏智也閉其智而不用故曰括囊不與物忤故无咎功名不顯故无譽

也

君子黄中通理正位居體

虞翻曰謂五坤息體觀地色黄坤爲理以乾通理故稱通坤五正陽位故曰正位艮爲居體謂四支也艮爲兩肱巽爲兩股故曰黄中通理正位居體

美在其中而暢於四支

虞翻曰陽稱美在五中而支謂股肱

發於事業

九家易曰天地交而萬物生也謂陽德潛藏變則發見若五動爲比乃事業之盛

美之至也

侯果曰六五以中和通理之德居體於正位故能美充於中而旁暢於萬物形於事業无不得宜是美之至也

陰疑於陽必戰

孟喜曰陰乃上薄疑似於陽必與陽戰也

爲其嫌於无陽也故稱龍焉

九家易曰陰陽合居故曰嫌陽謂上六坤行至亥下有伏乾陽者變化以喻龍焉

猶未離其類也故稱血焉

荀爽曰實本坤卦故曰未離其類也血以喻陰順陽也○崔憬曰乾坤交會乾爲大赤伏陰柔之故稱血焉

夫玄黄者天地之雜也

荀爽曰消息之卦坤位在亥下有伏乾陰陽相和故言天地之雜也

天玄而地黄

王凱冲曰陰陽交戰故血玄黄○荀爽曰天者陽始於東北故色玄也地者陰始於西南故色黄也

序卦曰有天地然後萬物生焉盈天地之間者

唯萬物故受之以屯屯者盈也屯者萬物之始生也

崔憬曰此仲尼序文王次卦之意也不序乾坤之次者以一生二二生三三生萬物則天地之次第可知而萬物之先後宜序也萬物之始生者言剛柔始交故萬物資始於乾而資生於地

䷂ 震下坎上 屯元亨利貞

虞翻曰坎二之初剛柔交震故元亨之初得正故利貞矣

勿用有攸往利建侯

虞翻曰之外稱往初震得正起之欲應動而失位故勿用有攸往震爲侯初剛難拔故利以建侯老子曰善建者不拔也

彖曰屯剛柔始交而難生

虞翻曰乾剛坤柔坎二交初故始交確乎難

拔故難生也○崔憬曰十二月陽始浸長而

交於陰故曰剛柔始交萬物萌牙生於地中

有寒冰之難故言難生於人事則是運季業

初之際也

動乎險中大亨貞

荀爽曰物難在始生此本坎卦也案初六升

二九二降初是剛柔始交也交則成震震爲

動也上有坎是動乎險中也動則物通而得

正故曰動乎險中大亨貞也

雷雨之動滿盈

荀爽曰雷震雨潤則萬物滿盈而生也○虞翻曰震雷坎雨坤爲形也謂三巳反正成既濟坎水流坤故滿盈謂雷動雨施品物流形也

天造草昧

荀爽曰謂陽動在下造物於冥昧之中也

象曰雲雷屯

九家易曰雷雨者興養萬物今言屯者十二月雷伏藏地中未得動出雖有雲雨非時長育故言屯也

君子以經綸

荀爽曰屯難之代萬事失正經者常也綸者理也君子以經綸不失常道也○姚信曰經緯也時在屯難是天地經綸之日故君子法

宜建侯而不寧

荀爽曰天地初開世尚屯難震位承乾故宜建侯動而遇險故不寧也○虞翻曰造造生也草草創物也坤冥爲昧故天造草昧成既濟定故曰不寧言寧也○干寶曰水運將終木德將始殷周際也百姓盈盈匪君子不寧天下既遭屯險之難後王宜蕩之以雷雨之政故封諸侯以寧之也

之須經綸艱難也

初九盤桓利居貞利建侯

虞翻曰震起艮止動乎險中故盤桓得正得民故利居貞謂君子居其室慎密而不出也

象曰雖盤桓志行正也

荀爽曰盤桓者動而退也謂陽從二動而退居初雖盤桓得其正也

以貴下賤大得民也

荀爽曰陽貴而陰賤陽從二來是以貴下賤所以得民也

六二屯如邅如

荀爽曰陽動而上故屯如也陰乘於陽故邅如也

乘馬班如

虞翻曰屯邅盤桓謂初也震爲馬作足二乘初故乘馬班躓也馬不進故班如矣

匪寇婚媾女子貞不字十年乃字

虞翻曰匪非也寇謂五坎爲寇盜應在坎故匪寇陰陽得正故婚媾字妊娠也三失位變復體離離爲女子爲大腹故稱字今失位爲坤離象不見故女子貞不字坤數十三動反正離女大腹故十年反常乃字謂成既濟定也

象曰六二之難乘剛也

崔憬曰：下乘初九，故爲之難也。

十年乃字，反常也。

九家易曰：陰出於坤，今還爲坤，故曰反常也。陰出於坤，謂乾再索而得坎，今變成震，中有坤體，故言陰出於坤。今還於坤，謂二從初，即逆應五順也。去逆就順，陰陽道正，乃能長養，故曰十年乃字。

六三：即鹿无虞，惟入于林中。

虞翻曰：即，就也。虞謂虞人，掌禽獸者。艮爲山，山足稱麓，麓，林也。三變體坎，坎爲藂木，山下，故稱林中。坤爲兕虎，震爲麋鹿，又爲鷩走，艮爲狐狼。三變禽走入于林中，故曰即鹿无虞，惟入林中矣。

君子幾不如舍往吝

虞翻曰：君子謂陽已正位。幾，近。舍，置。吝，疵也。三應於上之應，歷險不可以往，動如失位，故

不如舍之往必吝窮矣

象曰即鹿无虞以從禽也

案白虎通云禽者何鳥獸之總名爲人所禽制也即比卦九五爻辭王用三驅失前禽是其義也

君子舍之往吝窮也

崔憬曰君子見動之微逆知无虞則不如舍而往往則爻窮也

六四乘馬班如

虞翻曰乘三也謂三巳變坎爲馬故曰乘馬馬在險中故班如也或說乘初爲建侯安得乘之也

求婚媾往吉无不利

崔憬曰屯難之時勿用攸往初雖作應班如不進旣比於五五來求婚男求女往吉无不利

象曰求而往明也

虞翻曰之外稱往體離故明也

九五屯其膏

虞翻曰坎雨稱膏詩云陰雨膏之是其義也

小貞吉大貞凶

崔憬曰得屯難之宜有膏澤之惠謂與四爲婚媾施雖未光小貞之道也故吉至於遠求嘉偶以行大正赴二之應冒難攸往固宜且

凶故曰大貞凶也

象曰屯其膏施未光也

虞翻曰陽陷陰中故未光也

上六乘馬班如

虞翻曰乘五也坎爲馬震爲行艮爲止馬行而止故班如也

泣血漣如

九家易曰上六乘陽故班如也下二四爻雖

亦乘陽皆更得承五憂解難除今上无所復承憂雖不解故泣血漣如也體坎爲血伏離爲目互艮爲手掩目流血泣之象也

象曰泣血漣如何可長也

虞翻曰謂三變時離爲目坎爲血震爲出血流出目故泣血漣如柔乘於剛故不可長也

序卦曰物生必蒙故受之以蒙蒙者蒙也物之穉也

崔憬曰萬物始生之後漸以長穉故言物生必蒙○鄭玄曰蒙幼小之貌齊人謂萌爲蒙也

䷃ 坎下艮上 蒙亨

虞翻曰艮三之上亨謂二震剛柔接故亨蒙亨以通行時中也○干寶曰蒙者離宮陰也世在四八月之時降陽布德薺麥並生而息來在寅故蒙於世爲八月於消息爲正月卦

也正月之時陽氣上達故屯爲物之始生蒙爲物之穉也施之於人則童蒙也苟得其運雖蒙必亨故曰蒙亨此蓋以寄成王之遭周公也

匪我求童蒙童蒙求我

虞翻曰童蒙謂五艮爲童蒙我謂二也震爲動起嫌求之五故曰匪我求童蒙五陰求陽故童蒙求我志應也艮爲求二體師象坎爲

經謂禮有來學無往教

初筮告再三瀆瀆則不告

崔憬曰初筮謂六五求決於九二二則告之再三瀆謂三應於上四隔於二與二爲瀆故二不告也瀆古黷字也

利貞

虞翻曰二五失位利變之正故利貞蒙以養正聖功也

彖曰蒙山下有險險而止蒙

侯果曰艮爲山坎爲險是山下有險險被山止止則未通蒙昧之象也

蒙亨以亨行時中也

荀爽曰此本艮卦也案二進居三三降居二剛柔得中故能通發蒙時令得時中矣故曰蒙亨以亨行時中也

匪我求童蒙

陸績曰六五陰爻在蒙暗蒙又體艮少男故曰童蒙

童蒙求我志應也

荀爽曰二與五志相應也

初筮告以剛中也

崔憬曰以二剛中能發於蒙也

再三瀆瀆則不告瀆蒙也

荀爽曰再三謂三與四也皆乘陽不敬故曰

瀆瀆不能尊陽蒙氣不除故曰瀆蒙也

蒙以養正聖功也

虞翻曰體頤故養五多功聖謂二二志應五變得正而亡其蒙故聖功也○干寶曰武王之崩年九十三矣而成王八歲言天後成王之年將以養公正之道而成三聖之功

象曰山下出泉蒙

虞翻曰艮爲山震爲出坎泉流出故山下出

泉

君子以果行育德

虞翻曰君子爲二艮爲果震爲行育養也二至上有頤養象故以果行育德也

初六發蒙利用刑人用說桎梏以往吝

虞翻曰發蒙之正初爲蒙始而失其位發蒙之正以成兊兊爲刑人坤爲用故曰利用刑人矣坎爲穿木震足艮手互與坎連故稱桎

桎初發成兌兌爲說坎象毁壞故曰用說桎梏之應歷險故以往吝吝小疵也

象曰利用刑人以正法也

虞翻曰坎爲法初發之正故正法也〇干寶曰初六戊寅平明之時天光始照故曰發蒙此成王始覺周公至誠之象也坎爲法律寅爲貞廉以貞用刑故利用刑人矣此成王將正四國之象也說解也正四國之罪宜釋周

公之黨故曰用說桎梏既感金縢之文追恨昭德之晚故曰以往吝初二失位吝之由也

九二包蒙吉納婦吉子克家象曰子克家剛柔接也

虞翻曰坤爲包應五據初一與三四同體包養四陰故包蒙吉震剛爲夫伏巽爲婦一以剛接柔故納婦吉二稱家震長子主器者納婦成初故有子克家也

六三勿用娶女見金夫不有躬无攸利

虞翻曰謂三誡上也金夫謂二初發成兊故三稱女兊爲見陽稱金震爲夫三逆乘二陽所行不順爲二所淫上來之三陟陰故曰勿用娶女見金夫矣坤身稱躬三爲二所乘兊澤動下不得之應故不有躬失位多凶故无攸利也

象曰勿用娶女行不順也

虞翻曰失位乘剛故行不順也

六四困蒙吝象曰困蒙之吝獨遠實也

王弼曰陽稱實也獨遠於陽處兩陰之中闇莫之發故曰困蒙也困於蒙昧不能比賢以發其志亦鄙矣故曰吝

六五童蒙吉

虞翻曰艮爲童蒙處貴承上有應於二動而成巽故吉也

象曰童蒙之吉順以巽也

荀爽曰順於上巽於二有似成王任用周邵也

上九擊蒙不利爲寇利禦寇

虞翻曰體艮爲手故擊謂五已變上動成坎稱寇而逆乘陽故不利爲寇矣禦止也此寇謂二坎爲寇巽爲高艮爲山登山備下順有師象故利禦寇也

象曰利用禦寇上下順也

虞翻曰自上禦下故順也

序卦曰物穉不可不養也故受之以需需者飲食之道也

干寶曰需坤之游魂也雲升在天而雨未降翱翔東西須之象也王事未至飲宴之日也夫坤者地也婦人之職也百穀果蓏之所生禽獸魚鼈之所託也而在游魂變化之象即

烹爨腥實以爲和味者也故曰需者飲食之道也

䷄乾下坎上需有孚光亨貞吉

虞翻曰大壯四之五孚謂五離日爲光四之五得位正中故光亨貞吉謂壯于大轝之輹也

利涉大川

何妥曰大川者大難也須之待時本欲涉難

既能以信而待故可以利涉大川矣

彖曰需須也險在前也

何妥曰此明得名由於坎也坎為險也有險在前不可妄涉故須待時然後動也

剛健而不陷其義不困窮矣

侯果曰乾體剛健遇險能通險不能險義不窮也

需有孚光亨貞吉位乎天位以正中也

蜀才曰此本大壯卦案六五降四有孚光亨貞吉九四升五位乎天位以正中也

利涉大川往有功也

虞翻曰謂二失位變而涉坎坎爲大川得位應五故利涉大川五多功故往有功也

象曰雲上於天需

宋衷曰雲上於天須時而降也

君子以飲食宴樂

虞翻曰君子謂乾坎水兌口水流入口爲飲二失位變體噬嗑爲食故以飲食陽在内稱宴大壯震爲樂故宴樂也

初九需于郊利用恒无咎

干寶曰郊乾坎之際也既已受命進道北郊未可以進故曰需于郊處不避汙出不辭難臣之常節也得位有應故曰利用恒雖小稽留終於必達故曰无咎

象曰需于郊不犯難行也利用恒无咎未失常也

王弼曰居需之時最遠於險能抑其進不犯難行雖不應機可以保常故无咎

九二需于沙小有言終吉

虞翻曰沙謂五水中之陽稱沙也二變之陰稱小大壯震爲言兑爲口四之五震象半見故小有言五二變應之故終吉

象曰需于沙衍在中也

虞翻曰衍流也中謂五也○荀爽曰二應於

五水中之剛故曰沙知前有沙漠而不進也

體乾處和美德優衍在中而不進也

雖小有言以吉終也

荀爽曰二與四同功而三據之故小有言乾

雖在下終當升上二當居五故終吉也

九三需于泥致寇至

荀爽曰親與坎接故稱泥須止不進不取於
四不致寇害
象曰需于泥災在外也
崔憬曰泥近乎外者也三逼於坎坎爲險盜
故致寇至是災在外也
自我致寇敬慎不敗也
虞翻曰離爲戎乾爲敬陰消至五遯臣將弒
君四上壯坤故敬慎不敗

六四需于血出自穴

案六四體坎坎爲雲又爲血卦血以喻陰陰體卑弱宜順從陽故曰需于血九家易曰雲從地出上升於天自地出者莫不由穴故曰需於血出自穴也

象曰需于血順以聽也

王弼曰穴者陰之路也四處坎始居穴者也九三剛進四不能距見侵則避順以聽命也

九家易曰：雲欲升天須時，升降順以聽五，五爲天也。

九五：需于酒食，貞吉。

荀爽曰：五互離坎，水在火上，酒食之象。需者，飲食之道，故坎在需家爲酒食也。雲須時欲降，乾須時當升。五有剛德，處中居正，故能帥羣陰舉坎以降陽，能正居其所，則吉，故曰需于酒食也。

象曰酒食貞吉以中正也

九家易曰謂乾二當升五正位者也○盧氏曰沈湎則凶中正則吉也

上六入于穴

荀爽曰須道已終雲當下入穴也雲上升極則降而爲雨故詩云朝隮于西崇朝其雨則還入地故曰入于穴雲雨入地則下三陽動而自至者也

有不速之客三人來敬之終吉

荀爽曰三人謂下三陽也須時當升非有召者故曰不速之客焉乾升在上君位以定次降居下當循臣職故敬之終吉也

象曰不速之客來敬之終吉雖不當位未大失也

荀爽曰上降居三雖不當位承陽有實故終吉无大失

周易集解卷第二

易集解卷第三

資州李鼎祚

序卦曰飲食必有訟故受之以訟也

鄭玄曰訟猶諍也言飲食之會恒多諍也

䷅ 坎下乾上 訟有孚

干寶曰訟離之遊魂也離爲戈兵此天氣將刑殺聖人將用師之卦也訟不親也兆民未識天命不同之意○荀爽曰陽來居二而孚

於初故曰訟有孚矣

窒惕中吉

虞翻曰遁之三二也孚謂二二窒塞止也惕懼二也二失位故不言貞遁將成否則子弑父臣弑君三來之二得中弑不得行故中吉也

終凶

虞翻曰二失位終止不變則入于淵故終凶也

利見大人不利涉大川

侯果曰大人謂五也斷決必中故利見也訟是陰事以險涉險故不利涉大川

彖曰訟上剛下險險而健訟

盧氏曰險而健者恒好爭訟也

訟有孚窒惕中吉剛來而得中也

蜀才曰此本遯卦案二進居三三降居二是剛來而得中也

終凶訟不可成也

王肅曰以訟成功者終必凶也○王弼曰凡不和而訟無施而可涉難特甚焉唯有信而見塞懼者乃可以得吉也猶復不可以終中乃吉也不閑其源使訟不至雖每不枉而訟至終竟此亦凶矣故雖復有信而見塞懼猶不可以爲終故曰訟有孚窒惕中吉終凶也无善聽者雖有其實何由得明而有信窒懼

者乃得其中吉必有善聽主焉其在二乎以剛而來正夫羣小斷不失中應其任矣

案天爲訟善聽之主者其在五焉何以明之

案爻辭九五訟元吉王氏注云處得尊位爲訟之主用其中正以斷枉直卽彖云利見大人尚中正是其義也九二象曰不克訟歸逋竄也自下訟上患至掇也九二居訟之時自救不暇訟旣不克懷懼逃歸僅得免其終凶

禍豈能爲善聽之主哉年代綿流師資道喪恐傳寫字誤以五爲二後賢當審詳之也

利見大人尚中正也

荀爽曰二與四訟利見於五五以中正之道解其訟也

不利涉大川入于淵也

荀爽曰陽來居二坎在下爲淵

象曰天與水違行訟

荀爽曰天自西轉水自東流上下違行成訟之象也

君子以作事謀始

虞翻曰君子謂乾三來變坤爲作事坎爲謀乾知大始故以作事謀始○干寶曰省民之情以制作也武王故先觀兵孟津蓋以上天下之心故曰作事謀始也

初六不永所事小有言終吉

虞翻曰永長也坤爲事初失位而爲訟始故不永所事也小有言謂初四易位成震言三食舊德震象半見故小有言初變得正故終吉也

象曰不永所事訟不可長也雖小有言其辯明也

盧氏曰初欲應四而二據之蹔爭事不至永雖有小訟訟必辯明故終吉

九二不克訟歸而逋

虞翻曰謂與四訟坎爲隱伏故逋乾位剛在上坎濡失正故不克也

其邑人三百戸无眚

虞翻曰眚災也坎爲眚謂二變應五乾爲百坤爲戸三爻故三百戸坎化爲坤故无眚

象曰不克訟歸逋竄也

荀爽曰三不克訟故逋遁而歸坤稱邑二者邑

中之陽人逋逃也謂逃失邑中之陽人

自下訟上患至掇也

荀爽曰下與上爭即取患害如拾掇小物而不失也坤有三爻故云三百戶无眚二者下體之君君不爭則百姓无害也

六三食舊德貞厲終吉

虞翻曰乾爲舊德食謂初四二已變之正三動得位體噬嗑食四變食乾故食舊德三變

在坎正危貞厲得位二故終吉也

或從王事无成

虞翻曰乾爲王二變否時坤爲事故或從王事道无成而代有終故曰无成坤三同義也

象曰食舊德從上吉也

侯果曰雖失其位專心應上故能保全舊恩食舊德者也處兩剛之間而皆近不相得乘二負四正之危也剛不能侵故終吉

九四不克訟復卽命渝安貞吉

虞翻曰失位故不克訟渝變也不克訟故復位變而成巽巽爲命令故復卽命渝動而得位故安貞吉謂二已變坤安也

象曰復卽命渝安貞吉不失也

侯果曰初旣辯明四訟妄也訟旣不克當反就前理變其訟命則安靜貞吉而不失初也

九五訟元吉象曰訟元吉以中正也

王肅曰以中正之德齊乖爭之俗元吉也○王弼曰處得尊訟之主用其中正以斷枉直中則不過正則不邪剛則无所溺公則无所偏故訟元吉

上九或錫之鞶帶

虞翻曰錫謂王之錫命鞶帶大帶男子鞶革初四已易位三二之正巽爲腰帶故鞶帶

終朝三褫之

虞翻曰位終乾上二變時坤爲終離爲日乾爲甲日出甲上故稱朝應在三三變時艮爲手故終朝三褫之使變應巳則去其鞶帶體坎乘陽故象曰不足敬也○侯果曰褫解也乾爲衣爲言故以訟受服○荀爽曰二四爭三三本下體取之有緣或者疑之辭也以三錫二於義疑矣爭競之世分理未明故或以錫二終朝者君道明三者陽成功也君明道

盛則奪二與四故曰終朝三褫之也鞶帶宗
廟之服三應於上上爲宗廟故曰鞶帶也○
翟玄曰上以六三錫下三陽羣剛交爭得不
以讓故終一朝之間各一奪之爲三褫
象曰以訟受服亦不足敬也
虞翻曰服謂鞶帶終朝見褫乾象毀壞故不
足敬○九家易曰初二三四皆不正以不正
相訟而得其服故不足敬也

序卦曰訟必有衆起故受之以師師者衆也

崔憬曰因爭必起衆相攻故受之以師也

䷆坎下坤上師貞丈人吉无咎

何晏曰師者軍旅之名故周禮云二千五百人爲師也○王弼曰丈人嚴莊之稱有軍正者也爲師之正丈人乃吉興役動衆无功則罪故吉乃无咎○陸績曰丈人者聖人也帥師未必聖人若漢高祖光武應此義也○崔

愫曰子夏傳作大人竝王者之師也　案此彖云師衆貞正也能以衆正可以王矣故老子曰域中有四大而王居其一焉由是觀之則知夫爲王者必大人也豈以丈人而爲王哉故乾文言曰夫大人與天地合德與日月合明先天而天不違後天而奉天時天且不違而況於人乎況於行師乎以斯而論子夏傳作大人是也今王氏曲解大人爲丈人臆

云嚴莊之稱學不師古匪說攸聞旣誤違於
經旨輒改正作大人明矣
彖曰師衆也貞正也能以衆正可以王矣
虞翻曰坤爲衆謂二失位變之五爲比故能
以衆正乃可以王矣○荀爽曰謂二有中和
之德而據羣陰上居五位可以王也
剛中而應行險而順
蜀才曰此本剝卦案上九降二六二升上是

剛中而應行險而順也

以此毒天下而民從之

干寶曰坎爲險坤爲順兵革刑獄所以險民也毒民於險中而得順道者聖王之所難也毒荼苦也五刑之用斬刺肌體六軍之鋒殘破城邑皆所以荼毒奸凶之人使服王法者也故曰以此毒天下而民從之毒以治民明不獲已而用之故於彖象六爻皆著戒懼之

辭也

吉又何咎也

崔憬曰剛能進義中能正衆既順且應行險戡暴亭毒天下人皆歸往而以爲王吉又何咎矣

象曰地中有水師

陸績曰坎在坤内故曰地中有水師衆也坤中衆者莫過於水

君子以容民畜衆
虞翻曰君子謂二容寛也坤爲民衆又畜養也陽在二寛以居之五變執言時有頤養象故以容民畜衆矣
初六師出以律否臧凶象曰師出以律失律凶也
案初六以陰居陽履失其位位既匪正雖令不從以斯行師失律者也凡首率師出必以

律若不以律雖臧亦凶故曰師出以律失律凶矣○九家易曰坎爲法律也

九二在師中吉无咎王三錫命象曰在師中吉承天寵也

九家易曰雖當爲王尚在師中爲天所寵事克功成故言无咎二非其位蓋謂武王受命而未卽位也受命爲王定天下以師故曰在師中吉

王三錫命懷萬邦也

荀爽曰王謂二也三者陽德成也德純道盛

故能上居王位而行錫命羣陰歸之故曰王

三錫命懷萬邦也　案二互體震震木數三

王三錫命之象周禮云一命受職再命受服

三命受位是其義也

六三師或輿尸凶

盧氏曰坤爲尸坎爲車多眚周人離爲戈兵

馬折首失位乘剛无應尸在車上故輿尸凶矣

象曰師或輿尸大无功也

盧氏曰失位乘剛内外无應以此帥師必大敗故有輿尸之凶功業大喪也

六四師左次无咎

荀爽曰左謂二也陽稱左次舍也二與四同功四承五五无陽故呼二舍於五四得承之

故无咎

象曰左次无咎未失常也

崔憬曰偏將軍居左左次常備師也師順用柔與險无應進取不可次舍无咎得位故也

六五田有禽利執言无咎

虞翻曰田謂二陽稱禽震爲言五失位變之正艮爲執故利執言无咎○荀爽曰田獵也謂二帥師禽五五利度二之命執行其言故

无咎也　案六五居尊失位在師之時蓋由殷紂而被武王擒於鹿臺之類是也以臣伐君假言田獵六五離爻體坤離爲戈兵田獵行師之象也

長子帥師

虞翻曰長子謂二震爲長子在師中故帥師也

弟子輿尸貞凶

虞翻曰弟子謂三三體坎坎震之弟而乾之子失位乘陽逆故貞凶

象曰長子帥師以中行也

荀爽曰長子謂九二也五處中應二二受任帥師當上升五故曰長子帥師以中行也

弟子輿尸使不當也

宋衷曰弟子謂六三也失位乘陽處非所據衆不聽從師人分北或敗績死亡輿尸而還

故曰弟子輿尸謂使不當其職也

上六大君有命

虞翻曰同人乾爲大君巽爲有命○干寶曰大君聖人也有命天命也五常爲王位至師之家而變其例者上爲郊也故易位以見武王親征與師人同處于野也離上九曰王用出征有嘉折首上六爲宗廟武王以文王行故正開國之辭於宗廟之爻明已之受命文

王之德也故書泰誓曰予克紂非予武惟朕文考无罪受克予非朕文考有罪惟予小子无良開國封諸侯也承家立都邑也小人勿用非所能矣

開國承家

虞翻曰承受也坤爲國二稱家謂變乾爲坤欲令二上居五爲比故開國承家○荀爽曰大君謂二師旅已息既上居五當封賞有功

立國命家也開國封諸侯承家立大夫也○宋衷曰陽當之五處坤之中故曰開國陰下之二在二承五故曰承家開國謂析土地以封諸侯如武王封周公七百里地也承家立大夫爲差次立大夫因采地名正其功勳行其賞禄

小人勿用

虞翻曰陰稱小人坤虛无君體迷復凶坤成

乾滅以弑君故小人勿用

象曰大君有命以正功也

虞翻曰謂五多功五動正位故正功也○干

寶曰湯武之事

小人勿用必亂邦也

虞翻曰坤反君道故亂邦也○干寶曰楚靈

齊閔窮兵之禍也

序卦曰衆必有所比故受之以比

崔憬曰方以類聚物以羣分人衆則羣類必有所比矣上比相阿黨下比相和親也相黨則相親故言比者比也

☷☵ 坤下坎上 比吉

虞翻曰師二上之五得位衆陰順從比而輔之故吉與大有旁通○子夏傳曰地得水而柔水得土而流比之象也夫凶者生乎乖爭今既親比故云比吉也

原筮元永貞无咎不寧方來後夫凶

干寶曰比者坤之歸魂也亦世於七月而息來在巳去陰居陽承乾之命義與師同也原卜也周禮三卜一曰原兆坤德變化反歸其所四方既同萬國既親故曰比吉考之蓍龜以謀王業大相東土卜惟洛食遂乃定鼎郟鄏卜世三十卜年七百德善長於兆民戬祿永於被業故曰原筮元永貞逆取順守居安

如危故曰无咎天下歸德不唯一方故曰不寧方來後服之夫違天失人必災其身故曰後夫凶也

彖曰比吉也比輔也下順從也

崔憬曰下比於上是下順也

原筮元永貞无咎以剛中也

蜀才曰此本師卦案六五降二九二升五剛往得中爲比之主故能原究筮道以求長正

而无咎矣

不寧方來上下應也

虞翻曰水性流動故不寧坤陰爲方上下應之故方來也

後夫凶

虞翻曰後謂上夫謂五也坎爲後艮爲背上位在背後无應乘陽故後夫凶也

其道窮也

荀爽曰後夫謂上六逆禮乘陽不比聖王其義當誅故其道窮凶也

象曰地上有水比

何晏曰水性潤下今在地上更相浸潤比之義也

先王以建萬國親諸侯

虞翻曰先王謂五初陽已復震爲建爲諸侯坤爲萬國爲腹坎爲心腹心親比故以建萬

國親諸侯詩曰公侯腹心是其義也

初六有孚比之无咎

虞翻曰孚謂五初失位變來得正故无咎也

荀爽曰初在應外以喻殊俗聖王之信光被

四表絕域殊俗皆來親比故无咎也

有孚盈缶終來有它吉

虞翻曰坤器爲缶坎水流坤初動成屯屯者

盈也故盈缶終變得正故終來有它吉在内

稱來也

象曰比之初六有它吉也

荀爽曰缶者應内以喻中國孚既盈滿中國終來及初非應故曰它也象云有它吉者謂信及非應然後吉也

六二比之自内貞吉

干寶曰二在坤中坤國之象也得位應五而體寬大君樂民人自得之象也故曰比之自

內貞吉矣

象曰比之自內不自失也

崔憬曰自內而比不失已親也

六三比之匪人

虞翻曰匪非也失位无應三又多凶體剝傷

象弑父弑君故曰匪人

象曰比之匪人不亦傷乎

干寶曰六三乙卯坤之鬼吏在比之家有土

之君也周爲木德卯爲木辰同姓之國也爻失其位辰體陰賊管蔡之象也比建萬國唯去此人故曰比之匪人不亦傷王政也

六四外比之貞吉

虞翻曰在外體故稱外得位比賢故貞吉也

象曰外比於賢以從上也

干寶曰四爲三公在比之象而得其位上比聖主下御列國方伯之象也能外親九服賢

德之君務宣上志綏萬邦也故曰外比於賢

以從上也

九五顯比

虞翻曰五貴多功得位正中初三以變體重

明故顯比謂顯諸仁也

王用三驅失前禽

虞翻曰坎五稱王三驅謂驅下三陰不及於

初故失前禽謂初已變成震震爲鹿爲驚走

鹿之斯奔則失前禽也

邑人不誡吉

虞翻曰坤爲邑師震爲人師時坤虚无君使師二上居五中故不誡吉也

象曰顯比之吉位正中也

虞翻曰謂離象明正上中也

舍逆取順失前禽也

虞翻曰背上六故舍逆據三陰故取順不及

初故失前禽

邑人不誡上使中也

虞翻曰謂二師使二居五中上

上六比之无首凶

荀爽曰陽欲无首陰以大終陰而无首不以大終故凶也○虞翻曰首始也陰道无成而代有終无首凶

象曰比之无首无所終也

虞翻曰迷失道故无所終也

序卦曰比必有所畜故受之以小畜

崔憬曰下順從而上下應之則有所畜矣○

韓康伯曰由比而畜故曰小畜也

☰☴乾下巽上小畜亨

侯果曰四爲畜主體又稱小唯九三被畜下

剛皆通是以小畜亨也

密雲不雨自我西郊

崔憬曰雲如不雨積我西邑之郊施澤未通以明小畜之義　案雲雨者陰之氣也今小畜五陽而一陰既微少纔作密雲故未能爲雨四互居兑西郊之象也

彖曰小畜柔得位而上下應之曰小畜

王弼曰謂六四也成卦之義在此一爻者也體无二陰以分其應既得其位而上下應之三不能陵小畜之義

健而巽剛中而志行乃亨

虞翻曰需上變爲巽與逸旁通就四之坤初爲復復小陽潛所畜者少故四小畜二失位五剛中正二變應之故志行乃亨也

密雲不雨尚往也

虞翻曰密小也兌爲密需坎升天爲雲墜地稱雨上變爲陽坎象半見故密雲不雨上往也

自我西郊施未行也

虞翻曰逸坤爲自我兑爲西乾爲郊雨生於西故自我西郊九二未變故施未行矣○荀爽曰體兑位秋故曰西郊也時當收斂臣不專賞故施未行喻文王也

象曰風行天上小畜

九家易曰風者天之命令也今行天上則是令未下行畜而未下小畜之義也

君子以懿文德

虞翻曰君子謂乾懿美也逸坤爲文乾爲德離爲明初至四體夬爲書契乾離照坤故懿文德也

初九復自道何其咎吉象曰復自道其義吉也

虞翻曰謂從逸四之初成復卦故復自道出入无疾朋來无咎何其咎吉乾稱道也

九二牽復吉

崔憬曰四柔得位羣剛所應二以中和牽復自守不失於行也

象曰牽復在中亦不自失也

虞翻曰變水五故不自失與比三同義也

九三輿說輻

虞翻曰逸坤爲車爲輻至三成乾坤象不見故車說輻馬君及俗儒皆以乾爲車非也

夫妻反目

虞翻曰逸震爲夫爲反巽爲妻離爲目今夫妻共在四離火動上目象不正巽多白眼夫妻反目妻當在內夫當在外今妻乘夫而出在外象曰不能正室三體離需飲食之道飲食有訟故爭而反目也

象曰夫妻反目不能正室也

九家易曰四互體離離爲目也離旣不正五引而上三引而下故反目也輿以輪成車夫

以妻戍室今以妻乘夫其道逆故不能正室

六四有孚血去惕出无咎

虞翻曰孚謂五逸坎爲血爲惕惕憂也震爲出變戍小畜坎象不見故血去惕出得位承五故无咎也

象曰有孚惕出上合志也

荀爽曰血以喻陰四陰臣象有信順五惕疾也四當去初疾出從五故曰上合志也

九五有孚攣如富以其鄰

虞翻曰孚五謂二也攣引也巽爲繩逸艮爲手二失位五欲其變故曰攣如以及也五貴稱富鄰謂三兊西震東稱鄰三變承二故富以其鄰象曰不獨富二變爲旣濟與東西鄰同義

象曰有孚攣如不獨富也

九家易曰有信下三爻也體巽故攣如如謂

連接其鄰鄰謂四也五以四陰作財與下三
陽共之故曰不獨富也
上九既雨既處尚德載婦貞厲
虞翻曰既巳也應在三坎水零爲雨巽爲處
謂二巳變三體坎雨故既雨既處坎雲復天
坎爲車載積在坎上故上得積載巽爲婦坎
成巽壞故婦貞厲
月幾望君子征凶

虞翻曰幾近也坎月離日上巳正需時成坎與離相望兌西震東日月象對故月幾望上變陽消之坎爲疑故君子征有所疑矣與歸妹中孚月幾望義同也

象曰既雨既處德積載也

虞翻曰巽消承也坎故德積載坎習爲積也

君子征凶有所疑也

虞翻曰變坎爲盜故有所疑也

序卦曰物畜然後有禮故受之以履

崔憬曰履禮也物畜不通則君子先懿文德然後以禮導之故言物畜然後有禮也

䷉兌下乾上履虎尾不咥人亨

虞翻曰謂變訟初爲兌也與謙旁通以坤履乾以柔履剛謙坤爲虎艮爲尾乾爲人乾兌乘謙震足蹈艮故履虎尾兌悅而應虎口與上絕故不咥人剛當位故通俗儒皆以兌爲

虎乾履兊非也兊剛鹵非柔也

彖曰履柔履剛也

虞翻曰坤柔乾剛謙坤籍乾故柔履剛○荀爽曰謂三履二也二五无應故无元以乾履兊故有通六三履二非和正故云利貞也

說而應乎乾

虞翻曰說兊也明兊不履乾故言應也○九家易曰動來爲兊而應上故曰說而應乎乾

也以喻一國之君應天子命以臨下承上以巽據下以悦其正應天故虎爲之不咥人也

是以履虎尾不咥人亨

九家易曰虎尾謂二也三以説道履五之應上順於天故不咥人亨也能巽説之道順應於五故雖踐虎不見咥噬也太平之代虎不食人亨謂於五也

剛中正履帝位而不疚光明也

虞翻曰剛中正謂五謙震爲帝五帝位坎爲疾病乾爲大明五履帝位坎象不見故履帝位而不疚光明也

象曰上天下澤履君子以辯上下定民志

虞翻曰君子謂乾辯别也乾天爲上兑澤爲下謙坤爲民坎爲志謙時坤在乾上變而爲履故辯上下定民志也

初九素履往无咎

虞翻曰應在巽爲白故素履四失位變往得正故往无咎初已得正使四獨變在外稱往象曰獨行願也

象曰素履之往獨行願也

荀爽曰初九者潛位隱而未見行而未成素履者謂布衣之士未得居位獨行禮義不失其正故无咎也

九二履道坦坦幽人貞吉

虞翻曰二失位變成震爲道爲大塗故履道坦坦訟時二在坎獄中故稱幽人之正得位震出兌悅幽人喜笑故貞吉也

象曰幽人貞吉中不自亂也

虞翻曰雖幽訟獄中終辯得正故不自亂

六三眇能視跛能履

虞翻曰離目不正兌爲小故眇而視視上應也訟坎爲曳變震時爲足足曳故跛而履俗

儒多以兌刑爲跛兌折震足爲刑人見刑斷足者非爲跛也

履虎尾咥人凶

虞翻曰艮爲尾在兌下故履虎尾位在虎口中故咥人凶既跛又眇視步不能爲虎所齧故咥人凶象曰位不當也

武人爲于大君

虞翻曰乾象在上爲武人三失位變而得正

成乾故曰武人爲于大君志剛也

象曰眇能視不足以有明也跛能履不足以與行也

侯果曰六三兊也互有離巽離爲目巽爲股體俱非正雖能視眇目者也雖能履跛足者也故曰眇能視不足以有明跛能履不足以與行是其義也

咥人之凶位不當也

案六三爲履卦之主體悅應乾下柔上剛尊卑合道是以履虎尾不咥人通今於當爻以陰處陽履非其位互體離兑水火相刑故獨唯三被咥凶矣

武人爲于大君志剛也

案以陰居陽武人者也三互體離離爲嚮明爲于大君南面之象與乾上應故曰志剛

九四履虎尾愬愬終吉

虞翻曰體與下絕四多懼故愬愬變體坎得位承五應初故終吉象曰志行也

象曰愬愬終吉志行也

侯果曰愬愬恐懼也履乎兑主履虎尾也逼近至尊故恐懼以其恐懼故終吉也執乎樞密故志行也

九五夬履貞厲

虞翻曰謂三上已變體夬象故夬履四變五

在坎中也爲上所乘故貞厲象曰位正當也
象曰夬履貞厲位正當也
干寶曰夬決也居中履正爲履貴主萬方所
履一決於前恐決失正恒懼危厲故曰夬履
貞厲位正當也
上九視履考祥其旋元吉
虞翻曰應在三三先視上故上亦視三故曰
視履考祥矣考稽祥善也乾爲積善故考祥

三上易位故其旋元吉象曰大有慶也

象曰元吉在上大有慶也

盧氏曰王者履禮於上則萬方有慶於下

易傳集解卷第三